ACCESO GRATIS ***a la Lectura en la Nube***

Para visualizar el libro electrónico en la nube de lectura envíe junto a su nombre y apellidos una fotografía del código de barras situado en la contraportada del libro y otra del ticket de compra a la dirección:

ebooktirant@tirant.com

En un máximo de 72 horas laborales le enviaremos el código de acceso con sus instrucciones.

La visualización del libro en **NUBE DE LECTURA** excluye los usos bibliotecarios y públicos que puedan poner el archivo electrónico a disposición de una comunidad de lectores. Se permite tan solo un uso individual y privado

SEGURIDAD HUMANA Y PAZ TOTAL

ANÁLISIS Y PROSPECTIVAS

SEGURIDAD HUMANA Y PAZ TOTAL

ANÁLISIS Y PROSPECTIVAS

Grupo de investigación Conflictos,
Violencias y Seguridad
Humana de la Universidad de Antioquia

Julián Andrés Muñoz Tejada
Juan Pablo Acosta Navas
(Editores)

Bogotá, 2025

En caso de erratas y actualizaciones, la Editorial Tirant lo Blanch publicará la pertinente corrección en la página web www.tirant.com.

Seguridad humana y paz total. Análisis y prospectivas / editores académicos: Julián Andrés Muñoz Tejada y Juan Pablo Acosta Navas ; autores: Alexandra Fernández Rojas [y 14 más]. -- Primera edición. -- Medellín: Tirant lo Blanch; Grupo de investigación, Conflictos, violencias y seguridad humana de la Universidad de Antioquia, 2025.

237 páginas.
Incluye referencias bibliográficas.
ISBN: 978-84-1095-494-6

1. Seguridad Humana -- Colombia. 2. Mantenimiento de la paz -- Colombia. 3. Seguridad ciudadana -- Colombia. 4. Crimen organizado -- Colombia. I. Muñoz Tejada, Julián Andrés, editor, autor. II. Acosta Navas, Juan Pablo, editor, autor. III. Fernández Rojas, Alexandra, autora. IV. Cadavid Echeverri, Claudia, autora. V. Ibargüen Palomeque, Demetria, autora. VI. Rojas Usma, Didiher Mauricio, autor. VII. Bedoya, Jairo, autor. VIII. León León, Luis Emilio, autor. IX. Quintero Valencia, María Isela, autora. X. Maya Llano, Natalia, autora. XI. Pérez Puerta, Natalia, autora. XII. Angarita Cañas, Pablo Emilio, autor. XIII. Valencia Cárdenas, Susana, autora. XIV: Osorio Valencia, Yhony Alexander, autor. XV. Benjumea Ocampo, Yorlady, autora. XVI. Abello Colak, Alexandra, escritora de prólogo, XVII. Pearce, Jenny, escritora de prólogo.
LC: JZ5538 CDD: 303.66 ed. 23

Catalogación en publicación de la Biblioteca Carlos Gaviria Díaz

EDITA: TIRANT LO BLANCH
Calle 11 # 2-16 (Bogotá D.C.)
Teléf.: 4660171
Email: tlb@tirant.com
Librería virtual: www.tirant.com/co/
ISBN: 978-84-1095-494-6

Si tiene alguna queja o sugerencia, envíenos un mail a: atencioncliente@tirant.com. En caso de no ser atendida su sugerencia, por favor, lea en www.tirant.net/index.php/empresa/politicas-de-empresa nuestro procedimiento de quejas.

Responsabilidad Social Corporativa: http://www.tirant.net/Docs/RSCTirant.pdf

Índice

Prólogo
LA CO-CONSTRUCCIÓN DE PAZ Y SEGURIDAD EN COLOMBIA: PROCESOS DE HUMANIZACIÓN "DESDE ARRIBA" Y "DESDE ABAJO"

Alexandra Abello Colak*

Jenny Pearce**

Introducción

Este libro nos ofrece una mirada, tanto académica como desde las realidades vividas por ciudadanas y ciudadanos de comunidades vulnerables de Medellín, a los procesos de construcción de paz y seguridad en Colombia durante el gobierno de Gustavo Petro. Este intercambio de conocimientos es para nosotras un paso importantísimo hacia la reducción de múltiples violencias, la profundización de la democracia y la garantía de la seguridad en todos los ámbitos de la vida. La co-construcción de una nación incluyente y justa, y de un Estado capaz de reducir las violencias, requiere la apertura de espacios para la participación plena de la ciudadanía, en su totalidad y con todas sus diferencias, y de aportes como los que hace este libro a partir de análisis críticos y propositivos.

Reconocemos, como lo expone claramente este libro, los grandes desafíos de alinear los esfuerzos por alcanzar la paz con los orientados a mejorar la seguridad en un país como Colombia, donde las violencias asociadas al conflicto armado y a la competencia por economías ilegales se entremezclan y refuerzan continuamente con otras violencias de índole social, institucional y cultural. Al poner el foco

---

* Visiting Fellow, Department of Geography & Environment, London School of Economics and Political Science.

** Visiting Professor, International Inequalities Institute, London School of Economics and Political Science.

en la decisión histórica del gobierno de Gustavo Petro de alejarse de los enfoques de seguridad dominantes y de buscar la desmovilización y el sometimiento de todos los grupos que ejercen violencia armada en la Colombia rural y urbana, este libro profundiza nuestra comprensión de lo que significan la Paz Total propuesta por el gobierno y la noción de seguridad humana, popularizada por el Programa de las Naciones Unidas para el Desarrollo (PNUD) hace tres décadas y adoptada por el presidente como parte de su visión de paz total. El libro nos ofrece también un riguroso análisis crítico de las dificultades conceptuales de estos enfoques y los retos para su implementación.

En un momento en que aumenta la violencia en varias regiones del país, producto del perpetuo reciclaje de violencias y la constante mutación de actores armados, y en el que los discursos y las prácticas de seguridad represivas y militarizadas ganan fuerza en América Latina, este libro ofrece múltiples luces. Nos invita a pensar, por ejemplo, en cómo se puede fortalecer la búsqueda de soluciones sostenibles que protejan los derechos de las personas y reduzcan múltiples formas de violencia y crimen, generando así un debate con implicaciones más allá de Colombia. La paz total y la seguridad humana, como lo mencionaremos más adelante, son temas de importancia global que exigen análisis serios, como los que ofrece este libro, y un debate que reconozca que la co-construcción de paz es un proceso complejo que implica diálogos entre muchos tipos de conocimiento y experiencias diferenciadas de la realidad. Asimismo, es necesario un consenso mínimo sobre cómo el Estado y la sociedad deben responder a violencias y criminalidad —incluida la corrupción de los poderosos— con políticas públicas que reduzcan y no reproduzcan estos problemas.

La contribución que hace este libro al debate es particularmente relevante porque proviene de un grupo diverso de académicas y académicos, así como de lideresas comunitarias quienes, en su rol de investigadoras comunitarias, llevan más de una década co-construyendo conocimiento sobre lo que significa la seguridad para las mujeres, los jóvenes, los niños y niñas, personas que han sido víctimas de desplazamiento, la comunidad LGBTIQ+ y las comunidades afrodescendientes que habitan en Medellín[1]. Desde el Observatorio de Seguridad Humana de la

1 Usando metodologías participativas con estos grupos poblacionales, este grupo ha producido trabajos como: "Nuestras Voces sobre Seguridad Humana en Medellín: Diálogos sobre seguridad" (OSHM, 2014), "Hacia una Agenda de Seguridad desde la Perspectiva de las Comunidades" (Gómez *et al.*, 2014), "Pandemia y Seguridad Humana: Impactos del COVID-19 en las comunidades de Medellín y propuestas para afrontarlos" (OSHM, 2021). Para ampliar la información sobre este tipo de trabajos visitar la página del Observatorio de Seguridad Humana de Medellín

Universidad de Antioquia (OSHM), este grupo, en alianza con diversas organizaciones civiles y académicas, ha hecho aportes significativos a la ampliación del debate sobre seguridad en América Latina. Además, ha desarrollado metodologías que permiten comprender mejor qué es la seguridad y cómo transformarla en un bien público al que todas las personas puedan acceder, lo cual es imprescindible para alcanzar la paz.

La aplicación de metodologías de investigación y acción que posibilitan un diálogo constructivo con comunidades y organizaciones sociales de base en zonas afectadas por múltiples formas de violencia e inseguridad puede generar evidencia empírica y conocimiento valioso. Este enfoque no solo contribuye a avanzar hacia una crítica que deconstruye, sino que es propositivo y contribuye a la concepción y al diseño de alternativas de acción viables y relevantes a las necesidades y anhelos de la población. Un ejemplo de ello es la metodología para la co-construcción de agendas de seguridad humana "desde abajo", ilustrada en uno de los capítulos de este libro. Co-construida por el Observatorio en Medellín en 2013, a partir del trabajo con comunidades de varias comunas[2], esta metodología ha sido utilizada en otros países para articular respuestas de seguridad que buscan reducir violencias y atender necesidades de comunidades y grupos vulnerables. En Honduras y México, por ejemplo, suscitó procesos de participación comunitaria con enfoque interseccional y de género en Tegucigalpa (OSHM, 2016), Tijuana, Apatzingán, Guadalupe y Acapulco (Kloppe-Santamaría y Abello, 2019)[3], e inspiró el surgimiento de un Observatorio de Seguridad Humana en Michoacán[4]. Los aportes del Observatorio de Medellín también han servido como referente para el desarrollo de estrategias que integran el enfoque de seguridad humana en las políticas de seguridad urbana de gobiernos locales, promovidas en

---

(s. f.). Para ver un ejemplo de una aplicación de estos trabajos ver: "El parche, un espacio seguro. Capítulo 1–Katarsis: Orígenes" (Facultad de Derecho y Ciencias Políticas UdeA, 2022).

2 La metodología surge de la sistematización de la investigación-acción participativa adelantada por un equipo de investigadoras e investigadores académicos y comunitarios del Observatorio de Seguridad Humana de Medellín y del Departamento de Estudios de Paz de la Universidad de Bradford, con el apoyo del International Development Research Centre (IDRC) de Canadá (2011-3013).

3 Para un resumen y análisis de estas metodologías, véase Pearce y Abello (2021).

4 El Observatorio de Seguridad Humana está ubicado en Apatzingán y desde hace cinco años hace seguimiento a la situación de seguridad en la Tierra Caliente de Michoacán y anima procesos de organización ciudadana en torno a la seguridad humana y la reconstrucción del tejido social.

América Latina y África por ONU-Hábitat y el Fondo Fiduciario de Seguridad Humana de las Naciones Unidas[5].

A continuación, reflexionamos sobre los capítulos de este libro, centrándonos en dos temas: los procesos de construcción de la paz total "desde arriba" y "desde abajo", y la relevancia del enfoque de seguridad humana y sus recientes transformaciones. Nos proponemos, en primer lugar, resaltar la importancia de un diálogo productivo —como lo refleja este libro— entre conocimientos académicos y los que provienen de experiencias vividas. Tal diálogo puede contribuir a que la ambiciosa, pero esencial, propuesta del gobierno de Gustavo Petro de lograr una paz total capte los problemas cotidianos que afectan a la población, teniendo en cuenta sus voces y los aportes críticos de la academia.

En segundo lugar, resaltamos que la seguridad humana se puede convertir en un enfoque "implementable" a través de la co-construcción con comunidades que viven múltiples inseguridades. Es posible adelantar un proceso de humanización frente a la violencia crónica (Pearce, 2007) en Colombia que incluya la provisión de seguridad como un bien público que no reproduce violencias ni economías ilícitas. Esto permite, entre otras, reconocer la manera en que la seguridad económica de las personas se interconecta con otras experiencias de inseguridad. Esto es clave para desmantelar las economías ilícitas que se valen de la incapacidad de muchas personas para edificar una vida digna.

Paz total "desde arriba" y "desde abajo"

En su capítulo introductorio a los temas de paz total y seguridad humana, Julián Muñoz nos orienta a pensar en lo novedoso de estas propuestas, al mismo tiempo que invita a reflexionar seriamente sobre los retos de su conceptualización e implementación. El autor llama la atención sobre lo imperfecto que resulta aspirar a la totalidad de la paz. El punto clave es que se busca que la Paz Total sea un proyecto de Estado, no de un Gobierno. En otras palabras, un proceso garantizado "desde arriba" que no se diluya con cada cambio de administración.

Para este Gobierno, "desde arriba" significa incluir la participación de la sociedad, la protección de derechos y la transformación de los territorios. El reto jus-

---

5 Estas estrategias fueron implementadas como proyectos piloto en Durban, Sudáfrica y Ciudad Juárez, México entre 2022 y 2023, a través del proyecto "Making Cities and Human Settlements Safer after COVID-19: Strengthening Awareness of Safer Cities Tools applying a Human Security Framework" con el apoyo de UNHSTF y UN-Hábitat.

tamente, como dice Muñoz, es cómo traducir la intención del Gobierno nacional en algo real y no solo simbólico. La pregunta que planteamos es si es necesario, aunque no suficiente, liderar este tipo de procesos "desde arriba" con garantías para la participación social. Sin embargo, implementar procesos de construcción de paz "desde arriba" y "desde abajo" en Colombia necesita muchos cambios de mentalidad y expectativas, así como confianza entre varios actores en todos los niveles. Además, requiere de confianza entre el Estado, la sociedad y los actores armados que van a negociar la paz.

Varios autores en el libro enfatizan las incertidumbres que existen con respecto a las reglas que rigen las negociaciones cuando el proceso se inicia "desde arriba". Muñoz discute cómo ni las lógicas del derecho penal ni las de la guerra posibilitan el desmonte de las estructuras armadas, lo que otorga a la política un papel central en el proceso. En una situación de gran polarización entre proyectos políticos de izquierda y de derecha, un reto enorme es buscar un camino político que convenza a la sociedad del valor de una paz total. Es decir, que adelantar negociaciones con todos los actores armados es el mejor camino para garantizar un futuro en el que ningún grupo armado termine llenando el vacío que dejan los grupos con los que se logran negociaciones exitosas. Esto implica no solo ofrecer incentivos a los actores armados, sino también convencer a los actores políticos divergentes de que una política de Estado dedicada a tal proceso puede ser políticamente viable.

La confianza es clave para que los actores armados puedan tener la certeza de que un nuevo Gobierno no va a cambiar las reglas de los acuerdos que se logren realizar. La historia de Colombia, después de los acuerdos de 2016 en La Habana, demuestra justamente que la implementación puede ser abandonada por el siguiente Gobierno. Así, la confianza es un elemento esencial en todos los procesos. En este contexto, hacer que la Paz Total sea política de Estado es fundamental para la sostenibilidad de los procesos de negociación. Al mismo tiempo, esta política debe llevar a que actores económicos poderosos reconozcan que la paz exige una economía que ofrezca alternativas dignas para las comunidades y generaciones que dependen de las economías ilícitas.

La construcción de paz requiere resultados que le demuestren a la sociedad y a los opositores del Gobierno actual que la estrategia puede funcionar. El proceso "desde arriba" implica, entonces, poner mucha más atención a los detalles de la propuesta de Paz Total. Juan Pablo Acosta Navas analiza estos detalles, al abordar temas todavía no resueltos que siguen generando debate y crítica. Por ejemplo, cómo diferenciar un Grupo Armado Organizado (GAO) de un Grupo Delictivo Organizado. El autor argumenta que, según el Derecho Internacional Humanitario, no se exige que un GAO tenga un proyecto político para ser considerado parte formal del conflicto armado. La exclusión de un actor como el Clan del Golfo de las negociaciones es, según Acosta, una opción política, no una disposición internacional, lo cual enfatiza como un punto crucial.

La comunidad internacional apoya este proyecto. Como dice Didiher Mauricio Rojas Usma en su capítulo, Colombia tiene un escenario de paz recurrente caracterizado por el "posconflicto débil", donde se logra un cese de acciones de guerra, pero no está garantizado el mantenimiento de estas condiciones. Rojas señala que la historia de los procesos de paz en Colombia y sus limitaciones proyectan una sombra sobre cada iniciativa. En ese contexto el autor propone lo que llama las "3E" para describir lo que un Gobierno debería ofrecer desde un enfoque de seguridad humana: "estatalidad", "empoderamiento" y "entutelamiento".

Sin embargo, si bien "desde arriba", refiriéndonos a la comunidad internacional y al Gobierno nacional, el proyecto de Paz Total reconoce la importancia de buscar soluciones serias a las violencias y criminalidades de Colombia, falta mucho para persuadir a toda la ciudadanía. Clarificar conceptos como "negociación", "conversación", "acercamiento", "sometimiento" y "acogimiento" sería un paso muy importante, como argumenta Acosta Navas. Esta claridad ayudaría también a todos los actores que participan en los diferentes procesos.

Al mismo tiempo, hay una discusión sobre cómo los "de abajo" viven estas realidades, y cómo persuadir de la importancia de este esfuerzo tanto a las víctimas como a los que han tenido que aceptar órdenes sociales violentos impuestos por los grupos, que implican extorsiones, reclutamiento forzoso y amenazas de todo tipo. Una pregunta clave en este sentido es cómo la sociedad podría empezar a aceptar estas negociaciones sin permitir que aquellos que enarbolan proyectos antidemocráticos se beneficien de la incertidumbre, la confusión y las demoras inevitables de estos procesos, además de apelar a lo que se ha llamado "formas de ciudadanía autoritaria" (Pearce, 2017). La experiencia en Colombia y otros países ha mostrado que hay sectores en el espectro político dispuestos a capitalizar la zozobra de la gente para ofrecer respuestas puramente represivas a problemas históricos, en lugar de proponer un camino de paz y de reducción de violencias. A pesar de que estas opciones se promueven como atractivas, como "soluciones rápidas", a corto y largo plazo reproducen violencias y autoritarismos estatales, sin mejorar las condiciones de vida de las grandes mayorías.

Por otro lado, los contextos urbanos ofrecen, bajo la idea de lograr la "paz urbana", una oportunidad estratégica para entender qué significa co-construir la paz "desde abajo". Como resaltan Pablo Emilio Angarita y Natalia Maya en su capítulo, a pesar de haber estado históricamente invisibilizadas en las políticas públicas relacionadas con la paz, las ciudades colombianas han jugado un papel protagónico en las dinámicas del conflicto y en la articulación de esfuerzos de construcción de paz. Las ciudades han sido escenarios propicios para la complejización de las dinámicas de violencia en Colombia por la constante hibridación de las lógicas del conflicto interno y la sofisticación del mundo criminal. Además, han sido refugio de víctimas que habitan barrios dominados por actores violentos que a menudo las revictimizan. Es por eso por lo que, como resaltan los autores, resulta necesario que la paz urbana incluya planes de trabajo, metodologías y mecanismos para garantizar la protección de las víctimas y su participación junto con la sociedad civil. También deben incluir medidas de justicia restaurativa y transformaciones socioculturales que aborden el impacto del conflicto y las violencias de índole social y criminal.

El Valle de Aburrá tiene una particular importancia en la discusión sobre la paz total debido a su historia de negociaciones con grupos ligados al narcotráfico y otras economías ilícitas, como bien lo analiza Jairo Bedoya en su capítulo. El autor nos da detalles clave sobre cómo los grupos criminales han logrado construir un orden criminal en los barrios, orden basado en la coerción extorsiva que se ejerce a través de un entramado de alrededor de trecientas bandas en toda la ciudad. Entender el carácter social de este proceso es muy importante, pero también el papel de los actores políticos y económicos.

Bedoya enfatiza que estos grupos han prestado un "servicio de seguridad" en las comunidades más pobres que beneficia a sectores poderosos de la ciudad. Los pactos con estos grupos hay que entenderlos desde intereses políticos y económicos, tanto nacionales como locales. "Hasta ahora", dice el autor, "en Colombia tanto las políticas de guerra y paz como las políticas de seguridad han sido transables —negociables— con los actores armados, dejando de lado a las víctimas y, peor aún, a los más afectados y afectadas". Esto ha implicado la consolidación en Medellín de "una cultura de amalgamamiento legal-ilegal". El problema no es, argumenta, la ausencia del Estado, sino la discrecionalidad con la que el Estado interviene, en otras palabras, el cómo y cuándo lo hace. Abrir el debate sobre las lógicas que han influido en la mutación continua de la criminalidad y las violencias en Medellín, así como del control y la reducción de los homicidios, resalta la importancia de la "paz urbana" dentro del proyecto de Paz Total. Alterar estos procesos de más de tres décadas en Medellín y buscar procesos que ofrezcan nuevos caminos para la paz y la seguridad humana es vital. Para lograrlo, la ciudad tiene un capital humano sumamente preparado.

Las comunidades de Medellín y el Valle de Aburrá tienen una larga historia de resistencias, apoyadas por organizaciones de la sociedad civil y procesos de paz urbana, tal como lo entienden aquellos que han vivido los embates de la guerra y la inseguridad en la ciudad. Hay capítulos en este libro que nos permiten entender a fondo estos procesos, que son de particular importancia debido a una sensación en la ciudad de que el Gobierno no está poniendo suficiente atención a la paz urbana dentro del proceso de lograr la paz total, ni está tomando en cuenta el conocimiento y la experiencia acumulada en la ciudad. El capítulo de Alexandra Fernández, Claudia Cadavid-Echeverri y Luis Emilio León sobre la construcción de agendas de seguridad humana en Granizal, en el municipio de Bello, y el de Demetria Ibargüen, María Isela Quintero, Yorlady Benjumea y Susana Valencia, que recoge las experiencias de las tres lideresas sociales, captan la creatividad social "desde abajo" que hay en Medellín y el Valle de Aburrá. Además, muestran cómo el conocimiento experiencial puede aportar significativamente a la conceptualización e implementación tanto de la paz urbana como de la paz total, como lo expresa muy bien esta cita de las lideresas, en el capítulo 8:

> Se recomienda que las políticas públicas que desarrollen la paz reconozcan que la participación política de las mujeres, que acontece en escenarios privados, domésticos o comunitarios, es un pilar político de gran importancia y una verdadera garantía para la paz porque supone también la posibilidad de construir una vida libre de todo tipo de violencias: sociopolíticas, culturales, racistas o basadas en género. Las mujeres ejercemos en nuestra vida cotidiana otras formas de participación, no solo para oponernos a la guerra, sino también para aportar a la transformación cultural y social que requiere la paz. En Colombia no se puede hablar de paz total si no se garantizan unos mínimos de dignidad y seguridad humana en los territorios, a las comunidades y a las personas.

La humanización de la seguridad como requisito de la paz total

A pesar de las críticas que ha suscitado el concepto de seguridad humana por su amplitud y por los riesgos de que sea instrumentalizado para avanzar en estrategias que militarizan aún más aspectos de la vida de las personas, en los últimos diez años se ha generado un renovado interés en este enfoque por parte de diversos actores. Estos lo ven como una herramienta útil para abordar las complejas formas de vulnerabilidad a las que están expuestas las personas en un mundo cada vez más volátil e impredecible. Luego de la adopción de la resolución 66/290 de las Naciones Unidas (2012), en la que la Asamblea General acordó que la seguridad humana se convertiría en el enfoque que ayudaría a los Estados miembros a identificar y abordar los desafíos generalizados y transversales que están afectando la supervivencia, los medios de vida y la dignidad de sus pueblos, diversos actores, incluidos Estados, organizaciones regionales, agencias de Naciones Unidas, organizaciones de la sociedad civil e incluso el sector privado, han incorporado la seguridad humana dentro de sus políticas, marcos de acción, iniciativas y procesos de planeación[6]. Esto ha contribuido paulatinamente a generar consenso en torno a la utilidad de este enfoque para fortalecer marcos analíticos, complementar herramientas y estrategias de protección existentes, y reforzar, ampliar y escalar acciones locales y esfuerzos comunitarios que ayuden a hacer posible la paz y a lograr los objetivos de desarrollo sostenible.

Si bien la seguridad humana aún no se convierte en una corriente principal en las políticas de seguridad y, por el contrario, hoy vemos el resurgimiento y expansión de discursos y estrategias militarizadas, represivas y centradas en aumentar la capacidad de los estados para librar guerras, su evolución como herramienta analítica es notable. Ha pasado de ser solo una perspectiva crítica de las nociones reduccionistas y estado-céntricas de la seguridad, a convertirse en el único enfoque de seguridad que hoy tiene la capacidad de captar con agudeza y precisión el nivel de complejidad de las experiencias de inseguridad que experimentan las personas actualmente. En este momento de la historia, en el que viejas amenazas, como las guerras y los conflictos armados, se interconectan y refuerzan con otros fenómenos como el cambio climático, las pandemias, las crisis económicas, el aumento en la inequidad y rápidos cambios tecnológicos, la seguridad humana ofrece una comprensión integral de las devastadoras situaciones que afectan a importantes sectores de la población.

El aumento progresivo en la percepción de inseguridad a nivel global, incluso en los países con más altos niveles de desarrollo humano —donde seis de cada siete personas en el mundo se sienten inseguras (PNUD, 2022, p. 4)—, da cuenta de las falencias de los enfoques de seguridad tradicionales que continúan desviando recursos y esfuerzos hacia estrategias que no logran garantizar la seguridad de las personas. Esto subraya la necesidad de seguir desarrollando y afinando el enfoque de seguridad humana. En el último reporte especial sobre seguridad humana publicado por el PNUD (2022), después de la pandemia de la covid-19, se resalta, por ejemplo, que hoy estamos ante una nueva situación planetaria que requiere del diseño de estrategias de protección y empoderamiento basadas en la solidaridad. Estas estrategias deben responder a una nueva generación de amenazas altamente interconectadas que han producido un número récord de personas que hoy viven en zonas de conflicto, un aumento en el número de personas desplazadas, más personas sufriendo hambre e inseguridad alimentaria, un incremento en la violencia

6 Algunos Estados lo han incluido incluso en sus constituciones (Naciones Unidas, 2024).

contra las mujeres y las niñas, así como deterioros graves en la capacidad de los sistemas de salud para responder a emergencias sanitarias (PNUD, 2022, p. 4).

Entender y abordar estos retos de seguridad contemporáneos desde la perspectiva de la seguridad humana es un reto urgente para Colombia, y su éxito es crucial para poder avanzar hacia la paz total. Como bien se explora en este libro, "gobernar a través del lente de la seguridad humana" implica priorizar, tanto en el análisis como en la práctica, las experiencias cotidianas de las personas para identificar sus necesidades, así como los riesgos y amenazas que ponen en vilo su vida e impiden el ejercicio de sus derechos. Esto obliga a una continua revisión del enfoque a partir de la evidencia empírica, de análisis situados de las dinámicas sociales y de aportes de diversas disciplinas. En este sentido, se ha propuesto, por ejemplo, la inclusión de otras dimensiones en los análisis de seguridad humana que tradicionalmente tienen como referente las siete dimensiones planteadas por el PNUD (1994) —seguridad personal, comunitaria, económica, alimentaria, en salud, política y ambiental—, así como la integración del pensamiento sistémico y teoría de sistemas a los análisis sobre seguridad humana (Abello, 2023).

A partir de contribuciones de la psicología y la evidencia que arrojan estudios en comunidades urbanas en varias ciudades de América Latina, el Caribe y Sudáfrica, Abello Colak ha resaltado la necesidad de reconocer e incluir la "dimensión ontológica" de la seguridad de las personas al enfoque de seguridad humana. Definida como la protección de la dignidad y el sentido de "relevancia social" de las personas, esta dimensión se refiere a la necesidad básica que tienen todas las personas de sentir que "importan" (*matter* en inglés). Es decir, la necesidad de sentir que son una parte importante y relevante del mundo que habitan y que pueden tener influencia en la vida de otras personas. Esta necesidad de "ser alguien" y de poder influir en el mundo que habitamos se puede ver amenazada por la discriminación, la exclusión, la ausencia de lazos sociales y redes de apoyo, la deshumanización y la negligencia en la atención a nuestras necesidades individuales. Movimientos de alcance internacional como el *Black Lives Matter* y evidencia recolectada a través de metodologías participativas demuestran que ese tipo de seguridad psicológica es particularmente importante para los y las jóvenes[7], y que no experimentarla incluso puede afectar su propensión al uso de la violencia (Elliot *et al.*, 2011).

---

7 Ejercicios de análisis de amenazas a la vida realizados con jóvenes en Kingston, Ciudad Juárez, Durban y Medellín mostraron consistentemente que los y las jóvenes identifican como prioridades la sensación de que sus vidas "no importan"; la falta de atención y comprensión de sus realidades, necesidades y derechos; la constante exposición a tratos discriminatorios, irrespetuosos y estigmatizantes de los que son víctimas, y la falta de espacios para participar y hacer escuchar sus voces (notas de campo Abello Colak 2022, 2023).

La Unidad de Seguridad Humana de las Naciones Unidas ha incluido también la "seguridad tecnológica" en sus análisis, reconociendo que la tecnología tiene un enorme impacto en la vida de las personas y comunidades, y que, aunque este puede ser positivo, también puede poner en serio riesgo los derechos humanos, especialmente de grupos históricamente marginados. En ese sentido, la seguridad tecnológica se refiere a que la seguridad de las personas también depende de su acceso a la tecnología y de la protección frente a los efectos negativos de la digitalización, la automatización, la vigilancia y el impacto de las tecnologías digitales (Human Security for All, s. f.).

Si bien estas ampliaciones corren el riesgo de generar todavía más suspicacias y renuencia a usar el enfoque de seguridad humana para el diseño de políticas y estrategias de construcción de paz, aquí argumentamos que, por el contrario, esta flexibilidad ayuda a hacer más útil y relevante el enfoque. Al permitir una comprensión más precisa de las experiencias cotidianas de (in)seguridad en diferentes contextos, el enfoque se vuelve más efectivo, sobre todo cuando se usa para abrir espacios de diálogo, participación y co-construcción con diversos grupos y comunidades.

En este libro, dos capítulos demuestran que una visión multidimensional de la seguridad es la que más resuena con las comunidades y con nociones de paz que articulan las personas en territorios que han sufrido los embates de los conflictos rurales y urbanos. El capítulo que explora la co-construcción de una agenda de seguridad humana en el Municipio de Bello, por ejemplo, analiza cómo la comunidad está expuesta a amenazas multidimensionales. Además de identificar afectaciones en su seguridad económica, en salud, ambiental y comunitaria, la comunidad prioriza su seguridad tecnológica, en virtud de la vulnerabilidad que sufren por falta de acceso a tecnología y a conectividad. En el capítulo 8, que entreteje los testimonios de las tres lideresas e investigadoras comunitarias, también se hace eco de una visión amplia y multidimensional de las amenazas a las que han estado expuestas y que van desde la violencia armada por parte de grupos criminales y fuerzas del Estado, hasta la discriminación, el racismo y la exclusión que experimentan como mujeres en espacios de participación dominados por lógicas machistas y explotativas.

A lo largo de este libro queda clara la necesidad de pensar en la paz y la seguridad "desde abajo", en función de la garantía y protección de los derechos de las personas. Como dice una de las lideresas en su relato; "es que, sin agua potable, alimentación, vivienda, salud, educación no puede haber una paz total. Paz es, por lo menos, tener tres comidas al día. Paz es, que por lo menos, nos escuchen cuando denunciamos las violencias contra las mujeres". Esta noción amplia de paz que han articulado líderes y lideresas comunitarias y víctimas sobrevivientes de varias comunas afectadas por la violencia en Medellín implica la "dignificación de la vida" en la ciudad, el restablecimiento y "protección de los derechos individuales y colectivos" de las comunidades y la generación de "condiciones de desarrollo" que pongan fin a la exclusión, estigmatización y desigualdad (Corporación Con-Vivamos y Universidad de Antioquia, 2021).

Lograr esta paz, que incluye, pero no se limita al cese de hostilidades y la desmovilización o sometimiento de grupos armados ilegales, requiere de estrategias de seguridad humana que incluyan medidas que respondan a las necesidades de protección inmediatas de la población, así como medidas a mediano y largo plazo que reduzcan la vulnerabilidad de las personas a las múltiples amenazas que ponen en vilo su vida y sus derechos.

¿Cómo articular estrategias de seguridad de este alcance y complejidad? Esta es una de las preguntas que se plantean a lo largo de los capítulos de este libro, así como la pregunta por las implicaciones que tiene su implementación para las instituciones del Estado, incluida la Policía Nacional. El libro resalta la preocupación por la operacionalización del enfoque de seguridad humana que es recurrente entre sus críticos. Lo que queda claro con el análisis que se ofrece en estos capítulos, y con los esfuerzos que se han hecho en Colombia y en otros países, es que para operacionalizar el enfoque hay que contextualizarlo, territorializarlo y recentrar el análisis en los individuos. Solo de este modo el enfoque permite reconocer los diversos problemas y factores que ponen en riesgo la vida y la dignidad de las personas según su identidad, el contexto que habitan y su relación con sus comunidades, instituciones y Estados. Esta visión de las dinámicas de inseguridad, contextualizada y centrada en las personas, es lo que permite repensar e implementar políticas y programas integrales.

Aplicar el enfoque de seguridad "desde abajo", con la participación de las comunidades, de organizaciones de la sociedad civil y de varias instituciones públicas, ha permitido usarlo para hacer diagnósticos integrales más acertados de los problemas de seguridad multidimensionales que enfrentan comunidades y grupos poblacionales en contextos específicos. A partir de estos diagnósticos, se han identificado estrategias de acción relevantes y viables. Un ejemplo concreto de la operacionalización del enfoque de seguridad humana para guiar políticas públicas es el diseño de "planes locales de seguridad humana" en Ciudad Juárez, México, y en Durban, Sudáfrica, entre 2022 y 2023[8]. Estos planes, que buscan

8 En ambas ciudades los gobiernos locales, con el apoyo de UN-Hábitat, se comprometieron a liderar procesos de co-construcción con la sociedad civil y los habitantes de dos comunidades piloto (KwaNdengezi en Durban y Colonia 16 de septiembre en Ciudad Juárez). Estos llevaron

abordar las amenazas a la vida, la dignidad y los medios de vida más apremiantes para las comunidades, demuestran que el enfoque de seguridad humana puede posibilitar la participación de actores que normalmente no pueden influir en el diseño de estrategias de seguridad, como defensores y defensoras de derechos humanos y habitantes de las comunidades.

Además, este enfoque permite romper silos institucionales y articular los esfuerzos que hacen diversas instituciones promoviendo respuestas más integrales a problemas que enfrentan diferentes grupos, como mujeres, jóvenes, niños y niñas y población que vive en asentamientos informales. También permite pensar en acciones que deben implementarse en el corto, mediano y largo plazo.

La capacidad de diseñar estrategias contextualizadas que permitan reconocer y abordar las necesidades de protección inmediatas que tienen diferentes grupos poblacionales, así como los problemas que vulneran sus derechos, convierte al enfoque seguridad humana en una herramienta necesaria para lograr la paz tal y como la anhelan las comunidades. Este enfoque también hace necesario el establecimiento de otros parámetros para la evaluación de la efectividad de las políticas y estrategias gubernamentales, y de las instituciones que las diseñan e implementan.

La seguridad humana obliga a repensar la función que tienen instituciones como la policía, especialmente en países como Colombia, donde su labor ha estado distorsionada por las demandas de la guerra interna, de la guerra contra el narcotráfico y contra el crimen organizado. Pero en lugar de sugerir que la policía y el ejército amplíen sus funciones para abordar amenazas a la seguridad alimentaria, ambiental y comunitaria, la aplicación del enfoque de seguridad obliga al Estado y a la sociedad a encontrar formas de articulación local que involucren a todas las dependencias públicas y a organizaciones civiles y comunitarias que actúan en un territorio en el diseño e implementación de estrategias de protección integrales.

Esto implica reconocer que la seguridad humana no la puede proveer la policía o el ejército a través de medidas de vigilancia, contención o represión, sino que estas instituciones deben concentrarse, como lo establece la Constitución de Colombia, en garantizar que haya condiciones para que las personas puedan ejercer sus derechos y libertades, asegurándose de que el uso de la fuerza sea legítimo. Este punto clave es analizado por Pablo Emilio Angarita, Yhony Alexander

---

al diseño de planes de acción a cinco años que abordan: i) violencias que ocurren en espacios públicos y familiares, ii) falta de oportunidades y ambientes adversos para los y las jóvenes, iii) precariedad económica y alimentaria de la población, iv) capacidad de las instituciones para proteger a la comunidad, y v) acceso a servicios que permiten vivir con salud y dignidad.

Osorio y Natalia Pérez Puerta en su capítulo. Los autores exploran con detalle los factores que determinan el uso de la fuerza policial y reconocen que el gobierno de Gustavo Petro ha planteado un horizonte de reformas institucionales y operativas a esta entidad que están en sintonía con el enfoque de seguridad humana.

Las propuestas incluyen, por ejemplo, que la policía recupere su carácter civil y reoriente su labor a la resolución pacífica e inteligente de conflictos, así como la apertura de espacios de participación para la veeduría ciudadana que ayuden a recuperar su legitimidad y a reducir la corrupción. Si bien son propuestas promisorias, los autores también reconocen que ha sido evidente la improvisación y el desorden en la ejecución de estas. Esto es preocupante, no solo por el aumento en los niveles de violencia e inseguridad en varias zonas del país, lo que podría reducir el apoyo social hacia estas reformas, sino también porque los procesos de transformación de las instituciones policiales requieren tiempo.

Conclusión

Al alejarse de los enfoques de seguridad dominantes que han sido incapaces de detener la reproducción de violencias en Colombia y en América Latina, el gobierno de Gustavo Petro ha dado un paso de relevancia global y ha abierto una serie de oportunidades históricas para adelantar reformas clave en el funcionamiento de las instituciones del Estado y en la relación entre el Estado y la sociedad. Para lograr dichas transformaciones resaltamos aquí que es necesaria mucha voluntad política y procesos "desde arriba" que capitalicen y potencien procesos de co-construcción "desde abajo". Solo la combinación de esfuerzos desde diferentes espectros del escenario político y social del país puede lograr aterrizar las ideas, propuestas y aspiraciones de la Paz Total de una manera que garantice un apoyo social suficiente y la legitimidad de los esfuerzos del Estado.

La operacionalización del enfoque de seguridad humana como guía del ejercicio de gobierno en Colombia es posible, pero requiere también de la apertura de espacios participativos que capten las necesidades, expectativas, vivencias y propuestas de la sociedad, integrándolas en estrategias de acción localizadas y contextualizadas. En otras palabras, la co-construcción de paz y de seguridad en Colombia requiere lograr un consenso básico sobre la centralidad de la protección de la vida y los derechos de las personas. Lograr ese consenso no es fácil en una sociedad altamente polarizada, pero esfuerzos críticos y propositivos como el que hace el colectivo diverso que conforma el Observatorio de Seguridad Humana de Medellín en este libro, ayudan a identificar retos e ideas hacia dónde y cómo avanzar para superarlos.

Referencias

Abello, A. (2023). *Mapping systems of human (in)security to understand the Covid-19 Pandemic's enduring impact on urban violence.* LSE; GIGA; VSP Network.

Corporación Con-Vivamos y Universidad de Antioquia. (2021). Ruta restaurativa para la paz y la reparación territorial urbana. Proceso de Memoria y Paz Territorial Zona Nororiental, Medellín, 2021.

Elliott, G., Cunningham, S., Colangelo, M. y Gelles, R. (2011). Perceived mattering to the family and physical violence in the family by adolescents. *Journal of Family Issues, 32*(8), 1007-1029. https://doi.org/10.1177/0192513X11398932

Facultad de Derecho y Ciencias Políticas UdeA. (2022, 16 de junio). El parche, un espacio seguro. Capítulo 1: Katarsis: Orígenes [video]. https://www.youtube.com/watch?v=CSu1vi4M3Ko

Gómez, H., Giraldo, L., Zuluaga, L., Montoya, K., Quintero, D., Agudelo, L. (2014). Hacia una agenda de seguridad para Medellín: desde la perspectiva de sus comunidades. Universidad de Antioquia; Instituto de Estudios Regionales.

Human Security for All. (s. f.). What is human security? https://humansecurity.world/what-is-human-security/

Kloppe-Santamaría, G. y Abello, A. (eds.). (2019). Seguridad humana y violencia crónica en México: nuevas lecturas y propuestas desde abajo.

Naciones Unidas. (2012). Resolución 66/290. http://undocs.org/sp/A/RES/66/290

Naciones Unidas. (2024). Human security: report of the Secretary-General. General Assembly, seventy-eight session. https://www.un.org/humansecurity/wp-content/uploads/2024/06/A.78.665-Report-of-the-Secretary-General-on-Human-Security.pdf

Observatorio de Seguridad Humana de Medellín (OSHM). (s. f.). Portafolio. https://observatorioseguri.wixsite.com/OSHMedellin/portafolio

Observatorio de Seguridad Humana de Medellín (OSHM). (2014). Nuestras voces sobre seguridad humana en Medellín. Diálogos sobre seguridad. Instituto de Estudios Regionales (INER). http://hdl.handle.net/10495/4630

Observatorio de Seguridad Humana de Medellín (OSHM). (2016). Informe: impacto de las violencias e inseguridad en la vida de las mujeres desde un enfoque de seguridad humana. OXFAM.

Observatorio de Seguridad Humana de Medellín (OSHM). (2021). Pandemia y seguridad humana: impactos del COVID-19 en las comunidades de Medellín y propuestas para afrontarlos. Observatorio de Seguridad Humana de Medellín; Facultad de Derecho y Ciencias Políticas–Universidad de Antioquia; Latin America and Caribbean Centre–London School of Economics, LSE; Corporación Mi Comuna; Corporación Con-Vivamos; Corporación Cultural Nuestra Gente.

Pearce, J. y Abello, A. (2021). Humanizing security through action-oriented research in Latin America. *Development and Change*, *52*(6), 1-26. https://doi.org/10.1111/dech.12689

Pearce, J. (2007). Violence, power and participation: building citizenship in the contexts of chronic violence. IDS Working Paper 274. Institute of Development Studies; University of Sussex. http://hdl.handle.net/10454/3802

Pearce, J. (2017) Authoritarian and Resistant Citizenship in Latin America. En J. Mackert y B. Turner (eds.), *The Transformation of Citizenship, vol. 2, Struggles, Resistance and Violencia*. Routledge.

Programa de las Naciones Unidas para el Desarrollo (PNUD). (2022). New Threats to Human Security in the Anthropocene: Demanding greater Solidarity. 2022 Special Report PNUD. https://hs.hdr.undp.org/pdf/srhs2022.pdf

Programa de las Naciones Unidas para el Desarrollo (PNUD). (1994). Informe sobre desarrollo humano 1994. https://hs.hdr.undp.org/pdf/srhs2022.pdf

PRESENTACIÓN

Julián Andrés Muñoz Tejada*

Juan Pablo Acosta Navas**

Este libro presenta un conjunto de análisis derivados de las reflexiones académicas e investigaciones teóricas y con comunidades que hemos desarrollado en el grupo de investigación Conflictos, Violencias y Seguridad Humana de la Universidad de Antioquia durante los últimos años. De este grupo hace parte la línea de investigación Observatorio de Seguridad Humana de Medellín (en adelante OSHM) que constituye una apuesta transversal para todo el equipo de investigadoras e investigadores, tanto académicos como comunitarios.

El concepto de seguridad humana, como se observará en esta obra, no es nuevo en la literatura y ha venido afianzándose por lo menos durante las últimas tres décadas. Lo novedoso es que ahora haga parte de la agenda de gobierno, pues durante el periodo de Gustavo Petro Urrego, presidente de Colombia (2022-2026), se ha incorporado como parte de su política pública de Paz Total. Actualmente, es posible encontrar referencias a la seguridad humana en diversos documentos oficiales, discursos y declaraciones de funcionarios del Estado.

De manera muy rápida, la seguridad humana en Colombia pasó de ser un objeto de interés para algunos sectores académicos y populares, que abordaban o reivindicaban este enfoque, a ser parte integral de las apuestas del gobierno de turno. Esto ha quedado plasmado en el Plan Nacional de Desarrollo "Colombia, potencia mundial de la vida" y en la Ley 2272 de 2022 o Ley de Seguridad Humana y Paz Total.

---

* Profesor de la Facultad de Derecho y Ciencias Políticas de la Universidad de Antioquia. Coordinador del grupo de investigación Conflictos, Violencias y Seguridad Humana de la misma universidad.

** Profesor de la Facultad de Derecho y Ciencias Políticas de la Universidad de Antioquia. Integrante del grupo de investigación Conflictos, Violencias y Seguridad Humana de la misma universidad.

A quienes integramos el grupo de investigación y el OSHM nos genera bastante expectativa el cambio de enfoque en el actual gobierno. La seguridad humana deja de figurar como un elemento literario o académico y se convierte en una herramienta "para gobernar". A su vez, nos inquieta que la grandilocuencia de los discursos presidenciales o la reiteración de categorías en los documentos oficiales no se concreten en acciones que en efecto aporten a la provisión de seguridad y a la construcción de paz.

Desde hace años, las comunidades en sus barrios adelantan acciones orientadas a enfrentar violencias e inseguridades cotidianas. De ahí que la novedad de la paz total y la seguridad humana se refiera, principalmente, a que permiten nombrar y pensar, conforme a nuevos referentes, aquello que durante décadas han hecho las comunidades para resistir a ciclos de violencia recurrentes. Estos ciclos parecen responder a las lógicas de un *remake* de una película: se introducen ligeras modificaciones en su libreto, pero su argumento se mantiene intacto. Es decir, actores distintos al Estado definen y representan el orden para quienes habitan nuestros barrios.

Tan pronto el gobierno de Gustavo Petro empezó a referirse con nuevos adjetivos a la paz y a la seguridad, comenzaron a agendarse foros y conversatorios, y aparecieron columnas de opinión y publicaciones que hicieron eco de este nuevo enfoque, bien para aplaudir o bien para objetar el cambio de perspectiva. A quienes integramos el grupo de investigación Conflictos, Violencias y Seguridad Humana nos generó cierta perplejidad, pues nuestro equipo había consolidado durante años algunas aproximaciones conceptuales sobre la seguridad humana, al igual que reflexionaba sobre sus posibilidades y sus limitaciones. Así que nos surgió la pregunta: ¿qué podemos aportar al debate generado cuando el Gobierno nacional llamó "total" a la paz y se refirió a la seguridad como "humana"?

Esa pregunta nos instó a compilar en este volumen algunos resultados de las investigaciones del grupo. Igualmente, nos llevó a pensar sobre posibles y nuevas líneas de investigación a partir de los desafíos que propone para el campo de la seguridad abandonar las visiones clásicas y restrictivas: como la de seguridad pública, que se enfoca en las gramáticas de la guerra; o la de seguridad ciudadana, centrada en el uso del sistema penal. Esto le abre paso a la seguridad humana, que entiende que los problemas, los objetos y sujetos a proteger, y las amenazas relativas al campo de la política no se pueden reducir a las lógicas de la guerra o al control del delito.

Como se expresa en varios capítulos de este libro, los orígenes del concepto de seguridad humana no se remontan a los estudios de seguridad —como pudiera suponerse—, sino a los estudios sobre desarrollo humano y derechos humanos.

Por ello, el primer abordaje, ampliamente conocido, aparece en el informe del Programa de las Naciones Unidas para el Desarrollo (PNUD) de 1994. Desde ese momento, se generó un amplísimo debate sobre el sentido y el alcance de una manera de pensar la seguridad que ampliaba el campo mismo de la seguridad al desarrollo y los derechos humanos. En el escenario internacional, fue usado para cuestionar visiones militaristas sobre la seguridad, heredadas de la Guerra Fría. Sin embargo, rápidamente fue aprovechado por las corrientes hegemónicas y se le estiró de tal manera que, incluso, llegó a ser entendido como la raíz de una doctrina intervencionista y belicista como la "responsabilidad de proteger". Paradójicamente, esta visión distorsionada también fue impulsada desde la Organización de Naciones Unidas para "prevenir" crímenes atroces.

En el año 2008, en pleno auge de la Política de Defensa y Seguridad Democrática (en adelante PDSD), un grupo de investigadores de la Universidad de Antioquia y de otras instituciones partió de la premisa de que esa particular manera de pensar y gestionar los problemas, donde hacer la guerra es sinónimo de provisión de seguridad, era solo una entre muchas formas de aproximarse a los fenómenos del campo de la seguridad.

La creación del OSHM implicó la convergencia de visiones alternativas sobre la seguridad y agendas políticas comprometidas con la resistencia y agencia de las comunidades. Se trató de una articulación necesaria entre academia y organizaciones sociales y comunitarias de la ciudad de Medellín, que hasta la actualidad ha permitido reflexiones como las siguientes:

1. Más importante que un hipotético derecho a la seguridad, en un contexto democrático, se impone como horizonte la perspectiva de la seguridad de los derechos.
2. Aunque la experiencia sobre prácticas y discursos en torno a la seguridad la muestran a través de un enfoque y modelo primordialmente represivo, la seguridad humana propone que su provisión no se puede reducir a la vigilancia, el control territorial y el uso de la fuerza.
3. Aunque la experiencia con las autodefensas armadas genera suspicacias respecto a la seguridad desde la sociedad, la seguridad humana permite ver que no siempre esa seguridad provista desde las comunidades implica el recurso a la violencia.
4. Hay una apuesta política y epistemológica que invita a que la investigación sobre violencias e inseguridades trascienda los cánones del extractivismo cognitivo y la comprensión de quienes padecen esas violencias e inseguridades como meros sujetos pasivos sin capacidad de agencia. La investigación en esos campos exige el reconocimiento de quienes habitan los territorios y sus conocimientos o saberes prácticos.

5. Las investigadoras e investigadores comunitarios de nuestro grupo concretan esa articulación entre los saberes especializados del conocimiento académico con los saberes prácticos o populares de los entornos comunitarios en una sinergia singular que entiende ambos saberes —el comunitario y el académico— como complementarios y necesarios para una mejor comprensión de los fenómenos sociopolíticos.

El OSHM ha intentado avanzar en esas líneas de análisis, incluso mientras se iba a contracorriente de la visión hegemónica de la PDSD. Durante este tiempo, al decir de varias organizaciones de derechos humanos, la sociedad colombiana estaba embrujada bajo el hechizo de una fascinación por el recorte de derechos a cambio de una "mejor y mayor seguridad". Hoy, quince años después de iniciar esta apuesta por repensar la seguridad desde perspectivas críticas, ocurre algo que a los integrantes del OSHM les genera entusiasmo, pero al mismo tiempo muchas preguntas: la seguridad humana es el concepto escogido por el presidente para referirse a la seguridad.

Los problemas ahora no están necesariamente vinculados a los usos, discursos y anuncios sobre la seguridad, sino al tipo de políticas que se diseñen y cómo se piensan implementar. La primera iniciativa del gobierno de Gustavo Petro fue conocida como política de Paz Total y para ello lideró ante el Congreso la aprobación de la Ley 2272 en el año 2022. En resumen, la iniciativa del gobierno Petro se funda en la premisa de que cualquier intento por avanzar en la construcción de paz con grupos armados estará condenada al fracaso si no se negocia con todos, incluidos aquellos sin estatus político.

Este tipo de visiones sobre la negociación no es inédito. En otras ocasiones ya se intentó negociar con varios grupos al mismo tiempo, como ocurrió durante la administración de Belisario Betancur (1982-1986). También, se ha procurado negociar con grupos armados sin estatus político, como ocurrió con los carteles del narcotráfico, con las Milicias Populares en Medellín o con las Autodefensas Unidas de Colombia. Los balances, en general, no son muy prometedores. Una rápida mirada a esas experiencias nos muestra algunos aprendizajes que tendrían que ser reconocidos:

- Las mesas simultáneas de negociación del gobierno de Betancur fracasaron, entre otros motivos porque el Estado fue incapaz de mantener mesas con tantos actores armados al tiempo, incluidos ceses al fuego sostenidos con varios grupos en simultánea.
- Con los carteles del narcotráfico, el Estado se mostró debilitado y los narcotraficantes fortalecidos;

- Con las Milicias Populares de los años 90 en Medellín, como expuso el Centro Nacional de Memoria Histórica (2017), la indisciplina de sus integrantes y el modelo de transición sin desarme parecen haber asegurado el fracaso de tales acuerdos.
- Por último, con las Autodefensas Unidas de Colombia (AUC) se evidenciaron rápidos procesos de rearme de sus integrantes, la conformación de nuevos grupos armados herederos del paramilitarismo y la persistencia de actividades delictivas de sus máximos comandantes, incluso privados de la libertad.
- Una paz negociada con la ex guerrilla de las Fuerzas Armadas Revolucionarias de Colombia – Ejército del Pueblo (FARC-EP), que siguió un tradicional modelo de negociación entre élites y que, al menos en términos de paz negativa, implicó el cierre de la conflictividad con esa organización insurgente.

Este libro integra reflexiones sobre la importancia de concretar símbolos poderosos como "paz total" y "seguridad humana" en acciones y gestiones concretas. El grupo de investigación, como ya se anunció, presenta una composición particular, pues en él confluyen distintas profesiones: periodismo, antropología, sociología, ciencia política, derecho y psicología. Adicionalmente, se destaca la pluralidad en los campos de acción de sus integrantes; algunos son docentes e investigadores universitarios, otros han participado de las administraciones municipales o departamentales. Sobresale en nuestro equipo la presencia de investigadoras e investigadores comunitarios. Aquí, nos referimos a personas comprometidas con ejercicios de liderazgo comunitario y popular que participan de investigaciones y discusiones del grupo, no son meros enlaces con los territorios.

Esta variedad de formaciones de base y de roles en la sociedad, refleja también la diversidad de apuestas académicas, de enfoques metodológicos y de estrategias para desarrollar los capítulos. La diversidad de quienes hacemos parte del grupo de investigación se plasma en este libro y expresa toda una pluralidad de perspectivas y de métodos de investigación sobre la seguridad humana, los derechos humanos y la paz.

Quien se aproxime a este libro se encontrará con capítulos soportados de manera rigurosa en la literatura académica reciente, como también con reflexiones de mayor coyuntura en torno a los usos —y quizá abusos— que sobre la seguridad humana y la paz total emergieron durante los primeros meses de la presidencia de Gustavo Petro. En igual sentido, otros capítulos fueron elaborados con una estructura poco convencional para obras de este tipo y presentan reflexiones polifónicas sobre experiencias cotidianas de construcción de paz y de provisión de seguridad humana. En estos capítulos, contamos con la perspectiva de las propias lideresas populares, quienes están articuladas tanto a los procesos sociales en sus territorios como al grupo de investigación, en calidad de investigadoras comunitarias.

Nuestra contribución pretende aportar al debate sobre seguridad humana como enfoque y como concepto. Ambos deben ser funcionales no solo en términos de la crítica política sino también en cuanto al respeto y la garantía de los derechos humanos, en particular, de los derechos de aquellas poblaciones que han sufrido los estragos de la guerra y las consecuencias de los enfoques militaristas de la seguridad.

Introducción
SEGURIDAD HUMANA Y SUS USOS

Julián Andrés Muñoz Tejada*

Llegar a un concepto de seguridad humana que funcione de manera general para todos los actores y escenarios es imposible por varios motivos. Por un lado, porque todos los conceptos adolecen del mismo problema, aunque parezca un tópico: en política son polisémicos y variará su sentido dependiendo de los usos que se les dé. Por otro, sus significados están atados a los contextos en que se aplican y a los conceptos con los que establecen cierto parentesco. Por ejemplo, la seguridad humana está emparentada con los conceptos de derechos humanos, desarrollo humano y paz.

Se supone que esa familia de conceptos delimitaría su significación, pero no ocurre tal cosa. De ahí que alcanzar una definición de seguridad humana común para todos los escenarios y actores entrañe tantas dificultades (Muñoz, 2019). Este concepto ha sido utilizado por instancias internacionales, gobiernos locales y, como mostraremos en el presente capítulo, por el actual Gobierno nacional.

En el escenario internacional, la seguridad humana emerge en la primera parte de la década de los noventa como un concepto que pretendía criticar las visiones militaristas de seguridad, aún influenciadas por las tensiones generadas en la Guerra Fría y la doctrina del enemigo interno que esta promovió en contextos como el latinoamericano. En dicha región, se generó un entramado de discursos y prácticas sobre el castigo y la provisión de seguridad, conocida como Doctrina de la Seguridad Nacional.

Simplificando en exceso las cuestiones relativas a la formación del concepto de seguridad humana, el Programa de las Naciones Unidas para el Desarrollo (en adelante PNUD) señaló que era necesario promover una nueva visión sobre la seguridad, cuyo sentido estuviera definido por las afectaciones que sufrían ya no el

* Profesor de la Facultad de Derecho y Ciencias Políticas de la Universidad de Antioquia. Coordinador del grupo de investigación Conflictos, Violencias y Seguridad Humana de la misma universidad.

Estado, sino los seres humanos. Por ello, desde ese icónico informe del año 1994 y otros que le siguieron como el *Human Security Now* (Comission on Human Security, 2003), el interés fue ampliar el campo de significación de aquello a lo que llamamos seguridad.

Dicha ampliación del campo de la seguridad se tradujo en dos rasgos que hasta ahora permanecen dentro de los debates sobre el concepto: su multidimensionalidad y la interconexión de sus dimensiones. Así como podemos decir que la vida de los seres humanos se define por su complejidad, las afectaciones a su seguridad no provienen de un único tipo de amenaza. Aunque se ha generalizado la idea de que la seguridad se refiere solo a los peligros que se ciernen sobre la vida e integridad de las personas, la seguridad humana propone que hay otros tipos de amenazas. Por ello, habla de múltiples dimensiones desde las que se puede afectar la seguridad de los individuos: personal, salud, económica, ambiental, política, comunitaria y alimentaria (PNUD, 1994).

El segundo rasgo es la interconexión de sus dimensiones, lo que sugiere que la afectación de una de ellas puede impactar a las demás. Este tal vez es uno de los asuntos más problemáticos de la seguridad humana, ya no como concepto que posibilita la crítica, sino como orientador de políticas públicas. Pero las dificultades con el concepto no quedan ahí. Como se mencionó líneas arriba, los usos también introducen variaciones en el sentido de un concepto: si la seguridad humana es usada para orientar políticas o intervenciones o para analizar fenómenos. En este último caso, el uso de la seguridad humana sería de tipo analítico. Veamos algunos ejemplos:

Variación del sentido cuando la seguridad humana se usa para orientar políticas o para realizar intervenciones

En el escenario internacional, algunos usaron la seguridad humana para reproducir las mismas lógicas que decían criticar, como ocurrió con la doctrina intervencionista de la "responsabilidad de proteger". Pero también vemos que, de la mano de programas como el Fondo Fiduciario para la Seguridad Humana, fue posible realizar intervenciones que, si bien no resolvieron complejas problemáticas de desigualdad y múltiples violencias, lograron mitigar en algo sus efectos.

A nivel nacional —en Colombia—, como vemos ahora con el presidente Petro, es un concepto que orienta la política de seguridad y defensa, según la Ley 2294 de 2023 y el Plan Nacional de Desarrollo 2022-2026. En general, entraña una nueva promesa de seguridad, ya no enfocada en el combate de un enemigo interno, sino en la protección de los derechos de las personas y en realizar acciones necesarias para mejorar su bienestar. Como desarrollaremos en este libro, una de las cuestiones más problemáticas, pero al mismo tiempo esperanzadoras, es la política de Paz Total (Ley 2272 de 2022).

En el ámbito local, aunque se recuerda la experiencia de Bogotá durante la alcaldía del hoy presidente, el uso del concepto de seguridad humana en la política de seguridad y convivencia del año 2015 en Medellín es mucho más consistente. Al cierre de la administración del alcalde Aníbal Gaviria, el Concejo Municipal adoptó, mediante Acuerdo Municipal (Concejo de Medellín, 2015), la Política Pública de Seguridad y Convivencia, en la que uno de sus fundamentos clave fue la seguridad humana.

Desafortunadamente, al parecer por problemas en el diseño de la política y su implementación, el gobierno de Federico Gutiérrez, en palabras de una de las autoras en esta publicación, "engavetó" la política pública (Maya, 2019). En su lugar, la gestión efectiva de la seguridad se siguió haciendo conforme a los clásicos enfoques de seguridad ciudadana (que entiende la inseguridad como un problema relativo a ciertos delitos) o de seguridad pública (que reduce la inseguridad a las afectaciones que sufre el Estado).

Variación del sentido cuando la seguridad humana se usa para analizar fenómenos

A nivel internacional, el desarrollo del concepto de seguridad humana ha derivado en dos versiones: una amplia y una restringida. La primera, auspiciada principalmente por Japón, retoma el punto del que parte el informe del PNUD de 1994, que fue el primer documento oficial de las Naciones Unidas en introducir el concepto de seguridad humana. En ese informe se entendió que, dada la multiplicidad de dimensiones que integran la vida de los seres humanos, era necesario abrir el campo de la seguridad e integrar nuevas dimensiones que podrían verse amenazadas.

La versión amplia suele asociarse a la idea de la seguridad respecto de la necesidad (*freedom from want*). A su vez, la versión restringida, vinculada a la idea de la seguridad respecto del miedo (*freedom from fear*), auspiciada principalmente por instituciones canadienses, entiende que un concepto con tantas variables, todas igualmente importantes, es poco útil en lo operativo. Por ello, prefiere una versión restringida para observar las muertes producidas en el marco de conflictos armados. A esto se debe que instituciones como el *Human Security Centre* de Canadá usen la seguridad humana para medir las muertes derivadas de los conflictos armados a nivel global.

> A partir del año 2005 y hasta el 2013 el Centro de Seguridad Humana, adscrito inicialmente al Instituto de Asuntos Globales de la Universidad de Columbia Británica en Canadá, publicó los Informes de Seguridad Humana –*Human Security Reports*–. El objetivo de estos informes fue promover el concepto de seguridad humana, en su visión más estrecha de la libertad frente al miedo. Fueron dos los motivos por los que el *Human Security Centre* escogió el enfoque restringido.
> El primero es pragmático: ya hay informes que se refieren a amenazas como pobreza global, desnutrición o devastación ecológica, y no tendría sentido duplicar los datos que esos informes aportan. No obstante, ninguno de ellos elabora un mapa de las tendencias, severidad, causas y consecuencias de la violencia global; y el segundo motivo es metodológico, pues un concepto amplio que reúna amenazas tan diversas es poco útil para el análisis de políticas. (Muñoz, 2019, p. 108).

Tenemos, por otro lado, quienes han usado la seguridad humana para analizar los fenómenos asociados a las violencias y las inseguridades que ellas configuran, en lo que supone una mayor proximidad a la versión amplia del concepto. Es el caso de autoras como Pearce y Abello (2009) y sus trabajos sobre seguridad humana desde abajo, inicialmente en la Universidad de Bradford y luego en la *London School of Economics*. Es aquí donde entra a la escena la ciudad de Medellín y la Universidad de Antioquia.

En el año 2008, en pleno auge de la Política de Defensa y Seguridad Democrática, que, como cabe recordar, reduce los problemas de inseguridad a las lógicas de la guerra y se orienta a la derrota de enemigos, un grupo de académicos de la Universidad de Antioquia, entre quienes se destaca Pablo Angarita (2011, 2013), se hicieron una pregunta que resuena hasta hoy: ¿solo es posible pensar la seguridad de esa manera?

A partir de ese momento, el grupo de investigación Conflictos y Violencias (luego llamado Conflictos, Violencias y Seguridad Humana) inicia un cuidadoso abordaje del concepto en el marco del Observatorio de Seguridad Humana de Medellín (en adelante OSHM). Podríamos sintetizar sus aportes al desarrollo del concepto, siguiendo a Muñoz (2019), en tres sentidos:

En primer lugar, como un concepto que potencia la crítica a visiones militaristas que reducen la seguridad a las gramáticas de la guerra. De esta manera, repensar la seguridad desde el lente de la seguridad humana amplió el espectro de hechos y situaciones a los que se debía prestar atención, si se trataba de pensar en la provisión de seguridad.

En segundo lugar, aunque el Estado es el principal llamado a proveer seguridad, cuando no lo hace o incluso cuando deviene en una amenaza más, las comunidades han mostrado que, de manera organizada y sin recurrir a la violencia, también pueden desplegar acciones para protegerse. A esta particular manera de pensar la seguridad desde la sociedad se le conoce como "seguridad humana desde abajo" y parte del reconocimiento de la capacidad de agencia de las comunidades para enfrentar múltiples violencias.

En tercer lugar, la generación de conocimiento sobre violencias e inseguridades debe contar con la participación de las comunidades que las padecen. Se parte del reconocimiento y respeto de los saberes que circulan en las comunidades y que se traducen en formas de enfrentar o entender las inseguridades provenientes de actores armados que controlan territorios o los disputan, de situaciones de privación de derechos vinculadas a la desigualdad o de las acciones que muchas veces despliega el propio Estado.

Un diálogo de saberes significa que la mejor manera de producir conocimiento sobre las inseguridades que padecen las personas es integrando los conocimientos generados en la academia con los que circulan entre las comunidades, a los que podríamos llamar conocimiento popular o conocimiento del sentido común (Feyerabend, 1972). Con esta integración o diálogo de conocimientos se pretende avanzar en la superación de lógicas de generación de conocimiento fundadas en escisiones que, aunque se entienden para determinados temas y problemas, suelen proponer una reducción simplista entre un conocimiento con estatus especial —*episteme*— y otro que a lo sumo se reduce como juicios de la muchedumbre —*doxa*— (Ferrater, 1965). El grupo de investigación, y sobre todo su OSHM, se ha empeñado en cuestionar tales separaciones.

Estas tres apropiaciones del concepto de seguridad humana se pueden notar a lo largo de sus publicaciones. Así, en *Re-pensando la seguridad* (Sierra, 2010), se muestra el sentido de pensar la seguridad desde abajo e invita a los hacedores de políticas sobre seguridad a que reconozcan los saberes y expectativas de quienes serán sus destinatarios. La multidimensionalidad del concepto de seguridad humana insta a que las acciones o estrategias pensadas para proveer seguridad trasciendan la seguridad personal.

En *Control territorial y resistencias* (Gómez *et al.*, 2012), se demostró cómo, en algunas ocasiones, el accionar organizado de las comunidades posibilitó enfrentar violencias derivadas de la disputa o control por territorios por grupos armados. En *Nuestras voces sobre seguridad humana* (OSHM, 2014) se continúa en esa dirección. Es decir, se parte de la capacidad de agencia de las comunidades y se muestra cómo mediante el arte o la cultura se pueden enfrentar esas violencias.

A su vez, en *Vínculos* (Sánchez *et al.*, 2020) se muestra que la seguridad de los espacios no corresponde a una cualidad ontológica de los espacios en sí, sino a la fortaleza de los vínculos de quienes los habitan o se congregan en ellos.

Los desarrollos sobre el concepto de seguridad humana se extienden a los trabajos gestados en medio de la pandemia. En ese momento, en *Pandemia y seguridad humana* (Abello *et al.*, 2021), se mostró cómo, aunque la covid-19 supone en principio una afectación a la seguridad en salud, sus impactos trascendieron dicha dimensión y vimos amenazas a las dimensiones: económica, comunitaria, política y alimentaria.

Como vemos, las preocupaciones del OSHM en torno al concepto de seguridad humana nos muestran un acumulado de formas de hacer y de entender los fenómenos asociados a las violencias y las inseguridades. Tras la llegada de Gustavo Petro, quienes integramos el grupo de investigación y el OSHM nos enfrentamos a una complejidad inusual: la seguridad humana ya no es solamente, como en otros tiempos, una herramienta que permite concitar esfuerzos académicos y políticos para criticar. Actualmente, la seguridad humana se enfrenta a un desafío que podría concretarse en lo siguiente: ¿cómo hacer que un concepto con mostrada capacidad para criticar sirva, así mismo, para gobernar?

Los textos que integran este volumen se ocupan de esa cuestión. El lector encontrará textos de alcance diverso. Unos capítulos —como el 1 y el 2— se preguntan por los desafíos de implementar políticas con un concepto cuya amplitud y vaguedad han sido ampliamente documentadas en la literatura. Otros indagan por las dificultades asociadas a la promesa de paz total del gobierno de Gustavo Petro, bien porque la experiencia acumulada de negociación en Colombia muestra que negociar con tantos grupos y sin criterios claros de priorización no suele arrojar los mejores resultados, o también porque las categorías usadas hasta ahora para explicar las negociaciones con estos actores, como delincuentes políticos, no aportan mucho a las actuales circunstancias.

El capítulo sobre policía y protesta social expone los desafíos prácticos en términos de una reforma a dicha institución, que posibilite un cambio en la doctrina y modelo de seguridad a partir de un enfoque como el de seguridad humana. Este enfoque propone una ruptura con las visiones securitarias ancladas en la derrota de enemigos internos. Como lo expresó la Comisión de la Verdad en su informe (2022), quienes protestan no son enemigos, ejercen un derecho y la fuerza pública no puede simplemente reprimirlos.

El capítulo sobre estabilización postconflictiva nos presenta un mecanismo causal que parte de las experiencias de paz negociada y que se concreta en el encadenamiento de tres elementos necesarios: presencia estatal, empoderamiento de las comunidades y titularidad de derechos. Su autor propone que la propuesta de Paz Total del gobierno de Gustavo Petro incorpora un componente novedoso: la necesidad de que los acuerdos incorporen un componente urbano.

Los capítulos 5 y 6 se ocupan precisamente de la paz urbana. El capítulo 5 propone la necesidad de que la negociación involucre de manera activa a las víctimas y a la ciudadanía, para mostrar que la negociación no es un asunto exclusivo y excluyente de quienes hacen la guerra, sino que a ella deben concurrir quienes padecen sus efectos. El capítulo 6, por su parte, propone que el giro en el enfoque de negociación en las ciudades debe estar acompañado de intervenciones integrales, que muestren que los vacíos que eventualmente queden deben ser llenados con acciones sociales y económicas por parte de la institucionalidad estatal.

El capítulo 7 nos presenta los desafíos de la seguridad humana a partir de las agendas comunitarias. Sus autoras exploran la necesidad, arriba enunciada, de reconocer las capacidades y expectativas de las comunidades. Además, hace un llamado a que las acciones desplegadas para proveer seguridad entiendan que este subcampo de la política va más allá de las amenazas a la seguridad personal, esto es, que los seres humanos tienen amenazas económicas, alimentarias, comunitarias, entre otras.

Finalmente, el capítulo 8 nos presenta, en el formato de historias de vida, tres relatos de investigadoras comunitarias del OSHM. En ellos, las autoras expresan lo que significa ser mujer lideresa en una ciudad como Medellín y cuáles son sus expectativas con la agenda de paz que trazó el gobierno de Gustavo Petro tras la política de Paz Total. A las tres voces de las investigadoras comunitarias se suma una investigadora que hace las veces de mediadora, junto a sus compañeras de capítulo, y teje con ellas los relatos para darles coherencia y sentido.

Este conjunto variopinto de contribuciones da cuenta de un rasgo que define la identidad de nuestro grupo: la pluralidad. Y no me refiero solo a que entre sus integrantes haya personas con diversas profesiones (como el periodismo, la sociología, la antropología, la ciencia política y el derecho). La pluralidad se expresa en dos situaciones adicionales. En primer lugar, en que no hay un único método y enfoque en nuestro grupo. Los textos que aquí se presentan dan cuenta de ello: hay miradas tradicionales cualitativas a los fenómenos analizados y perspectivas que expresan el diálogo entre conocimiento experto y conocimiento popular. En segundo lugar, dentro de nuestro equipo, desde hace algunos años, se abrió la posibilidad para que lideresas comunitarias se integraran a los procesos de generación y divulgación de conocimiento.

Me refiero a las investigadoras comunitarias adscritas al grupo de investigación[1]. Ellas participan tanto en las sesiones conceptuales, que programa el grupo de investigación, como en los análisis de contexto, que convoca el OSHM cada que las circunstancias así lo demandan. Su participación en el grupo ha contribuido de manera positiva a los procesos de generación de conocimiento, ha posibilitado un diálogo franco y permanente con personas que no simplemente observan los fenómenos, sino que los padecen. Adicionalmente, nos ha mostrado a los académicos que es imperativo reconocer y valorar lo que saben las comunidades.

Conocer sus expectativas, y maneras de entender las violencias que viven a diario, les ha dado un sentido especial a las enseñanzas de la profesora María Teresa Uribe, quien hace más de diez años hacía un llamado al respeto por las comunidades: "bueno, yo sé unas cositas, pero solamente unas cositas; ellos saben otras cosas muy importantes, y ellos son los dueños de su destino" (Facultad de Derecho y Ciencias Políticas UdeA, 2014). Nuestro rol, como dijera la maestra, es acompañar a las comunidades con la herramienta que mejor sabemos utilizar: el conocimiento.

Creemos que este trabajo contribuirá al debate sobre seguridad humana, al menos por dos razones. En primer lugar, porque integra contribuciones de un colectivo que viene pensando la seguridad humana desde hace quince años. Cada contribución en este volumen está soportada por años de estudio e investigaciones, que han procurado tener algún sentido tanto en términos académicos como políticos. En segundo lugar, porque las lecturas críticas sobre la seguridad no pueden simplemente hacerse a un lado porque un concepto y enfoque como el de seguridad humana, usado normalmente para criticar, pasó a ser el concepto y enfoque del gobierno de Gustavo Petro.

Referencias

Abello, A., Hernández, B., Muriel, E., Muñoz, J., Zuluaga L., Tamayo, L., Ortiz, M., Angarita, P. y Benjumea, Y. (2021). *Pandemia y seguridad humana. Impactos del Covid-19 en las comunidades de Medellín y propuestas para afrontarlos.* Universidad de Antioquia.

Abello, A. y Pearce, J. (2009). "Security from below" in contexts of chronic violence. *IDS Bulletin, 40*(2), 11-19. https://doi.org/10.1111/j.1759-5436.2009.00017.x

Angarita, P. (2011). *Seguridad democrática. Lo invisible de un régimen político y económico.* Siglo del Hombre Editores; Facultad de Derecho y Ciencias Políticas.

1 Se usa deliberadamente el femenino, porque a la fecha de publicación de este trabajo solo había lideresas comunitarias en ese rol.

Angarita, P. (2013). Propuestas de seguridad desde organizaciones de base en contextos violentos. En A. Abello y P. Angarita (eds.), *Nuevo Pensamiento sobre seguridad en América Latina. Hacia la seguridad como un valor democrático* (pp. 109-130). CLACSO.

Comission on Human Security. (2003). *Human Security Now.* United Nations.

Comisión para el Esclarecimiento de la Verdad, la Convivencia y la No Repetición (CEV). (2022). *Hay futuro si hay verdad. Hallazgos y recomendaciones de la Comisión de la Verdad de Colombia.* https://www.comisiondelaverdad.co/hallazgos-y-recomendaciones-1

Concejo de Medellín. (2015, 4 de septiembre). Acuerdo 0021 de 2015. *Por medio del cual se aprueba la Política Pública de Seguridad y Convivencia del Municipio de Medellín.* Gaceta Oficial 4331. https://www.medellin.gov.co/irj/go/km/docs/pccdesign/SubportaldelCiudadano_2/PlandeDesarrollo_0_15/Publicaciones/Shared%20Content/GACETA%20OFICIAL/2015/Gaceta%204331/ACUERDO%200021%20DE%202015.pdf

Congreso de la República de Colombia. (2022, 4 de noviembre). Ley 2272 de 2022. *Ley de Paz Total.* https://www.funcionpublica.gov.co/eva/gestornormativo/norma.php?i=197883#:~:text=Paz%20total%3A%20La%20pol%C3%ADtica%20de,y%20sometimiento%20a%20la%20justicia.

Congreso de la República de Colombia. (2023, 19 de mayo). Ley 2294 de 2023. *Por la cual se expide el Plan Nacional de Desarrollo 2022-2026 "Colombia potencia mundial de la vida".* https://www.funcionpublica.gov.co/eva/gestornormativo/norma.php?i=209510#:~:text=Tiene%20como%20objetivo%20definir%20un,econ%C3%B3mica%20global%2C%20regional%20y%20nacional.

Facultad de Derecho y Ciencias Políticas UdeA. (2014). De nuevo... una invitación a la Ciencia Política [video]. YouTube. https://youtu.be/hpoBdV5LwQw?si=436QE9a18EDRCi5R

Ferrater, J. (1965). *Diccionario de filosofía. Tomo I.* Editorial Sudamericana. https://profesorvargasguillen.files.wordpress.com/2011/10/jose-ferrater-mora-diccionario-de-filosofia-tomo-i.pdf

Feyerabend, P. (1972). *Tratado contra el método.* Tecnos.

Gómez, H., Otálvaro, M., García, A., Angarita, P., Londoño, H., Jaramillo, J., Gil, M. y Sierra, J. (2012). *Control territorial y resistencias. Una lectura desde la seguridad humana.* La Carreta Editores. https://www.academia.edu/23372735/Control_territorial_y_resistencias_Una_lectura_desde_la_Seguridad_Humana

Maya, N. (2019). La política pública de seguridad y convivencia que Fico engavetó. *Observatorio de seguridad humana de Medellín.* https://www.repensandolaseguridad.org/publicacioness/noticias/item/la-política-pública-de-seguridad-y-convivencia-que-fico-engavetó.html

Muñoz, J. (2019). *Usos políticos del concepto de seguridad humana. El caso del Observatorio de Seguridad Humana de Medellín –OSHM–: 2008-2016* [Tesis doctoral, Universidad de Antioquia]. Repositorio Institucional Universidad de Antioquia. https://

bibliotecadigital.udea.edu.co/bitstream/10495/10955/1/Mu%c3%b1ozJulian_2019_UsosPoliticosConcepto.pdf

Observatorio de Seguridad Humana de Medellín (OSHM). (2014). *Nuestras voces sobre seguridad humana en Medellín. Diálogos sobre Seguridad*. INER; Universidad de Antioquia; IDRC. https://www.repensandolaseguridad.org/publicacioness/libros.raw?task=callelement&item_id=89&element=d420e6b8-fda3-4ff0-8634-0a3d6ec8f79a&method=download

Programa de las Naciones Unidas para el Desarrollo (PNUD). (1994). *Informe sobre Desarrollo Humano 1994*. Fondo de Cultura Económica. https://hdr.undp.org/system/files/documents/hdr1994escompletonostats.pdf

Sánchez, C., Cardona, N., Hernández, B., Quinto, O. y Angarita, P. (2020). Espacios seguros en Medellín. Reflexiones con jóvenes y mujeres desde la coproducción de conocimiento. En P. Angarita y C. Sánchez (eds.), *Vínculos. Espacios seguros para mujeres y jóvenes en América Latina y el Caribe* (pp. 51-93). Universidad de Antioquia; INER; CLACSO.

Sierra, D. (2010). *Re-pensando la seguridad: percepciones y representaciones en torno a la Seguridad Humana en Medellín, 2009*. Observatorio de Seguridad Humana de Medellín; Personería de Medellín; IPC; INER; Universidad de Antioquia.

Capítulo 1
DE LO TOTAL Y LO HUMANO: A PROPÓSITO DE PAZ TOTAL Y SEGURIDAD HUMANA EN EL GOBIERNO PETRO*

Julián Andrés Muñoz Tejada**

Aunque los dioses hayan decidido de antemano la victoria griega y la derrota troyana, éstas no convierten a Aquiles en más grande que Héctor ni a la causa de los griegos en más legítima que la defensa de Troya. Así pues, Homero canta esta guerra, datada tantos siglos atrás, de modo que, en cierto sentido, o sea en el sentido de la memoria poética e histórica, la aniquilación pueda ser reversible.

HANNAH ARENDT (2018)

Introducción

En el epígrafe, Arendt (2018) propone una lectura de la guerra que rompe con la épica con la que suele presentarse y muestra, en su lugar, la necesidad de evitarla a toda costa. En contra de su exaltación, sugiere que lo audaz es prevenir que surjan nuevas confrontaciones armadas y hacer todo lo posible para que se detengan las que persisten. Por ello, hablar de paz total y de seguridad humana, en lugar de guerra total y seguridad militarista, sugiere un cambio significativo, al menos en términos discursivos. No obstante, los interrogantes surgen cuando in-

---

* Este capítulo es resultado de la investigación doctoral *Usos políticos del concepto de seguridad humana. El caso del Observatorio de Seguridad Humana de Medellín: 2008-2016*.

** Profesor de la Facultad de Derecho y Ciencias Políticas de la Universidad de Antioquia. Coordinador del grupo de investigación Conflictos, Violencias y Seguridad Humana de la misma universidad.

dagamos por la operatividad de esas ideas. La pregunta que orienta este libro sobre los desafíos prácticos de la seguridad humana nos permitirá explorar, en este capítulo, dificultades asociadas a su imprecisión, y de manera puntual, a desafíos referidos a su materialización en decisiones políticas que se puedan implementar.

El texto se ocupa de los usos políticos que el gobierno de Gustavo Petro da a los conceptos "seguridad humana" y "paz total". Este análisis da continuidad a otros estudios sobre los usos políticos del concepto de seguridad humana y a la necesidad de precisar los contextos y la intención de los actores que se valen de ellos (Muñoz, 2018; Muñoz, 2019). El capítulo concluye con algunas recomendaciones que podrían ayudar a concretar el significado de lo "humano" y lo "total". Sin precisiones y delimitaciones en su significado, se diluye su utilidad como herramientas para gestionar asuntos relativos a la paz o la seguridad.

La seguridad humana y la paz total son dos conceptos que por el solo acto de su enunciación no dicen mucho, como tampoco dicen mucho otros como libertad, dignidad o igualdad. Tal vez el problema resida en que pueden significar muchas cosas al mismo tiempo. Su significado dependerá de la manera como ciertos actores se valgan de ellos (sus usos) y de otros significantes a los que atan su sentido.

Esa imposibilidad por fijarle desde un momento y para siempre un único sentido a los conceptos se explica, entre otros motivos, por su naturaleza instrumental. Es decir, los conceptos pueden ser usados para fines diversos, dependiendo del contexto y los intereses de los actores que se valen de ellos (Muñoz, 2019; Muñoz 2018). Aunque el significante tiene un peso asociado a los conceptos con los que se relacionan (Wittgenstein, 1999) o, como diría Lacan (2003) a las cadenas de significantes, no se puede omitir su carácter instrumental. Los conceptos son, en última instancia, significantes vacíos (Laclau, 1996).

Hay un vacío en la significación, pero ya conocemos la insistencia por colmarlo. Junto a la imposibilidad por llenar completamente el sentido de un concepto, sus significados son tan diversos como los usos que se les den. Pensemos en los siguientes ejemplos:

> Los procesos de independencia de los siglos XVIII y XIX invocaron la libertad para justificar la emancipación de las colonias respecto de las metrópolis europeas, pero el mismo concepto, libertad sirvió para justificar —junto a la promoción de la democracia— las invasiones disfrazadas de guerras justas a países como Afganistán e Irak.
>
> La seguridad democrática en el contexto centroamericano se refirió a una política regional para consolidar la paz, la libertad, la democracia y el desarrollo,

mientras que la experiencia colombiana nos mostró a la seguridad democrática como una estrategia bélica para combatir el terrorismo (Muñoz, 2015). La seguridad humana en el escenario internacional llegó a ser confundida con doctrinas de intervención como aquella de la responsabilidad de proteger, mientras que en la experiencia de una ciudad como Medellín significó un discurso para criticar visiones militaristas sobre seguridad y para reconocer lo que hacen las comunidades para enfrentar las violencias cotidianas (Muñoz, 2018).

Como vemos, los conceptos tienen, y el lenguaje en general, una textura abierta que nos insta a indagar por la intención de quien los usa, las expectativas de quien observa o padece su uso y su contexto. Pero también debemos reconocer que los conceptos en tanto que significantes, no significan cualquier cosa. Dicho de otra manera, el significado de un concepto está atado a una cadena de otros conceptos o significantes que limitan el ámbito de lo que podemos entender por él. De ahí que, desde ahora podamos afirmar, por ejemplo, que un concepto como seguridad humana, pese a su imprecisión y vaguedad, no puede decir cualquier cosa. Esto se debe no solo a que en su formación estuvo atado a otros conceptos como derechos humanos, desarrollo humano y construcción de paz, sino también por el actor que ahora lo usa. El gobierno de Gustavo Petro lo asume como herramienta para proveer seguridad conforme a la cual las amenazas a combatir (las inseguridades) se derivan de la vulneración de los derechos de las personas y los problemas relativos a su bienestar.

La estructura de este capítulo es la siguiente: en la primera parte, se presenta una mirada general de lo humano y lo total, contenidos en las nuevas promesas de provisión de seguridad y construcción de paz y del gobierno de Gustavo Petro. En la segunda, los usos de la seguridad humana y la paz total en textos oficiales. Por último, en la tercera parte, se presentan una serie de propuestas que pretenden orientar los alcances de ambas ideas y concretar su operatividad.

Lo humano y lo total

Cuando se adjetiva un concepto se busca delimitar su alcance, por lo que no será lo mismo decir que el Estado va a proveer seguridad a decir que va a proveer seguridad humana, como tampoco será lo mismo señalar que se avanza en la búsqueda de la paz a decir que se busca una paz total.

Empecemos con la seguridad humana. Agregar adjetivos a los conceptos, pareciera apuntar a reducir la imprecisión y complejidad del sustantivo, como sostiene el profesor William Fredy Pérez cuando se refiere a estos asuntos. Dicho de otra manera, cuando adjetivamos la seguridad como humana ya podemos tener algunas claridades, como, por ejemplo:

Teniendo en cuenta sus orígenes, en los debates en la ONU sobre seguridad y desarrollo en los años 90, proveer seguridad implica algo más que el despliegue de tropas o el combate de la criminalidad. Proveer seguridad desde la perspectiva de la seguridad humana implicará labores de protección de los derechos de las personas y fomento de su bienestar.

El objeto referente, o aquello que se quiere proteger, en primer lugar, no es el Estado, el mercado o una moral específica, sino la persona humana como ser complejo. Ello explicaría por qué la provisión de seguridad humana implica una mirada a un conjunto complejo de dimensiones (económica, salud, ambiental, alimentaria, comunitaria, personal, política).

Las estrategias de intervención, si bien pueden recurrir a la fuerza, solo la entienden como legítima cuando su uso sea el último de los recursos disponibles.

En la tensión entre seguridad y derechos, como diría Baratta (2004), solo podremos hablar de seguridad en un contexto democrático cuando se garanticen los derechos de las personas. Como estado de cosas, la seguridad denotaría una situación de baja probabilidad de afectación a los derechos de las personas, en los términos de Baldwin (1997).

Según los desarrollos del concepto en la ONU (PNUD, 1994; Comission on Human Security, 2003; Rojas y Álvarez, 2012), se puede hablar de seguridad humana en términos de labores de protección a cargo de los Estados —seguridad humana desde arriba— y de generación de capacidades que fomenten el empoderamiento de las comunidades (Abello y Pearce, 2009) —seguridad humana desde abajo—. La provisión de seguridad implicará labores de protección a cargo de los Estados y el necesario reconocimiento de las acciones y estrategias que despliegan las comunidades para enfrentar las múltiples inseguridades que a diario les afectan.

La seguridad humana, en suma, es un concepto del que se deriva un enfoque que posibilita una mirada compleja a las amenazas y los problemas de seguridad como aquel conjunto de hechos y situaciones que pueden afectar negativamente la efectividad de los derechos de las personas o su bienestar. Las estrategias para gestionar tales amenazas tendrían que suponer una articulación entre labores de protección a cargo del Estado (principal responsable en la provisión de seguridad) y labores de provisión cotidiana de seguridad a cargo de las propias comunidades. La provisión de seguridad desde este enfoque implica, por un lado, una articulación entre acciones desde arriba —desde el Estado— y desde abajo —desde la sociedad—, y por otro, un acento especial en labores de prevención, sin que se descarten las de reacción o ejercicio de la fuerza, cuya legitimidad reside en su carácter de última o extrema ratio[1].

La seguridad humana como enfoque implica, adicionalmente, una comprensión de las amenazas en términos de multidimensionalidad (PNUD, 1994). Así como la vida del ser humano se define por la pluralidad de esferas o escenarios de interacción con otros, las amenazas a su seguridad también se originan en múltiples dimensiones. Por ello, hablar de inseguridades puede ser mucho más preciso: inseguridad económica, ambiental, política, personal, etc.

Ahora miremos la paz. Cuando se le adjetiva, según Sergio de Zubiría (2022), se puede pensar en alguna de las dos ideas de totalidad más comunes: la propuesta por Hegel, conforme a la cual, lo total designa la clausura de todas las contradicciones, de ahí que hablar de paz total implique posiblemente cancelar o neutralizar todo el conjunto de situaciones que obstaculizarían una plena materialización de la paz.

La otra mirada sería la de Adorno, para quien lo total se refiere a la imposibilidad de resolver todas las diferencias, a la persistencia de las contradicciones como una condición inerradicable. Desde esta perspectiva, la totalidad aludiría a un horizonte deseable, pero siempre imposible de materializar plenamente. Esta es una mirada de la totalidad que coincide con la manera como Lacan entiende el registro de lo real: el instante que se desvanece, aquello imposible porque no se puede representar, porque no se puede nombrar (De Zubiría, 2022).

Seguridad humana y paz total en textos oficiales

El término "paz total" es usado en diversos instrumentos oficiales como la Ley de Paz Total (Ley 2272 de 2022) y el Plan Nacional de Desarrollo (Ley 2294 de 2023). Debido a las confusiones que inducía, el mismo presidente Petro quiso desmarcarse de él, al decir que "se lo inventó la prensa" (Rodríguez, 2023). Independientemente de lo que diga el presidente, el término ya fue incorporado a textos oficiales. El mandatario expresa que lo tiene "claro en la cabeza". El problema

1 El referido carácter de "última" o "extrema ratio" tiene especial sentido en el derecho penal (González y Muñoz, 2020). Desde la perspectiva liberal, que al menos en términos nominales persiste hasta hoy, se reconoce que, en virtud de una lógica contractual, los ciudadanos cedemos porciones de nuestras libertades para que el Estado nos provea seguridad. En dicho empeño, podría incluso recurrir al castigo, pero la legitimidad de tal intervención está sujeta a que sea el último de los recursos con los que se cuenta.

es que el fuero interno es inescrutable. Queda entonces la interpretación de los discursos para entender el sentido de una expresión tan problemática.

Lo "total" de la Paz Total parece funcionar como un símbolo con el cual el gobierno de Gustavo Petro se refiere a un problema y encamina gran parte de sus capacidades (incluidas las militares) para resolverlo, teniendo claro que no es posible su resolución plena. Aunque sea deseable una paz plena[2], su materialización en sencillamente imposible, no porque no sea deseable, sino porque las contradicciones y el conflicto son condiciones inerradicables de la vida en sociedad (Mouffe, 1999). La paz total, por lo tanto, sería aquel objeto perdido que escapa a nuestro entendimiento, que está situado en un nivel mítico y esquivo a nuestras miradas, pero que persistimos en alcanzar. Hay algo de frustrante y desesperanzador en esta forma de entender la totalidad, pero es un poco más realista que aquella otra de signo hegeliano.

Posiblemente, el mayor desafío que debe enfrentar el Gobierno nacional en su empeño por alcanzar una paz total es un problema de formas o de concreción de la totalidad. Según el Diccionario de la Real Academia Española, en alguna de sus acepciones, la forma es aquello que permite que la materia (la totalidad) sea algo concreto. Dicho de otro modo, la totalidad en algún punto, por virtud de las necesidades, de las decisiones y las capacidades estatales, tendría que ser una totalidad que se concreta en acercamientos con algunos grupos armados, una en la que se puedan identificar con claridad protocolos de verificación de cese al fuego, una en la que se puedan trazar los avances y retrocesos en los diálogos entre el Gobierno nacional y los grupos ilegales. Esta totalidad se asemeja a la perspectiva de paz imperfecta a la que se refiere Francisco Muñoz (s. f.):

> El adjetivo *imperfecto* me sirve para abrir en algún sentido los significados de la Paz. Aunque es un adjetivo de negación que por cierto no me gusta nada aplicarla al pensamiento de la Paz, que intento liberarla de esa orientación pero también etimológicamente puede ser entendido como 'inacabada', 'procesual' y este es el significado central.
>
> Efectivamente frente a lo perfecto, lo acabado, al objetivo alcanzado, todo ello lejos de nuestra condición de humanos, comprendemos como procesos inacabados, inmersos en la incertidumbre de la complejidad del cosmos, la paz imperfecta nos 'humaniza', nos permite identificarnos con nuestras propias condiciones de existencia y nos abre las posibilidades reales basadas en la realidad que vivimos de pensamiento y acción. (p. 1)

---

2 La Comisión de la Verdad habla, por ejemplo, de una paz grande (2022).

Paz total como paz imperfecta es, por lo tanto, un escenario mucho más realista. Este enfoque traza una senda que es posible imaginar dada la complejidad de un contexto como el colombiano, en el que, según el Comité Internacional de la Cruz Roja (2024), coexisten ocho conflictos armados no internacionales, además de un número aún por determinar de amenazas en ciudades como Medellín y Buenaventura, que han motivado iniciativas de paz urbana. La imperfección pareciera limitar la imprecisión a la que conduce la totalidad y pone de presente que la paz no es un resultado de cancelación de las conflictividades, sino que es un camino o proceso inacabado, por principio, de superación de las violencias.

Lo más razonable sería suponer que estamos frente a aquella interpretación conforme a la cual, la totalidad de la paz en realidad es una totalidad acotada o imperfecta. Sin embargo, los textos oficiales poco aportan a clarificar o acotar el sentido de la totalidad. Veamos lo que dice la Ley de Paz Total (Ley 2272 de 2022), a propósito de la paz total y la seguridad humana, como enfoque con el que pretenden hacerla operativa:

> a. Seguridad Humana: La seguridad humana consiste en proteger a las personas, la naturaleza y los seres sintientes, de tal manera que realce las libertades humanas y la plena realización del ser humano por medio de la creación de políticas sociales, medioambientales, económicas, culturales y de la fuerza pública que en su conjunto brinden al ser humano las piedras angulares de la supervivencia, los medios de vida y la dignidad.
>
> El Estado garantizará la seguridad humana, con enfoque de derechos, diferencial, de género, étnico, cultural, territorial e interseccional para la construcción de la paz total. Para ello, promoverá respuestas centradas en las personas y las comunidades, de carácter exhaustivo y adaptadas a cada contexto, orientadas a la prevención, y que refuercen la protección de todas las personas y todas las comunidades, en especial, las víctimas de la violencia. Asimismo, reconocerá la interrelación de la paz, el desarrollo y los derechos humanos en el enfoque de seguridad humana.
>
> b. Paz total: La política de paz es una política de Estado. Será prioritaria y transversal en los asuntos de Estado, participativa, amplia, incluyente e integral, tanto en lo referente a la implementación de acuerdos, como con relación a procesos de negociación, diálogo y sometimiento a la justicia. Los instrumentos de la paz total tendrán como finalidad prevalente el logro de la paz estable y duradera, con garantías de no repetición y de seguridad para todos los colombianos;

> estándares que eviten la impunidad y garanticen en el mayor nivel posible, los derechos de las víctimas a la verdad, la justicia y la reparación.

Sin que sea explícito, el texto transcrito nos dice varias cosas:

- En primer lugar, la nueva promesa de seguridad pone a las personas en el centro de la discusión, y esto sugiere que las labores orientadas proveer seguridad, se deben orientar a proteger sus derechos, su bienestar y a construir paz.
- En segundo lugar, que, dentro de todo el conjunto de amenazas a la seguridad humana, el Gobierno prioriza el control o disputa por el control de territorios por organizaciones ilegales. La población que los habita termina en medio del fuego cruzado de las disputas o presa del miedo y sin libertad para ejercer sus derechos cuando hay dominio pleno por parte de uno de esos grupos.
- En tercer lugar, que dentro de las estrategias para enfrentar dicha amenaza se contemplan acercamientos y negociaciones con grupos que ejerzan control o disputen ese control.
- En cuarto lugar, que la paz sería un horizonte o punto de llega al que se espera llegar de la mano de la seguridad humana.

Por su parte, la Ley 2294 de 2023, por medio de la cual se expide el Plan Nacional de Desarrollo 2022-2026, entiende a la paz total como uno de los ejes transversales del nuevo gobierno, y a la seguridad humana como un elemento que dialoga con la justicia social. Veamos:

> Art. 4. Paz total. Entendida como una apuesta participativa, amplia, incluyente e integral para el logro de la paz estable y duradera, con garantías de no repetición y de seguridad para todos los colombianos; con estándares que eviten la impunidad y garanticen en el mayor nivel posible los derechos de las víctimas a la verdad, la justicia y la reparación. Esto implica que el centro de todas las decisiones de política pública sea la vida digna, de tal manera que los humanos y los ecosistemas sean respetados y protegidos. Busca transformar los territorios, superar el déficit de derechos económicos, sociales, culturales, ambientales, y acabar con las violencias armadas, tanto aquellas de origen sociopolítico como las que están marcadas por el lucro, la acumulación y el aseguramiento de riqueza. Este eje tendrá presente los enfoques de derechos de género, cultural y territorial. (Ley 2294 de 2023).

Esta norma asocia a la seguridad humana con cuestiones como política social, modelo de seguridad ciudadana y convivencia, superación de privaciones y expansión de capacidades, entre muchas otras. La seguridad humana pareciera, por lo tanto, instituirse como otro horizonte de expectativas. Como se mencionó más arriba, la seguridad humana es un concepto emparentado con otra familia de conceptos como: desarrollo humano, derechos humanos y paz.

Durante mucho tiempo se lamentó, dentro de los estudios críticos de seguridad (Williams, 2008; Abello y Pearce, 2009; Angarita, 2011; Muñoz 2019; Pérez *et al.*, 2016), que se redujera la gestión de sus problemas a labores meramente reactivas o que reprodujeran lógicas y lenguajes de la guerra (Muñoz, 2015) —guerra contra la subversión en la doctrina de la seguridad nacional, guerra contra el crimen organizado en la doctrina de la seguridad ciudadana y guerra contra el terrorismo en la política de seguridad democrática— o que la relación entre seguridad y excepción se asumiera como algo dado (Pram y Lund, 2011; Wæver, 2011).

Una mirada reduccionista supondría que todas esas situaciones ya se habrían superado por cuenta del novísimo enfoque de la seguridad humana y la audaz propuesta de Paz Total. Sin embargo, persisten serias dificultades no tanto por lo que quiere protegerse o asegurarse (la vida de las personas según la consigna del Plan Nacional de Desarrollo, "Colombia. Potencia mundial de la vida"), sino por las estrategias con las que se pretende proveer seguridad. Veamos algunos problemas derivados de la imprecisión y amplitud tanto de la seguridad humana como de la paz total.

La seguridad humana entiende que todas las dimensiones que la integran son importantes. De la misma manera, la paz total supone que es imperativo negociar con los grupos que, en los términos de la Ley 2272 de 2022, desarrollen actividades criminales de alto impacto, pero: 1) ¿Cuáles son los criterios para priorizar con qué grupos se negocia?; 2) ¿Cómo espera el Estado copar los vacíos que dejen esos grupos, si llegaren a entregar las armas?; 3) ¿Cómo espera mantener en simultánea varias mesas de negociación con grupos a los que se reconoce estatus político y otros a los que no?; 4) ¿Cuál es la estrategia de seguridad del Gobierno nacional para presionar en los grupos ilegales su disposición a negociar?; 5) ¿Cuáles son los límites de una estrategia negociada con grupos ilegales[3]; 6) Si entendemos que la seguridad humana implica un reconocimiento de la agencia

3 Esta fue una de las inquietudes que emergieron en la conferencia "¿Qué hacer con las bandas: Negociar o reprimir?" de Jairo Bedoya (2023), el 14 de junio de 2023. A partir de la presentación del expositor y de preguntas del público, quedó claro que aún en el entendido de que ni el derecho ni la guerra contribuyeron al desmonte de las bandas criminales y los múltiples conflictos que producen, y que por ello debe ser la política (la negociación) y no el derecho o la guerra el

de las comunidades, ¿cuál será su rol en la provisión de seguridad?, En otras palabras, ¿cómo pretende el Gobierno integrar la seguridad humana desde arriba (política de Paz Total) con las experiencias que las comunidades han desarrollado para enfrentar amenazas en su cotidianeidad (seguridad humana desde abajo)?

Se trata de cuestionamientos que podríamos reducir a la siguiente pregunta: ¿cómo pretende el Gobierno nacional proveer seguridad y construir paz a través del enfoque de la seguridad humana? Más allá de idea de ruptura con el estilo tecnocrático que parece definir al nuevo gobierno, por el elitismo que ha arrastrado tal forma de gestión (Lobo-Guerrero, 2023), sin criterios técnicos que orienten la puesta en marcha de las decisiones políticas, es por lo menos incierto el éxito las nuevas promesas de seguridad orientada en las personas y paz total y al contrario podrían generar mayores frustraciones, como apunta Angarita (2023).

Desde hace algún tiempo, se asumió que la mejor manera de gestionar los problemas públicos era a través de políticas públicas. Ellas garantizan una planeación fundada en diagnósticos de los problemas que se quieren intervenir. Por ello, diversos analistas y opinadores reclamaban que el Gobierno nacional no hubiese expedido una que hiciera explícita su forma de entender los problemas de seguridad, las amenazas a combatir y las estrategias para enfrentarlas, como sí lo habían hecho sus antecesores durante sus primeros meses de mandato. Pues bien, hace poco el Gobierno nacional dio a conocer su "Política de Seguridad, Defensa y Convivencia Ciudadana" inspirada en el concepto de seguridad humana y la definición que de este hace la Ley de Paz Total (Ley 2272 de 2022).

Se trata de una política que pretende "reparar la deshumanización causada por las violencias", que, según el diagnóstico del mismo documento, "se desatan para controlar un territorio y explotar economías ilegales". El documento se remite a los "diálogos vinculantes" que convocó el Gobierno para elaborar el Plan Nacional de Desarrollo. En ellos, señala el texto, las comunidades participantes coincidieron en que la seguridad que se les debe garantizar equivale a "tener paz", lo que reafirmaría los esfuerzos del gobierno de Petro y su política de Paz Total.

Hay un primer punto por mencionar, y es la diferencia entre esta política de seguridad con los lineamientos de la administración anterior. El gobierno de Iván Duque expidió un documento con alcances similares en enero de 2019, pocos meses después de que iniciara su mandato. En esa oportunidad, el Gobierno pretendió: "generar las condiciones de seguridad y convivencia que preserven y

---

mecanismo para enfrentar ese conflicto, queda el interrogante ¿cuáles son los límites que debe tener la negociación: el estado de derecho, los derechos de las víctimas, la soberanía estatal?

potencialicen los intereses nacionales, la independencia, soberanía e integridad del Estado, al tiempo que restablezcan y fortalezcan la legalidad, promuevan el emprendimiento, el desarrollo económico y sirvan para construir una sociedad con equidad y reconocimiento pleno de los derechos humanos" (Ministerio de Defensa Nacional, 2019, p. 45).

El punto de partida y la principal diferencia entre esa forma de pensar la seguridad y la planteada por el nuevo gobierno es que esta última, con la seguridad humana como inspiradora, pone en el centro a las personas. Esto puede leerse en las estrategias de intervención y en los desafíos en términos de seguridad: 1) afectaciones humanitarias en los territorios, 2) seguridad en los centros urbanos, 3) deterioro del medio ambiente, 4) cambio climático, 5) salvaguarda de la soberanía, 6) drogas como problema mundial, 7) confianza en las instituciones. Esta política tiene como objetivos la protección de la vida de las personas y la garantía de las condiciones para que puedan ejercer sus derechos, así como el control territorial efectivo por el Estado.

En cuanto a las estrategias, el documento las presenta así:

- En primer lugar, las orientadas a la protección de las personas: 1) política de Paz Total, 2) desarticulación de organizaciones armadas ilegales, 3) estrategia para priorizar territorio, 4) problema de las drogas, 5) estrategia para mejorar la seguridad en las ciudades, 6) protección diferenciada de algunos grupos poblacionales en situación de vulnerabilidad.
- En segundo lugar, las estrategias relacionadas con la protección del medio ambiente, como: 1) lucha contra la deforestación, 2) enfrentar cambio climático, 3) lucha contra explotación ilícita de yacimientos mineros.
- En tercer lugar, las que pretenden salvaguardar la integridad territorial, la soberanía, como: 1) la defensa integral del territorio, 2) impulso internacional del sector seguridad y defensa, 3) seguridad y defensa fronteriza, 4) protección de infraestructura estratégica crítica, 4) ley de defensa y seguridad nacional.
- En cuarto lugar, el fortalecimiento de la fuerza pública con estrategias como: 1) fortalecimiento de talento humano, 2) fortalecimiento de la legitimidad de la fuerza pública, 3) fortalecimiento de la policía, 4) gestión de riesgo de desastres.

Con estos nuevos lineamientos, el Gobierno hace explícito que el interés prioritario de la provisión de seguridad es la vida de las personas. Las amenazas localizadas y las estrategias para enfrentarlas parecieran guardar relación con dicho objeto referente. Sin embargo, las preguntas que podrían formularse de ahora en adelante tendrían que indagar por la efectividad de esas estrategias y si serán suficientes para enfrentar las amenazas identificadas, pero, sobre todo, si la política de Paz Total, que está en la base de toda la estrategia de seguridad, será exitosa o no.

Con todo y la vaguedad de conceptos como "paz total" y "seguridad humana", y a pesar de los mensajes confusos del presidente y la imprecisión con la que son desarrollados en documentos oficiales, hay una ventaja en medio de tanta indeterminación: la posibilidad de incluir en el horizonte de la construcción de paz a grupos ilegales, que, sin tener naturaleza política, cumplen de facto funciones políticas en los territorios que disputan o controlan. Es el caso de grupos como las Autodefensas Gaitanistas de Colombia (AGC) o Clan del Golfo, las múltiples disidencias de las FARC, o los intentos de paz urbana en Medellín con líderes de organizaciones criminales asentadas en esa ciudad.

Pensadas la paz y la seguridad como situaciones donde lo más importante es proteger la vida y promover el bienestar de las personas nos lleva a cuestionar la idea de que la negociación se deba adelantar solo con grupos que reclaman un estatus político[4]. Esta idea no es razonable por varios motivos. En primer lugar, los grupos armados sin dicho estatus superan en número de integrantes al único al que por ahora se le reconoce esa condición. Del total estimado para abril de 2023 de integrantes de grupos armados organizados, diecisiete mil seiscientos miembros, cinco mil ochocientos (entre combatientes y redes de apoyo) hacían parte del ELN, los más de once mil restantes integraban al Clan del Golfo, las disidencias de las FARC y las bandas de crimen organizado (Redacción Cambio, 2023).

El anterior panorama muestra que las principales amenazas a la seguridad, tanto nacional como ciudadana, no provienen de un grupo como el ELN, sino de grupos armados en los cuales es al menos dudosa su naturaleza política (como la "Segunda Marquetalia" o el "Estado Mayor Central") y de otros, como el Clan del Golfo o las estructuras armadas organizadas en ciudades como Medellín o Buenaventura, en las que podría descartarse por completo dicha condición.

En segundo lugar, no es la primera vez que el Estado negocia con este tipo de grupos. Basta revisar algunos antecedentes de lo que se ha conocido como "justicia premial" o negociada. En medio del proceso penal, se concedían beneficios a los procesados a cambio de su colaboración, tal como ocurrió en la "guerra

---

4 La literatura sobre delito político durante mucho tiempo permitió explicar la distinción entre aquellos a quienes se les reconocía el estatus de delincuentes políticos, debido a las motivaciones que le instaron al alzamiento armado, y quienes usaban las armas por motivos egoístas (Pérez, 1999; Pérez, 2000; Orozco, 2006; Gaviria, 2002).

contra el narcotráfico", desatada contra los carteles de la droga tras el asesinato del entonces ministro de Justicia, Rodrigo Lara en 1985. Como explica Iturralde (2010), se trató de una serie de normas penales dictadas al amparo de los poderes de excepción que confería la Constitución de 1886 al presidente de la República.

La negociación del castigo supone de facto que el Estado no es capaz de someter a quienes le disputan su soberanía (Uribe, 1998). Tal reconocimiento, en contra de la supuesta oposición entre derecho y guerra, implica una imbricación entre ambos dominios, donde las prácticas negociales propias de la guerra irrumpen en el escenario del proceso penal (Muñoz, 2015). Esto produce, entre otros efectos, un tipo de verdad en la cual la atribución de responsabilidad es desplazada por la eficiencia de los resultados rápidos en el proceso (Manco, 2012; González y Muñoz, 2020).

En tercer lugar, es un imperativo ético aliviar humanitariamente los territorios más golpeados por la guerra. Respecto a algunas estructuras armadas sin estatus político según los dictados del Derecho Internacional Humanitario (DIH), las afectaciones humanitarias no implican ningún elemento subjetivo referido al altruismo en las motivaciones de los violentos, según el Protocolo II adicional a los Convenios de Ginebra sobre conflictos armados de carácter no internacional de 1977. Solo se necesita que el grupo armado organizado tenga dirección de un mando responsable, control territorial y capacidad para realizar operaciones militares sostenidas y concertadas (CICR, 2023).

En suma, entendiendo que el conflicto con los grupos armados organizados es algo más que un problema de seguridad tendría que reconocerse lo siguiente: primero, las lógicas del derecho y el recurso al derecho penal no posibilitaron el desmonte de dichas estructuras armadas; segundo, las lógicas de la guerra, incluso usando al derecho como un arma más en la contienda, tampoco permitieron la pacificación. Por lo tanto, si el derecho y la guerra no funcionaron, tendrá que ser la política, entendida como medio para mantener y organizar la vida (Arendt, 2018), la que permita una solución. Una política que facilite una tramitación de los múltiples conflictos derivados del control territorial que ejercen estos grupos, tanto a nivel urbano como rural.

Recomendaciones: el lugar del discurso técnico para precisar el significado

La Paz Total, como se expuso, funciona como símbolo que comunica una intención del Gobierno nacional y que propone un horizonte de realización: la superación de las violencias y el desmonte de los grupos que hoy son la principal fuente de inseguridad humana. Hasta ahí funciona como símbolo. Lo que sigue es llenarlo de contenido, llenar los vacíos de significación que se abren como un abismo cuando hablamos de totalidad. Para ello, podría tenerse en cuenta:

En primer lugar, se debe proponer una apropiación y transferencia de lo que el Gobierno entiende por seguridad humana y paz total, tanto a la sociedad como a las instancias del Estado encargadas de actuar y diseñar estrategias para proveer seguridad a las personas. Si entendemos que proveer seguridad humana incluye labores de construcción de paz, tendría que haber una articulación entre las acciones del Estado y las de la sociedad, que permitan una mejor comunicación entre ambos niveles.

En segundo lugar, especialmente de cara a las negociaciones de la llamada "paz urbana", deberían priorizarse acciones del Gobierno orientadas a establecer reglas que posibiliten a los actores de la mesa de negociación avanzar con menos incertidumbre. Si bien es cierto que, en relación con las experiencias de Medellín o Buenaventura, es la política, y no el derecho, la llamada a gestionar tales conflictos, en algún punto —y no solo al cierre de la negociación— debe haber claridad sobre el tipo de sometimiento o acogimiento al que podrían aspirar los integrantes de las estructuras armadas. Sin claridad sobre los estímulos y el tipo de sanciones aplicables es poco probable que prospere esa iniciativa de paz.

En tercer lugar, como el enfoque propuesto es el de seguridad humana, las entidades encargadas de gestionar la seguridad y aportar a la construcción de paz, deberían reconocer y viabilizar las prácticas y experiencias que han desarrollado las comunidades para enfrentar diversas inseguridades. Posiblemente, las voces de quienes han enfrentado cotidianamente las violencias puedan orientar la senda para construir paz y proveer seguridad. En efecto, las experiencias de Medellín y sus aproximaciones al enfoque y concepto de seguridad humana podrían servir como referente.

En cuarto lugar, pensar la seguridad bajo la óptica de la seguridad humana exige reconocer que, aunque proveerla no implica solo represión y control, no se puede desconocer la participación de los organismos que integran el sector seguridad. Convendría, por lo tanto, reconocer las capacidades de la Fuerza Pública (Fuerzas Militares y Policía Nacional) y sumarlas al empeño de proveer seguridad humana.

Finalmente, como lo plantean Vargas y otros (Vargas *et al.*, 2023), los procesos de sometimiento o acogimiento de estructuras armadas ilegales se podrían articular a estrategias e instancias creadas por el Acuerdo Final firmado entre el Estado colombiano y la exguerrilla de las FARC-EP. Por ejemplo, la Comisión Nacional de Garantías de Seguridad, el Sistema Integral de Seguridad para el Ejercicio de la Política y la Mesa Técnica de Seguridad y Protección. Esto permitiría sumar las capacidades desarrolladas en dicha negociación para fortalecer los procesos que decida adelantar el Gobierno nacional.

Referencias

Abello, A. y Pearce, J. (2009). "Security from below" in contexts of chronic violence. *IDS Bulletin*, *40*(2), 11-19. https://doi.org/10.1111/j.1759-5436.2009.00017.x

Angarita, P. (2011). *Seguridad democrática. Lo invisible de un régimen político y económico.* Siglo del Hombre Editores; Facultad de Derecho y Ciencias Políticas.

Angarita, P. (2023). Paz total y Seguridad Humana en Colombia: potencialidades y limitaciones. En I. Álvarez y J. Calderón (coords.), *Cultura de derechos humanos para un futuro de paz. Experiencias en Colombia y México*. Fondo de Cultura Económica.

Arendt, H. (2018). *¿Qué es la política?* Partido de la Revolución Democrática. https://www.prd.org.mx/libros/documentos/libros/Politica-Hannah.pdf

Baldwin, D. (1997). The concept of security. *Review of International Studies*, *19*, 5-26. https://dbaldwin.scholar.princeton.edu/document/16

Baratta, A. (2004). *Criminología crítica y sistema penal.* Editorial B de F.

Bedoya, J. (2023, 14 de junio). ¿Qué hacer con las bandas: negociar o reprimir? [conferencia] Universidad de Antioquia, Medellín, Colombia.

Comisión para el Esclarecimiento de la Verdad, la Convivencia y la No Repetición (CEV). (2022). *Hay futuro si hay verdad. Hallazgos y recomendaciones de la Comisión de la Verdad de Colombia.* https://www.comisiondelaverdad.co/hallazgos-y-recomendaciones-1

Comission on Human Security. (2003). *Human Security Now*. United Nations. https://digitallibrary.un.org/record/503749?ln=es

Comité Internacional de la Cruz Roja (CICR). (2023). Protocolo II adicional a los Convenios de Ginebra de 1949, relativo a la protección de víctimas de los conflictos armados sin carácter internacional. https://www.icrc.org/es/doc/resources/documents/misc/protocolo-ii.htm

Comité Internacional de la Cruz Roja (CICR). (2024). Balance Humanitario 2024. Colombia. https://www.icrc.org/sites/default/files/document_new/file_list/balance_humanitario_-_version_digital_2024.pdf

Congreso de la República de Colombia. (2022, 4 de noviembre). Ley 2272 de 2022. *Ley de Paz Total.* https://www.funcionpublica.gov.co/eva/gestornormativo/norma.php?i=197883#:~:text=Paz%20total%3A%20La%20pol%C3%ADtica%20de,y%20sometimiento%20a%20la%20justicia.

Congreso de la República de Colombia. (2023, 19 de mayo). Ley 2294 de 2023. *Por la cual se expide el Plan Nacional de Desarrollo 2022-2026 "Colombia potencia mundial de la vida"*. https://www.funcionpublica.gov.co/eva/gestornormativo/norma.php?i=209510#:~:text=Tiene %20como %20objetivo %20definir %20 un,econ %C3 %B3mica %20global %2C %20regional %20y %20nacional.

De Zubiría, S. (2022). Aproximaciones conceptuales a la noción de Paz Total. En C. Medina (comp.), *Paz Total. Insumos para la formulación de una política pública integral de paz* (pp. 21-27). Universidad Nacional de Colombia.

Gaviria, C. (2002). *Sentencias, herejías constitucionales*. Fondo de Cultura Económica.

Gómez, H. (2012). *Control territorial y resistencias. Una lectura desde la seguridad humana*. Observatorio de Seguridad Humana; Personería de Medellín; Universidad de Antioquia; IPC.

González, J. y Muñoz, J. (2020). *Introducción al derecho penal*. Editorial Universidad de Antioquia; Facultad de Derecho y Ciencias Políticas.

Iturralde, M. (2010). *Castigo, liberalismo autoritario y justicia penal de excepción*. Ediciones Uniandes; Siglo del Hombre Editores; Pontificia Universidad Javeriana.

Lacan, J. (2003). La instancia de la letra en el inconsciente o la razón desde Freud. En *Escritos 1* (pp. 473-509). Siglo XXI Editores.

Laclau, E. (1996). *Emancipación y diferencia*. Ariel.

Lobo-Guerrero, C. (2023, 5 de marzo). *Petrocracia: ¿adiós a los tecnócratas?* La Silla Vacía. https://www.lasillavacia.com/historias/silla-nacional/petrocracia-adios-a-los-tecnocratas/

Manco, Y. (2012). La verdad y la justicia premial en el proceso penal colombiano. *Estudios De Derecho*, *69*(153), 187–214. https://doi.org/10.17533/udea.esde.14146

Ministerio de Defensa Nacional. (2019). Política de defensa y seguridad PDS. Para la legalidad, el emprendimiento y la equidad. https://www.dni.gov.co/wp-content/uploads/2020/06/PDS-2019.pdf

Mouffe, C. (1999). *El retorno de lo político*. Paidós.

Muñoz, F. (s. f.). La paz imperfecta. https://www.ugr.es/~fmunoz/documentos/pimunozespañol.pdf

Muñoz, J. (2015). *Saber y poder en la política criminal de la seguridad democrática, 2002-2006*. Universidad de Antioquia; Facultad de Derecho y Ciencias Políticas. https://bibliotecadigital.udea.edu.co/dspace/bitstream/10495/10056/1/MunozJulian_2015_SaberPoderPoliticaCriminal.pdf

Muñoz, J. (2018). Usos políticos del concepto de seguridad humana: securitización de la violación de derechos humanos y del subdesarrollo en el escenario internacional. *Territorios*, (39), 21-46. https://revistas.urosario.edu.co/index.php/territorios/article/view/6232

Muñoz, J. (2019). Una mirada al concepto de seguridad humana en los estudios de seguridad y algunos de sus usos políticos. *Revista Criminalidad*, *61*(3), 265-278. https://bibliotecadigital.udea.edu.co/dspace/bitstream/10495/36505/1/Mu %c3 %b1ozJulian_2019_ConceptoSeguridadHumana.pdf

Orozco, I. (2006). *Combatientes, rebeldes y terroristas. Guerra y derecho en Colombia*. Temis.

Pérez Toro, W., Benítez, L., Celis, D. y Rojas Bermeo, D. (2016). Universidad y seguridad. Hechos, situaciones, comunidades. *Estudios Políticos*, (48), 243–266. https://doi.org/10.17533/udea.espo.n48a13

Pérez, W. (1999). Ahora sí, el poder jurisdiccional. A propósito de la sentencia C-456 de 1997 de la Corte Constitucional. *Nuevo Foro Penal*, (60), 147-155. https://publicaciones.eafit.edu.co/index.php/nuevo-foro-penal/article/view/390

Pérez, W. (2000). Guerra y delito en Colombia. *Estudios Políticos*, (16), 11-41. https://doi.org/10.17533/udea.espo.16702

Pram, U., y Lund, K. (2011). Concepts of politics in securitization studies. *Security Dialogue*, *42*(4-5), 315-328. http://dx.doi.org/10.1177/0967010611418716

Programa de las Naciones Unidas para el Desarrollo (PNUD). (1994). *Informe sobre Desarrollo Humano*. Fondo de Cultura Económica. https://hdr.undp.org/system/files/documents/hdr1994escompletonostats.pdf

Redacción Cambio. (2023, 13 de abril). ¿Cuántos integrantes tienen los grupos armados ilegales en Colombia? *Cambio Colombia*. https://cambiocolombia.com/conflicto-armado-en-colombia/cuantos-integrantes-tienen-los-grupos-armados-ilegales-en-colombia

Rodríguez, S. (2023, 12 de mayo). *Petro afirmó que el término 'paz total' se lo inventó la prensa: Álvaro Uribe lo usó en 2008*. Infonabe. https://www.infobae.com/colombia/2023/05/12/gustavo-petro-afirmo-que-el-termino-paz-total-se-lo-invento-la-prensa-a-mi-no-me-gusta/

Rojas, F. y Álvarez, A. (2012). Seguridad humana. Un estado del arte. En F. Rojas (ed.), *Seguridad Humana: Nuevos Enfoques* (pp. 9-32). FLACSO. https://www.corteidh.or.cr/tablas/30032.pdf

Sierra, D. (2009). *Re-pensando la seguridad: percepciones y representaciones en torno a la Seguridad Humana en Medellín*. Observatorio de Seguridad Humana de Medellín; Personería de Medellín; IPC; INER; Universidad de Antioquia.

Uribe, M. (1998). Las soberanías en vilo en un contexto de guerra y paz. *Estudios Políticos*, (13), 11-37. https://doi.org/10.17533/udea.espo.16280

Vargas, J., Muñoz, J., Figari, R., Adarve, L., Alvarado, A. y Agudelo, Y. (2023). Medidas de protección en el marco de la justicia transicional. El caso del Urabá en la JEP. *Policy Brief*, (4). Instituto Colombo-Alemán para la Paz (CAPAZ). https://usercontent.one/wp/www.instituto-capaz.org/wp-content/uploads/2023/07/Policy-Brief-4-Vargas_Garantias-de-seguridad-V6.pdf?media=1683565386

Wæver, O. (2011). Politics, security, theory. *Security Dialogue*, *42*(4-5), 465-480. http://www.jstor.org/stable/26301802

Williams, P. (2008). "Security studies. An introduction". *Security Studies*. Routledge, second edition, New York, 2008, pp. 1- 12.

Wittgenstein, L. (1999). *Investigaciones filosóficas*. Ediciones Atalaya.

Capítulo 2
LA PAZ TOTAL AL TABLERO: PERSPECTIVAS DESDE EL DERECHO INTERNACIONAL SOBRE LA POLÍTICA DE PAZ DEL GOBIERNO PETRO, 2022-2026*

Juan Pablo Acosta Navas**

Introducción

Conceptos como la paz, los derechos humanos o la seguridad son ampliamente polisémicos y gozan de una plasticidad que permite ajustar sus contenidos a diversos propósitos e intenciones, según el actor que los utilice. A pesar de la polisemia y de los sentidos y usos políticos (Muñoz, 2018) que se les ha dado, existe una estrecha relación que ha quedado en evidencia a partir de la Ley de Paz Total (Ley 2272 de 2022). El actual gobierno del presidente Gustavo Petro ha "invocado" el llamado a la paz total como una estrategia retórica para convocar a la gran mayoría de sectores políticos y sociales a sumarse al esfuerzo colectivo para alcanzar tan anhelado fin.

El adjetivo de "Total" dentro de esa "Paz" complejiza la discusión[1] y nos remite a recordar otras construcciones conceptuales en torno a la paz, como el Plan Nacional de Desarrollo de Andrés Pastrana, 1998-2002, denominado "Cambio para

---

* Este capítulo es resultado de la investigación *El Derecho Internacional Humanitario en la transición: contribuciones a la construcción de paz en el posacuerdo colombiano*, inscrita en el SIIU con el código 2020-38890, financiada con recursos de la Convocatoria Permanente de la Facultad de Derecho y Ciencias Políticas de la Universidad de Antioquia.

** Profesor de la Facultad de Derecho y Ciencias Políticas de la Universidad de Antioquia, integrante del grupo de investigación Conflictos, Violencias y Seguridad Humana y coordinador de la Especialización en Derechos Humanos y Derecho Internacional Humanitario de la misma institución.

1 Al respecto véase el capítulo 1 de esta obra, de autoría de Julián Andrés Muñoz Tejada

construir la paz", o el de Juan Manuel Santos durante su segundo periodo, 2014-2018, "Todos por un nuevo país. Paz, equidad, educación". Asimismo, la política de "Paz con Legalidad" del expresidente Iván Duque, 2018-2022, impulsada desde la Consejería Presidencial para la Estabilización y Consolidación, o el llamado a la "Paz Grande"[2] hecho por la Comisión para el Esclarecimiento de la Verdad, la Convivencia y la No Repetición (Comisión de la Verdad, 2022), y, recientemente, la "Política de seguridad, defensa y convivencia ciudadana: garantías para la vida y la paz, 2022-2026" (Ministerio de Defensa Nacional, 2023).

La categoría de "paz" emerge entonces como un asunto de capital importancia política, jurídica —y mediática también—. Esta permite a los gobiernos de diversas corrientes ideológicas encontrar un lugar común, ante el cual es posible generar consensos en la sociedad para impulsar esa perspectiva concreta sobre la paz. Por otro lado, los numerosos intentos de negociación política para alcanzar la paz en diversos momentos de la historia de Colombia reflejan la ambivalencia, el rendimiento y la utilidad del concepto, como lo evidencia el profesor Germán Valencia quien sistematizó los esfuerzos de los distintos gobiernos nacionales desde 1981 hasta 2016 en ese propósito de alanzar la paz por la vía negociada en lugar de apelar a la salida bélica.

Habitualmente, la "paz" es una categoría analítica que viene atada a otras, por ejemplo, la relación entre paz, seguridad y desarrollo (Grasa, 2007), la seguridad humana, los derechos humanos, y la paz (Faleh y Villán, 2017; Gros, 2005) y por supuesto el binomio más habitual en Colombia: la reflexión entre la guerra y paz (Giraldo *et al.*, 2019). Categorías como estas han sido de interés para las relaciones interestatales durante siglos, pero es hasta el siglo XX, con la consolidación de discursos en el derecho internacional sobre los derechos humanos y la seguridad internacional, que las preguntas por la "paz" comienzan a transversalizar y a tejer relaciones con esos otros discursos.

Este capítulo pretende evidenciar, en primer lugar, que el Estado colombiano ha tenido una práctica reiterada en materia de derecho internacional mediante la cual ha moldeado su postura sobre la abstención de la guerra como mecanismo para resolver controversias internacionales. Lo anterior se manifiesta a partir de la suscripción de tratados sobre las relaciones interestatales y posteriormente en instrumentos sobre derechos humanos. Estos instrumentos, que el Estado colombiano ha ratificado en su ordenamiento jurídico, se traducen en obligaciones jurídicas vinculantes, al igual que debería ocurrir con los instrumentos del deno-

---

2 Convocatoria a la paz grande: declaración de la comisión para el esclarecimiento de la verdad, la convivencia y la no repetición", informe publicado por la Comisión de la Verdad (2022).

minado *soft law* o derecho blando (como los que se plasman en los instrumentos denominados declaraciones), de acuerdo con el principio de las relaciones internacionales que implica cumplir de buena fe los acuerdos pactados.

El segundo punto que este capítulo busca mostrar es que la relación del Estado colombiano con la guerra también es paradójica, ya que dentro de las fronteras nacionales el recurso a la guerra pareciera estar entre las primeras opciones para la resolución de conflictos, con el propósito de reducir o exterminar a la contraparte en las confrontaciones armadas internas, que hoy son denominadas conflictos armados no internacionales de acuerdo con el derecho humanitario. Aquí se advierte la paradoja comentada, pues al enemigo externo, a otro Estado, se le reconoce toda su capacidad y legitimidad dentro de las relaciones interestatales y esto se formaliza mediante la suscripción de tratados; mientras que, al enemigo interno, de forma histórica, se le ha buscado exterminar como primera opción, antes que transar, negociar o acordar con él salidas negociadas al conflicto. Esta es la constante en las guerras ocurridas en el territorio nacional, por lo menos hasta la última parte del siglo XX cuando la negociación y el acuerdo emergieron como opciones viables.

Con lo anterior, una arista del problema de estudio sobre la Paz Total emerge ante la resistencia de sectores políticos de oposición al actual gobierno de Gustavo Petro (2022-2026). Estos sectores señalan que el Estado, en cabeza del presidente, no posee "facultades" o "capacidades" para entablar negociaciones, diálogos, conversaciones o acercamientos que eventualmente puedan derivar en acuerdos de paz, ni para procesos de sometimiento a la justicia con grupos armados sin carácter político. Sin embargo, diversos instrumentos internacionales de los cuales Colombia es parte otorgan un marco jurídico y político bastante amplio para la actuación que está desplegando el gobierno con su política de Paz Total. Las discusiones sobre los mecanismos o las estrategias que comportan esa apuesta de "Paz Total" serán abordados en capítulos posteriores.

El capítulo se desarrolló a partir de un enfoque sociojurídico. Se parte de la idea de que el estudio dogmático de las normas, por sí solo, no basta para comprender fenómenos sociopolíticos complejos. Por esa razón, la normativa internacional y nacional se analizan junto con las posibles implicaciones prácticas a nivel sociopolítico que los dichos y los hechos del gobierno de Petro pueden generar en el proceso de materialización de esa "Paz Total". Este análisis reconoce que algunos de estos dichos y hechos pueden traducirse en actos unilaterales del Estado, como una de las fuentes de obligaciones en el derecho internacional.

La técnica de recolección de información fue predominantemente documental a partir de fuentes primarias y secundarias. Entre estas se encuentran: literatura especializada, tratados del sistema interamericano y del sistema universal de derechos humanos, documentos oficiales sobre la política de paz del nuevo gobierno y algunos artículos de prensa y registros audiovisuales que condensan perspectivas o discursos sobre la "Paz Total" desde la perspectiva del actual gobierno.

La pregunta de investigación que orienta este capítulo es: ¿cuáles son los desafíos jurídico-políticos de la Paz Total para consolidar un proceso simultáneo de negociación y de sometimiento de múltiples actores armados? La pregunta cobra sentido, si se piensa que los derechos humanos y la seguridad humana habían sido, de manera histórica, discursos que permitían formular críticas a los gobiernos anteriores desde sectores académicos y organizaciones sociales, justamente, por no tomarse en serio estos enfoques. Pero, en el gobierno actual de Gustavo Petro, la agenda de los derechos humanos y la seguridad humana han pasado a ser una prioridad, al menos en lo discursivo, y eso ya supone un cambio significativo.

El capítulo se divide en tres bloques. En el primero, se hace un recuento de la normativa internacional vigente en Colombia, que permite identificar una práctica estatal orientada hacia la paz; inicialmente en las relaciones interestatales y luego al interior de las fronteras nacionales. El segundo apartado, plantea algunas discusiones de carácter jurídico-político en torno a las decisiones del gobierno al momento de clasificar a los actores armados y de establecer los mecanismos o estrategias que se implementarán con cada uno de esos grupos en el marco de la "Paz Total". Allí, el criterio diferencial es el carácter político o no de la agrupación armada, sobre lo cual se discutirá su inconveniencia. El tercer, y último apartado, analiza el respaldo internacional de la política de Paz Total. Además, propone algunas recomendaciones relacionadas con la comprensión del gobierno sobre la clasificación de los actores armados y de los supuestos requisitos que deben cumplirse para aplicar medidas o mecanismos diferenciados con cada uno de ellos.

El Estado colombiano ante la paz en la normativa internacional

Colombia y su participación en la "sociedad internacional"

El Estado colombiano es una parte muy activa de esa ficción denominada "sociedad internacional"[3] (Alarcón *et al.*, 2016). De hecho, Colombia fue uno de los

3 El concepto de "sociedad internacional" permite enfatizar en el carácter plural y heterogéneo a nivel sociocultural, lingüístico, religioso, económico y político de los Estados que participan e interactúan en las relaciones internacionales, mientras que el concepto de "comunidad" ha sido

cincuenta y un miembros fundadores de la Organización de Naciones Unidas (en adelante ONU), al participar en la conferencia de San Francisco del 26 de junio de 1945, donde se fundó la organización. El Estado colombiano, al incorporarse al Sistema de Naciones Unidas, aceptó sin reservas respetar y garantizar los principios que rigen la ONU. Entre estos, la búsqueda de la paz y la seguridad internacionales, considerados los pilares más importantes para salvaguardar a la humanidad, especialmente tras los millones de víctimas fatales y los cuantiosos daños materiales, culturales, económicos y sociopolíticos que generó la Segunda Guerra Mundial, fundamentalmente en Europa y Asia.

A pesar de lo anterior, no puede perderse de vista que durante siglos la lógica de la guerra involucraba:

> [Las] razones de Estado [entendidas como una serie de] objetivos que legitiman el obrar del político. Sea para ganar legitimidad, sea para convencer a los gobernados, el Estado debe garantizar de esta manera su existencia y su conservación. Por ello deberá neutralizar todas las amenazas tanto externas como internas. (Sturla, 2020, p. 76).

Esto explica, de cierta forma, por qué los conflictos armados interestatales fueron la constante hasta mediados del siglo XX. Pero, como lo menciona Ferrajoli (2007), desde la segunda mitad del siglo XX y de manera sostenida comenzó a invertirse esa tendencia, ya que la mayoría de los conflictos armados que desde entonces ocurren en el planeta son confrontaciones internas. El jurista italiano señala que:

> La guerra actual es algo bien distinto [...] Prueba de ello es el crecimiento exponencial de los porcentajes de víctimas civiles en las guerras del siglo [XX]: del 20 % en la primera guerra mundial, al 50 % en la segunda, al 80 % en los sucesivos conflictos, hasta las cuatro últimas guerras, que sólo han producido pérdidas entre los agredidos, con preferencia poblaciones civiles, a excepción de algunas accidentales entre los agresores. (Ferrajoli, 2007, p. 488).

Con lo anterior, vale la pena destacar algunos hitos históricos dentro de la sociedad internacional, en los cuales el Estado colombiano se ha comprometido a garantizar la paz, inicialmente bajo un enfoque predominante de "paz entre

---

criticado en la doctrina debido a que pareciera indicar un grupo "homogéneo" de Estados, intereses y apuestas comunes, lo cual difiere bastante de la realidad en el sistema internacional.

Estados". Esto se debe a las dinámicas bélicas de la primera mitad del siglo XX, en las cuales los conflictos armados no internacionales eran relativamente escasos.

En ese contexto, el Estado colombiano inauguró su compromiso de "renunciar a la guerra interestatal" desde 1907 con su participación en la Conferencia de Paz de La Haya y luego en la década de 1920, cuando se adhirió al primer tratado multilateral sobre la abstención de uso de la fuerza para resolver controversias entre Estados. El pacto Briand-Kellog de 1928 fue ratificado mediante la Ley 29 de 1930 (Congreso de la República, 1930). Esta inauguró una práctica internacional, reiterada hasta hoy, en la cual el Estado colombiano se obliga ante la sociedad internacional —por lo menos en el plano formal— a cumplir con múltiples tratados que involucran la abstención de la guerra, la garantía de la paz y la seguridad internacionales, así como el respeto de los derechos humanos.

Así las cosas, tanto la búsqueda de la paz y la seguridad internacionales como el respeto y la garantía de los derechos humanos deben entenderse, en la actualidad, no solo con efectos prácticos en la relación entre el Estado colombiano y los demás Estados, sino también como una verdadera política de Estado que se refleja en los esfuerzos por garantizar la paz, tanto dentro como fuera de sus fronteras.

Resulta interesante que, casi un siglo después de esas primeras manifestaciones del Estado colombiano en relación con la paz, el presidente Gustavo Petro en su discurso de posesión el 7 de agosto de 2022 afirmó: "Colombia hará su énfasis internacional en alcanzar los acuerdos más ambiciosos posibles para frenar el cambio climático y defender la paz mundial. No estamos con la guerra. Estamos con la vida" (Petro, 2022).

Más allá del recurso retórico del presidente al "invocar" la "paz mundial", de ese acto de habla se desprende, por un lado, el compromiso de los Estados de no "agredirse" mutuamente, en sintonía con el principio de abstención y prohibición del uso de la fuerza (Letts, 2016). Por otro lado, para que esa paz a escala planetaria pueda predicarse, es necesario que dentro de los propios Estados exista un escenario de garantía de la paz, no solo como ausencia de guerra (paz negativa), sino como un estado de cosas en el cual las condiciones materiales de existencia se encuentran aseguradas para los ciudadanos (paz positiva), y, por ende, se haya logrado superar la violencia armada dentro de las fronteras nacionales para que los esfuerzos estatales se centren en la satisfacción de las necesidades básicas de su población (Harto De Vera, 2004). A continuación, se presenta la síntesis de algunos instrumentos que convocan al Estado colombiano a desplegar todas las acciones necesarias para conseguir la paz y respetar los derechos humanos en el territorio nacional.

Instrumentos convencionales y no convencionales que sustentan el deber estatal de buscar la paz

Los instrumentos convencionales que se sintetizan en la siguiente tabla resultan vinculantes para el Estado colombiano, en la medida en que este ha reconocido el valor jurídico de tales normas mediante la suscripción y ratificación de los tratados. En ese sentido, el Estado está obligado a cumplir con lo pactado de buena fe y, por lo tanto, la búsqueda de la paz y la garantía de las libertades individuales (hoy expresadas en términos de derechos humanos) no se convierte solo en un imperativo ético y político de los Estados, sino también en una obligación jurídica ante la sociedad internacional de la cual se es parte (ver la tabla 1).

Tabla 1. Tratados relacionados con la consecución de la paz y la protección de las víctimas de los conflictos armados

Tratado	Disposiciones en relación con el deber del Estado de garantizar la paz
Carta de las Naciones Unidas (1945)	Art, 2, núm. 3: Los Miembros de la Organización, en sus relaciones internacionales, se abstendrán de recurrir a la amenaza o al uso de la fuerza contra la integridad territorial o la independencia política de cualquier Estado, o en cualquier otra forma incompatible con los Propósitos de las Naciones Unidas (ONU, 1945).
Tratado Interamericano de Asistencia Recíproca de 1947	Preámbulo: Que la comunidad regional americana afirma como verdad manifiesta que la organización jurídica es una condición necesaria para la seguridad y la paz y que la paz se funda en la justicia y en el orden moral y, por tanto, en el reconocimiento y la protección internacionales de los derechos y libertades de la persona humana, en el bienestar indispensable de los pueblos y en la efectividad de la democracia, para la realización internacional de la justicia y de la seguridad,
Carta de la Organización de Estados Americanos de 1948	Artículo 2: La Organización de los Estados Americanos, para realizar los principios en que se funda y cumplir sus obligaciones regionales de acuerdo con la Carta de las Naciones Unidas, establece los siguientes propósitos esenciales: a) Afianzar la paz y la seguridad del Continente;
Artículo 3 común a los cuatro Convenios de Ginebra (4CG) de 1949	Núm. 2. Además, las Partes en conflicto harán lo posible por poner en vigor, mediante acuerdos especiales, la totalidad o parte de las otras disposiciones del presente Convenio [entiéndase acuerdos humanitarios como los ceses al fuego o la prohibición de privar de la libertad a civiles y militares]

Fuente: elaboración propia.

Por otro lado, en el ámbito del derecho internacional, existe una discusión clásica sobre el valor vinculante de los tratados (pactos, protocolos, convenciones, cartas o convenios) en comparación con aquellos que no son tratados y que se clasifican como derecho blando o de *soft law*. Sin embargo, autores como Klabbers (1996) expresan que el derecho es vinculante o no es derecho, lo que sugiere que el derecho blando también vincula al Estado.

De forma recurrente, estos instrumentos son considerados erróneamente como de "menor valor jurídico" dentro del sistema internacional. Sin embargo, existen instrumentos declarativos tan relevantes como la propia Declaración Universal de Derechos Humanos de 1948, cuyo contenido supuso, en cierta medida, la aparición del denominado Derecho Internacional de los Derechos Humanos. Este sistema jurídico internacional tiene como objetivo proteger la dignidad humana del individuo sin distinción de etnia, género, religión, clase social o cualquier otro criterio discriminatorio, tal como se advirtió en otro espacio:

> Además de los fundamentos convencionales de los tratados enunciados, existen instrumentos declarativos que, independientemente de su naturaleza jurídica, contienen un alto valor sociopolítico. Esto se debe a que incorporan metas y aspiraciones en torno a la consecución de la paz, tanto entre Estados como en su interior, al tiempo que promueven el respeto y la garantía de los derechos humanos. Aunque no son tratados, estos instrumentos han sido elevados a la categoría de normas imperativas, también llamadas de *jus cogens*. Esto implica que se les ha asignado el mayor valor jurídico dentro del sistema internacional por contener disposiciones vitales como el derecho a la vida y otros derechos humanos "fundamentales", los cuales no pueden ser puestos en duda por ningún Estado ni admiten ninguna interpretación restrictiva o contraria a su núcleo protector (Céspedes-Báez, 2016; Mazzuoli, 2019).

Por ejemplo, el preámbulo de la Declaración Universal de los Derechos Humanos de 1948 invoca que: "la libertad, la justicia y la paz en el mundo tienen por base el reconocimiento de la dignidad intrínseca y de los derechos iguales e inalienables de todos los miembros de la familia humana" (ONU, 1948). En igual sentido, la Resolución 39/11 de la Asamblea General de las Naciones Unidas (en adelante AGNU), consagra la "Declaración sobre el derecho de los pueblos a la paz", y su preámbulo contempla que es una obligación fundamental de todo Estado proteger y fomentar ese derecho.

En la misma línea, el 15 de enero de 1998 la AGNU, en su Resolución 52/15, proclamó el año 2000 como el "Año Internacional de la Cultura de Paz" y de forma más reciente, la ONU ha promovido desde el 2015 la Agenda 2030 sobre los

Objetivos de Desarrollo Sostenible (ODS), que incluyen en el ODS 16 la obligación de los Estados miembros de "promover sociedades justas, pacíficas e inclusivas".

Con lo anterior, es posible advertir la naturaleza polisémica de una categoría como la paz, que se manifiesta en relación con otros valores, como la justicia y la libertad. Además, se vincula al deber estatal de garantizar y proteger la paz como un derecho en sí mismo. Esta naturaleza compleja permite incluso "adjetivar" la paz en categorías como la "cultura de paz" o las "sociedades pacíficas".

En suma, el derecho internacional contemporáneo está compuesto por una vasta cantidad de instrumentos convencionales y declarativos que buscan garantizar la paz y el respeto por los derechos humanos, y el Estado colombiano se ha comprometido a su cumplimiento. Por ello, es viable argumentar que las apuestas del gobierno de Gustavo Petro, en su periodo 2022-2026, son consecuentes con los compromisos internacionales y que, si bien el origen de muchos de ellos se concentran en las relaciones entre Estados por la conformación del sistema internacional durante la primera mitad del siglo XX, al Estado colombiano también le resultaría exigible la aplicación de esas obligaciones dentro de sus fronteras, pues la "paz nacional" es un requisito infranqueable para la consecución de la "paz global".

La Paz Total: de nebulosas conceptuales a incertidumbres prácticas

El llamado a la Paz Total en el gobierno Petro, 2022-2026

Para comenzar este apartado, vale la pena remitirse de nuevo al acto de posesión de Petro, el 07 de agosto de 2022, en el cual dijo:

> Que la paz sea posible. Tenemos que terminar, de una vez y para siempre, con seis décadas de violencia y conflicto armado. Se puede. Cumpliremos el Acuerdo de Paz, seguiremos a rajatabla las recomendaciones del informe de la Comisión de la Verdad y trabajaremos de manera incansable para llevar paz y tranquilidad a cada rincón de Colombia. Este es el Gobierno de la vida, de la Paz, y así será recordado. (Petro, 2022).

Estas primeras palabras del presidente avizoraban un camino ambicioso de materializar y, por ende, complejo, frente a las comprensiones sobre la paz que se desplegarían semanas y meses después. Invocar el cumplimiento cabal del Acuerdo de Paz supone una agenda bastante amplia por sí sola.

El Instituto Kroc de la Universidad de Notre Dame publica anualmente su informe con el balance de cumplimiento de lo pactado en La Habana. Según este, se observa un panorama poco alentador debido a la gran cantidad de disposiciones a "media marcha" y otras que ni siquiera han comenzado a implementarse, a casi ocho años de la firma del Acuerdo, en noviembre de 2016 (Echavarría, 2024). Esto se aprecia en la figura 1:

Figura 1. Estado general de implementación de las disposiciones del Acuerdo de Paz de 2016

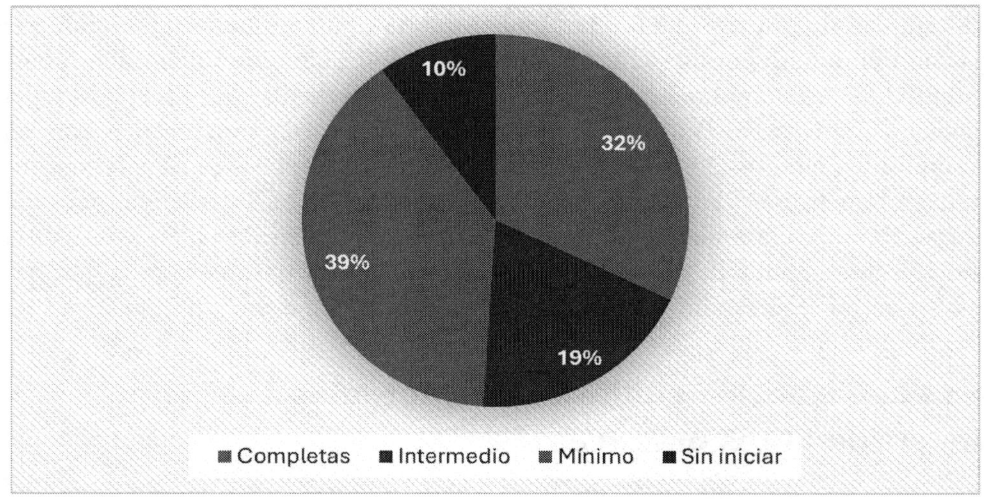

Fuente: elaboración propia, con base en el informe anual del Instituto Kroc (2024).

Sumado a la complejidad de la implementación del Acuerdo, aparece un reto mayúsculo: "terminar, de una vez y para siempre, con seis décadas de violencia y conflicto armado" (Petro, 2022). Para ello, en sus primeros meses, el gobierno de Petro impulsó la aprobación de la Ley de Paz Total (Ley 2272 de 2022), que continúa con la sucesiva tradición de prórrogas a la Ley 418 de 1997, "por la cual se consagran unos instrumentos para la búsqueda de la convivencia, la eficacia de la justicia y se dictan otras disposiciones". En este contexto, la Ley de Paz Total no solo es un instrumento jurídico, sino también sociopolítico, que supone una apuesta bastante ambiciosa al pretender poner fin al conflicto armado y a la violencia organizada con todos los actores, mediante diversos mecanismos de: i) negociación y ii) acercamiento, conversación y sometimiento. Esta distinción se abordará en el acápite siguiente.

Además, uno de los aspectos más relevantes de la compleja arquitectura de la "Paz Total" es que, en su artículo 2, se declara una política de Estado, en contraste con políticas que han sido del "gobierno de turno", como las que presidentes anteriores desplegaron en su momento. Este cambio en su carácter permite explicar por qué las estrategias y los mecanismos de gobiernos anteriores han sido tan disímiles, incluso frente al reconocimiento de interlocutores "válidos" para los diálogos o negociaciones de paz. Cabe señalar que dichos reconocimientos han tenido un criterio estrictamente político más que jurídico, como se mostrará más adelante.

Aplicación del derecho internacional en los escenarios de la Paz Total

En los capítulos siguientes de esta obra, las autoras y autores se referirán a diversos aspectos teóricos y prácticos en torno a la Ley 2272 de 2022. Por lo pronto, resulta de interés para este capítulo esbozar un esquema que permita comprender las variables incorporadas en el artículo 2 de la Ley de Paz Total, ya que en esa norma confluyen dos estándares internacionales diferentes. En el artículo 2, literal c, se establece que, para implementar la política de Paz Total, el gobierno realizará dos tipos de procesos:

i) De negociación con Grupos Armados Organizados (en adelante GAO) mediante diálogos con carácter político que podrán desencadenar en acuerdos de paz, y

ii) Acercamientos y conversaciones con GAO, o con "estructuras armadas organizadas de alto impacto" para someterlos a la justicia y desmantelarlos.

Con el propósito de detallar el alcance de tales expresiones y mostrar algunos problemas conceptuales y de aplicación desde las normas internacionales se presenta la tabla 2:

Tabla 2. Grupos que son sujetos de la "Paz Total".

Grupo Armado Organizado, GAO	Grupo Delictivo Organizado, GDO y Grupo Estructurado, GE
Normativa aplicable: Derecho Internacional Humanitario, DIH. Derecho penal internacional y nacional, relativo a los conflictos armados como *lex specialis*.	**Normativa aplicable:** Derecho Internacional de los Derechos Humanos, DIDH, vigente en situaciones que no son conflictos armados, derecho penal nacional.

Características de cada categoría conceptual	
De acuerdo con el Protocolo Adicional II a los Convenios de Ginebra de 1949, PAII de 1977, los GAO se caracterizan por: 1. Tener un mando responsable (jerarquía). 2. Ejercer control territorial sobre una porción del territorio nacional. 3. Posibilidad para realizar operaciones militares sostenidas y concertadas (capacidad bélica). 4. Aplicar las normas humanitarias (subjetividad en el DIH). Solo los GAO son partes del conflicto armado entre y contra el Estado.	Un GDO, según la Convención de Palermo en su art. 2, literal a): "Es un grupo estructurado de "tres o más personas que exista durante cierto tiempo y que actúe concertadamente con el propósito de cometer uno o más delitos graves o delitos tipificados con arreglo a la presente Convención con miras a obtener, directa o indirectamente, un beneficio económico u otro beneficio de orden material". Mientras que un GE es, según el literal c, un grupo que puede tener carácter temporal para efectos de cometer un delito, sin que sea necesario que exista una estructura desarrollada ni una distribución de funciones.

Fuente: elaboración propia.

Como se aprecia en la tabla y se desarrollará a continuación, no existe ningún criterio o requisito que comprenda la necesidad de acreditar, corroborar o demostrar la existencia de un proyecto político para que un grupo pueda ser catalogado como GAO o como GDO. La clasificación está estrechamente vinculada a su capacidad en armas, a su control territorial o a sus fines lucrativos en relación con los delitos que cometen.

¿Cuáles son los sujetos de la "Paz Total" para la negociación con el Estado?

Esta pregunta remite a la distinción que de forma recurrente se ha generado en el marco de la "Paz Total", que, en esencia, sigue la idea de que "con los actores armados con carácter político se negocia y a quienes no tienen dicha naturaleza se les somete". Así lo han afirmado personajes como Humberto de la Calle, el principal negociador del gobierno de Santos durante el proceso con las extintas FARC-EP. En sus palabras: "el ELN es la única organización con estatus político que permite hacer una negociación. Frente a la Segunda Marquetalia y los desertores, lo que debería ocurrir es un sometimiento a la justicia ordinaria" (El Nuevo Siglo, 2022).

Esta afirmación crea una falsa dicotomía en los términos que propone la Ley de Paz Total, ya que, según el artículo 2, la negociación parece reservada para aquellos GAO con "carácter político", mientras que los "acercamientos y conversaciones" se sostienen con los GAO sin carácter político y con los GDO. Sin embargo, los conceptos de "acercamientos y conversaciones" son un eufemismo para evitar la categoría de "negociación" con estos últimos, ya que los acercamientos y las negociaciones con los GAO sin carácter político y los GDO (que, en esencia, no lo tienen ni lo tendrán) requieren dialogar, transar, acordar, pactar y en último término, "negociar". Así las cosas, la distinción, hecha en la Ley 2272 de 2022, no solo no queda clara desde su concepción, sino que, además, se vuelve aún más nebulosa la distinción cuando se revisan las normas del DIH al respecto.

El DIH reconoce la existencia de un GAO cuando se cumplen los cuatro presupuestos ya anunciados, los cuales aparecen en el artículo 1, numeral 1, del Protocolo Adicional II de 1977: i) mando responsable, ii) control territorial, iii) operaciones militares sostenidas y concertadas, y iv) aplicación de las normas humanitarias. Por ende, un GAO se convierte en un actor dentro del conflicto armado no internacional, que se caracteriza a su vez porque concurren dos situaciones: "(i) la intensidad del conflicto, y (ii) el nivel de organización de las partes", estos criterios convencionales también los ha reconocido la Corte Constitucional de Colombia, en la Sentencia C-291/07 (Corte Constitucional de Colombia, 2007) con base, a su vez, en la jurisprudencia internacional de la década de 1990, particularmente la del Tribunal Penal Internacional para la ex Yugoslavia.

En ese sentido, al revisar todos los instrumentos del DIH, de los cuales el Estado colombiano es parte, es posible afirmar que no existe distinción alguna que catalogue a un GAO como grupo con carácter político, ni que examine los requisitos para avalar o negar tal condición. De hecho, ni el DIH ni el Comité Internacional de la Cruz Roja (en adelante CICR) como su intérprete autorizado, pueden clasificar a un GAO como "ilegal, ilícito, delictivo, al margen de la ley" o con cualquier otra connotación similar. Esto se debe a que el CICR está sujeto a los principios de neutralidad e imparcialidad, lo que le impide tomar postura frente a la legalidad o legitimidad de cualquier actor armado, incluyendo al Estado, más allá de que sea este último quien suscriba los tratados en materia humanitaria.

Como se abordará en capítulos posteriores, hasta 2023 el CICR reconocía al menos ocho conflictos armados no internacionales en Colombia (CICR, 2024). Esto evidencia que, lejos de haber un único conflicto armado, en el país se desarrollan varios de manera simultánea, con pluralidad de actores y una multiplicidad de intereses. Sin embargo, en ningún caso el CICR precisa el carácter político de un GAO para que sea reconocido como tal. De hecho, la motivación política del grupo es intrascendente para dicha clasificación.

Por otro lado, los GDO no tienen ningún tipo de cabida en el marco del DIH, ya que estas normas se reservan para los casos de conflicto armado. Los GDO, en cambio, obedecen a las lógicas transnacionales de la criminalidad, razón por la cual no son perseguidos bajo los mismos parámetros que los GAO. Un ejemplo de esto es que, con base en el DIH, los GAO pueden ser bombardeados porque la fuerza letal está autorizada en estos supuestos. En contraste, para los GDO se aplica el régimen general de protección del Derecho Internacional de los Derechos Humanos, DIDH, y, por ende, la investigación, juzgamiento y sanción, o "sometimiento", para ponerlo en los términos de la "Paz Total", se desarrolla en el marco de las actuaciones del poder jurisdiccional dentro de las fronteras. En algunos casos, también se recurre a la cooperación con otros Estados para mitigar el impacto transnacional de estos grupos y estructuras que, dicho una vez más, no hacen parte del conflicto armado, a pesar de que puedan tener algunas de las características de los GAO examinadas anteriormente.

El conflicto armado, como lo ha reiterado el Comité Internacional de la Cruz Roja (CICR, 2008; CICR, 2015) y la propia Corte Constitucional (2007), se configura bajo los factores objetivos ya advertidos: "(i) la intensidad del conflicto, y (ii) el nivel de organización de las partes", y no sobre la base de factores subjetivos derivados de la "calificación" de un funcionario, un gobierno o la representación del Estado. Así las cosas, negar el carácter político del Clan del Golfo (o Autodefensas Gaitanistas de Colombia, AGC), o evitar tal discusión, resulta inconveniente. Su capacidad bélica, su estructura de mando jerarquizada y el control territorial que ejercen en una gran porción de la geografía nacional lo constituyen en un poder de facto, con consecuencias políticas para las regiones en las cuales desarrollan sus actividades ilícitas. De hecho, no es descabellado afirmar que este GAO sustituye al Estado en sus funciones en muchos de los territorios bajo su control.

El profesor Francisco Gutiérrez (2022), en el prólogo del libro *¿Del paramilitarismo al paramilitarismo?*, caracteriza algunas diferencias entre los grupos paramilitares "originarios", como las Autodefensas Unidas de Colombia (AUC), y los grupos herederos, como sería el caso de las AGC. En cuanto a su carácter político, afirma que los grupos herederos "expresan dinámicas contrainsurgentes, proveen seguridad a ciertas economías y mantienen la defensa de valores tradicionales y machistas", mientras que en su relación con el Estado existe una "articulación con las agencias de seguridad, pero [sus] órdenes de magnitud [están] por debajo de las que tenían los paramilitares [AUC]" (Gutiérrez, F., 2022, p. 20).

Sobre ese "sustitución" del Estado por parte de los grupos herederos del paramilitarismo, el Defensor del Pueblo Carlos Camargo afirmó, en 2023, que: "como Estado nos dejamos coger ventaja de las Autodefensas Gaitanistas de Colombia–Clan del Golfo. Ellos han venido demostrando su poder y su capacidad de paralizar varios departamentos" (Defensoría del Pueblo de Colombia, 2023). Camargo recordó que, entre 2017 y marzo de 2023, se han emitido ciento sesenta y dos "Alertas Tempranas" por la presencia y accionar de las AGC. En el mismo comunicado, se afirmó que se logró determinar que este GAO tiene presencia en veinte de los treinta y dos departamentos del país.

En síntesis, no existe ninguna obligación jurídica en las normas del DIH que exija a los GAO tener un proyecto político para ser considerados parte formal del conflicto armado interno. Cualquier tipo de exclusión de un eventual proceso de negociación con un actor como las AGC obedece a criterios eminentemente políticos por parte del gobierno de turno, y no a una disposición internacional que impida tal negociación. En esa línea, cerrar la puerta a "negociar" en condiciones más favorables para los actores armados en Colombia puede suponer, a largo plazo, una afectación a los derechos y garantías de las víctimas a la verdad plena, a la justicia, a la reparación y a la no repetición. Esto se debe a que no se tienen suficientemente claros los incentivos que el gobierno puede proveer a los GAO y a los GDO "sin carácter político". No está de más recordar que, en Colombia, los crímenes de lesa humanidad y los crímenes de guerra no son amnistiables ni indultables en ninguna circunstancia, pues tanto la Corte Interamericana de Derechos Humanos como el Estatuto de Roma de 1998, vigente en Colombia desde el 2002, prohíben expresamente las figuras de amnistía e indulto para este tipo de crímenes.

Consideraciones finales y recomendaciones

Como ya se advirtió, la Ley de Paz Total, en la comprensión del gobierno actual, supone una verdadera política pública de Estado y no exclusivamente del periodo presidencial vigente. Poner en marcha la "Paz Total" supone serios esfuerzos a nivel institucional en el sistema de administración de justicia, en la fuerza pública, y en los mecanismos y el personal requerido para desarrollar los procesos de "negociación, acercamiento, conversación o diálogo", o cualquier otro sinónimo que use el Estado para sentarse con la contraparte (GAO o GDO) a establecer unos acuerdos mínimos.

El profesor Germán Valencia recuerda que siempre que se logra, con mayor o menor éxito, un acuerdo de paz o un proceso de desarme, desmovilización y reintegración lo que ocurre es que otros actores armados cooptan esos "espacios vacíos" dejados por el grupo que ha transado. Esto ocurrió con el pico del paramilitarismo en los años 90 tras los acuerdos con las guerrillas desmovilizadas durante la expedición de la Constitución de 1991. Esto viene ocurriendo, igualmente, desde 2016 tras la firma del Acuerdo Final, pues, una vez desaparecidas las FARC-EP, tanto las disidencias no acogidas al Acuerdo, como aquellas que se acogieron y luego desertaron del proceso, han venido "llenando" esos espacios de las otrora FARC-EP (Valencia, 2022). Estas disidencias llegan a ejercer control territorial, aumentan su capacidad bélica y se enfrentan a otros grupos residuales de la propia exguerrilla y, desde luego, con las AGC, con quienes se disputan varios niveles de las economías ilícitas en una parte considerable del territorio nacional.

Respaldo de la "sociedad internacional" a la Paz Total

Como se anunció en el primer acápite, no sólo existen múltiples fundamentos en el derecho internacional que obligan al Estado colombiano, en cabeza del presidente Gustavo Petro, a sumar todos los esfuerzos para alcanzar la paz en el país, sino que también la sociedad internacional ha decidido apoyar de forma enfática la ambiciosa propuesta de "Paz Total". Así consta en el Proyecto de Declaración de la Asamblea General de la Organización de Estados Americanos (OEA), denominada "Respaldo a la Paz Total en Colombia", en la que expresa la necesidad de alcanzar la "Paz Americana" tanto entre los Estados miembros de la organización como a nivel interno en cada uno. En esa línea, la OEA recuerda que la Misión de Apoyo al Proceso de Paz (MAPP) ha desplegado grandes esfuerzos en sus mandatos por aportar a la construcción de paz en Colombia (Organización de Estados Americanos, 2022).

En igual sentido, la ONU ha celebrado la apuesta de "Paz Total" como política de Estado. Mediante las declaraciones de 2022 de Carlos Ruiz Massieu, representante especial del secretario general y jefe de la Misión de Verificación de las Naciones Unidas en Colombia, ante el Consejo de Seguridad de la organización, Massieu afirmó:

> Colombia vive un momento de renovadas expectativas, producto del audaz planteamiento de paz total adelantado por el presidente Gustavo Petro (...) esta política está anclada en la implementación integral del Acuerdo final de paz con las antiguas FARC-EP y además busca profundizar la paz a través de la reanudación de los diálogos con el Ejército de Liberación Nacional (ELN) y mediante acercamientos con otros actores armados (ONU, 2022).

Con lo anterior, queda en evidencia que materialmente existen un conjunto de factores supremamente atípicos en la historia reciente de Colombia, pues al decidido esfuerzo del gobierno actual por alcanzar la "Paz Total", más allá de los problemas prácticos y de implementación que se derivan de tal política, se suma el consenso de la comunidad internacional en apoyar esta ambiciosa propuesta de poner fin a la violencia armada en Colombia. Esta propuesta adopta una perspectiva multiactoral y multicausal, pues tradicionalmente cada gobierno se concentraba en una sola parte del complejo conflicto armado de más de seis décadas[4].

Así pues, al margen de las incertidumbres conceptuales en la clasificación de actores armados, de la gaseosa discusión entre "negociación", "conversación", "acercamiento", "sometimiento" y "acogimiento" o de las preocupaciones prácticas para implementar la "Paz Total", la política de paz del Estado en cabeza del gobierno actual debe apoyarse de manera audaz. Además, los sectores sociales, académicos y políticos del país deben aunar esfuerzos para precisar los propósitos, los alcances y los retos que se avecinan en la búsqueda y consecución de esa "paz grande y completa".

Recomendaciones y reflexiones para consolidar la política de "Paz Total"

Es necesario que el gobierno precise o clarifique la indeterminación de conceptos, mecanismos y clasificación de los actores armados, para que la sociedad comprenda mejor sus aspiraciones con la "Paz Total". Esto es igualmente necesario para que los voceros de los GAO y los GDO le encuentren sentido a la ruta que en cada caso el gobierno plantea para la "negociación" o el "sometimiento". La "Paz Total", en su ambición de "abarcarlo todo", corre el riesgo de no "lograr nada", si las reglas de juego no están claras para cada uno de los actores armados convocados a participar en ella. El riesgo de esto es que termine, una vez más, generando "reciclajes de violencias", así lo han afirmado entonces funcionarios del gobierno actual como Danilo Rueda, quien fue Alto Comisionado para la Paz (Pineda, 2023), académicos como Gustavo Duncan (2023), o la Comisión de la Verdad. Esta última ha señalado el caso del paramilitarismo en Antioquia tras la "fragmentación" de las AUC durante el primer gobierno de Álvaro Uribe y las disputas surgidas entre los grupos posdesmovilización (Comisión de la Verdad, 2023), reciclajes a los cuales la sociedad colombiana está bastante habituada.

4 Como la Asamblea Constituyente en el periodo de Gaviria con el EPL, el M-19 y otras guerrilleras "menores", el gobierno de Pastrana con las FARC-EP, el primer periodo de Uribe con las AUC y el de Santos con las FARC-EP.

Si la "Paz Total" con alguno de los GAO o los GDO fracasa, sus miembros podrán entrar a engrosar las filas de otras estructuras armadas tal como es de conocimiento público que ha ocurrido en las últimas décadas, esto supondrá más escenarios de victimización para la población civil y un mayor rezago en la garantía de sus derechos a la verdad, la justicia, la reparación y la no repetición. Cambiar de brazalete, de distintivo o de uniforme no ha sido un dilema ético o político en el marco del conflicto armado. El motor permanente de esta guerra no ha sido la ideología o la lucha contra la desigualdad y la injusticia social —aunque en un principio pudiese haber sido un factor explicativo de ella—, el verdadero combustible es el factor económico en sus más amplias dimensiones. Este está ligado a las economías ilegales que van desde los cultivos de uso ilícito hasta la minería, pasando por delitos como la extorsión o el secuestro.

Hay que afirmar que el conflicto armado colombiano se ha "desideologizado" pareciera una aseveración temeraria desde el prisma de algunos académicos. Sin embargo, puede plantearse que actualmente esta guerra se libra en una suerte de amalgamamiento entre lo político y lo económico. Ni siquiera el único grupo armado organizado al cual no se le discute su reconocimiento político, es decir el ELN, se encuentra exento de indicios sobre prácticas que rebasan lo político, y que atentan de forma grave contra la dignidad humana y la integridad de la población civil. Delitos como la extorsión, o crímenes de guerra como el reclutamiento de niños, niñas y adolescentes, así como la toma de rehenes contra la población civil, encuentran su absoluta prohibición, sin matices, tanto en las normas penales nacionales como en los instrumentos del derecho humanitario. A pesar de ello, se han infringido estas normas de forma histórica en la confrontación en Colombia por parte de todos los actores armados estatales y no estatales.

Usar eufemismos como "operaciones de finanzas", "cobro de impuestos solidarios" [extorsiones], "alistamientos voluntarios de niños, niñas y adolescentes" [reclutamientos forzosos de menores de 18 años] o "retenciones" [secuestros y tomas de rehenes contra la población civil] (Reynoso, 2023) no anulan la naturaleza de los crímenes cometidos. De la misma forma, las mal denominadas "bajas en combate" de personas civiles no niegan ni legitiman el atroz accionar estatal en cuanto a las ejecuciones sumarias, arbitrarias o extrajudiciales perpetradas contra personas protegidas por el DIH.

Aceptar este tipo de justificaciones ante crímenes graves supone una afrenta para las víctimas del conflicto armado y una falta de respeto y garantía de sus derechos a la verdad, la justicia, la reparación y la no repetición. Si bien no es aceptable que se "maticen" actuaciones que van en contra de la población civil y que violan el principio de la dignidad humana, también es cierto que el conflicto armado colombiano ha dejado un rastro de sangre y profundo dolor. A pesar de ello, el reconocimiento del ELN como actor político no ha sido "anulado", mientras que se niega la naturaleza política de las AGC, cuando está claro que, *de facto*, estas han reemplazado al Estado en más del 50 % de los departamentos del país.

De lo que menos precisa la "Paz Total" es de "homogenizar" a todos los actores armados (GAO y GDO) y ponerlos "en un mismo saco". Sin embargo, el tratamiento diferenciado por parte del Estado de unos actores y otros, con argumentos vagos, ambiguos e insuficientes, no contribuyen a lograr el respaldo de la sociedad que una política tan ambiciosa como esta requiere. Además, esta situación no favorece el complejo y necesario proceso de "generación de confianza" entre las partes, de tal suerte que decidan participar en la paz total mediante la negociación, el acercamiento, el diálogo, la conversación o la aproximación. En la práctica, esto exige que los múltiples actores armados se sienten en la mesa con el Estado (de forma individual o colectiva) a "negociar". No obstante, parece que el gobierno ha querido reservar el término "negociar" para unos pocos actores armados, lo que puede desencadenar nuevas olas de violencia ante criterios subjetivos y políticos, antes que normativos, respecto al estatus asignado a los actores armados en Colombia.

Para concluir, vale la pena afirmar que ninguno de los actores del conflicto armado colombiano en la actualidad opera con la estricta pureza de la ideología y del altruismo político, ni persisten en la confrontación los fines exclusivamente delictivos o económicos.

Referencias

Alarcón, R., Otálora, G., y Machado, S. (2016). La noción de "sociedad" en el derecho internacional. En R. Urueña (ed.), *Derecho internacional. Poder y límites del derecho en la sociedad global* (pp. 61-99). Universidad de los Andes.

Céspedes-Báez, L. (2016). La posición del individuo en el derecho internacional: Del nacimiento de la persona natural a la vida jurídica internacional. En R. Urueña (ed.), *Derecho internacional. Poder y límites del derecho en la sociedad global* (pp. 179-207). Universidad de los Andes.

Comisión de la Verdad. (s. f.). El reciclaje de la guerra. https://www.comisiondelaverdad.co/el-reciclaje-de-la-guerra

Comisión de la Verdad. (2022). *Convocatoria a la paz grande. Declaración de la comisión para el esclarecimiento de la verdad, la convivencia y la no repetición*. https://www.comisiondelaverdad.co/convocatoria-la-paz-grande-0

Comité Internacional de la Cruz Roja (CICR). (2008, marzo). ¿Cuál es la definición de «conflicto armado» según el derecho internacional humanitario? https://www.icrc.org/es/doc/assets/files/other/opinion-paper-armed-conflict-es.pdf

Comité Internacional de la Cruz Roja (CICR). (2012). *Protocolos Adicionales de 1977 a los Convenios de Ginebra del 12 de agosto de 1949*. Comité Internacional de la Cruz Roja. https://www.icrc.org/spa/assets/files/publications/icrc-003-0321.pdf

Comité Internacional de la Cruz Roja (CICR). (2015). Derecho Internacional Humanitario: respuestas a sus preguntas. https://reliefweb.int/attachments/e77923f4-8977-3543-ab02-128e6fa4efb2/icrc-003-0703.pdf

Comité Internacional de la Cruz Roja (CICR). (2024). Balance Humanitario 2024 Colombia. https://www.icrc.org/sites/default/files/document_new/file_list/balance_humanitario_-_version_digital_2024.pdf

Congreso de la República de Colombia. (1930, 11 de noviembre). Ley 29 de 1930. *Por el cual se autoriza al gobierno para adherir a un pacto internacional*. https://sidn.ramajudicial.gov.co/SIDN/NORMATIVA/TEXTOS_COMPLETOS/7_LEYES/LEYES %20 1930/Ley %2029 %20de %201930 %20(Autoriza %20al %20gobierno %20para %20adherir %20un %20Pacto %20Internacional).pdf

Congreso de la República de Colombia. (1997, 26 de diciembre). Ley 418 de 1997. *Por la cual se consagran unos instrumentos para la búsqueda de la convivencia, la eficacia de la justicia y se dictan otras disposiciones*. https://www.funcionpublica.gov.co/eva/gestornormativo/norma.php?i=6372

Congreso de la República de Colombia. (2022, 4 de noviembre). Ley 2272 de 2022. *Ley de Paz Total*. https://www.funcionpublica.gov.co/eva/gestornormativo/norma.php?i=197883#:~:text=Paz%20total%3A%20La%20pol%C3%ADtica %20de,y%20 sometimiento%20a%20la%20justicia.

Corte Constitucional de Colombia. (2007, 25 de abril). Sentencia C-291 (Manuel José Cepeda Espinosa M. P.). https://www.corteconstitucional.gov.co/relatoria/2007/c-291-07.htm

Defensoría del Pueblo de Colombia. (2023, 3 de abril). "El Estado se dejó coger ventaja del Clan del Golfo": Defensor del Pueblo. https://defensoria.gov.co/-/-el-estado-se-dej %C3 %B3-coger-ventaja-del-clan-del-golfo-defensor-del-pueblo

Duncan, G. (2023, marzo 28). Reciclaje. La paz total será la suma de muchas paces parciales en un entretanto lleno de reciclajes de guerras. *El Tiempo*. https://www.eltiempo.com/opinion/columnistas/gustavo-duncan/reciclaje-columna-de-gustavo-duncan-754391

Echavarría, J., Gómez, M., Forero, B., Álvarez, E., Astaíza, J., Balen, M., Campos, P., Córdoba, E., Fajardo, J., Gutiérrez, E., Hernández, L., Joshi, M., Kielhold, A., Márquez, J., Menjura, T., Mosquera, R., Mosquera, E., Quinn, L., Quinn, J., Zúñiga, I. (2024). *Siete años de implementación del Acuerdo Final: perspectivas para fortalecer la construcción de paz a mitad de camino*. Notre Dame; Matriz de Acuerdos de Paz; Instituto Kroc de Estudios Internacionales de Paz; Escuela Keough de Asuntos Globales. DOI: 10.7274/25651275.

El Nuevo Siglo. (2022, 6 de noviembre). Único actor con carácter político es el ELN: De la Calle. https://www.elnuevosiglo.com.co/articulos/11-04-2022-unico-actor-con-caracter-politico-es-el-eln-de-la-calle

Faleh, C., y Villán, C. (2017). *El Derecho Humano a la Paz y la In (Seguridad) Humana. Contribuciones Analíticas*. Asociación Española para el Derecho Internacional de los Derechos Humanos.

Ferrajoli, L. (2007). *Principia iuris. Teoría del derecho y de la democracia. 1. Teoría del Derecho*. Trotta.

Giraldo, J., Fortou, J., y Gómez, M. (2019). 200 años de guerra y paz en Colombia: números y rasgos estilizados. *Co-herencia*, *16*(31), 357-371. https://doi.org/10.17230/co-herencia.16.31.11

Gutiérrez, F. (2022). Prólogo. En J. Giraldo, L. Luna, F. Muggenthaler y S. Peters (eds.), *¿Del paramilitarismo al paramilitarismo? Radiografías de una paz violenta en Colombia* (pp. 13-22). Fundación Rosa Luxemburg.

Grasa, R. (2007). Vínculos entre seguridad, paz y desarrollo: evolución de la seguridad humana operacionalización. *Revista CIDOB*, *76*, 9-46. https://raco.cat/index.php/RevistaCIDOB/article/view/55705

Gros, H. (2005). El Derecho Humano a la Paz. En J. Woischnik (ed.), *Anuario de Derecho Internacional Latinoamericano* (pp. 517-546). Konrad-Adenauer-Stiftung. https://revistas-colaboracion.juridicas.unam.mx/index.php/anuario-derecho-constitucional/article/view/30271/27324

Harto De Vera, F. (2004). La construcción del concepto de paz: paz negativa, paz positiva y paz imperfecta. *Cuadernos de Estrategia: Política y violencia: comprensión teórica y desarrollo en la acción colectiva*, *183*, 119-146. https://dialnet.unirioja.es/descarga/articulo/5832796.pdf

Klabbers, J. (1996). The Redundancy of Soft Law. *Nordic Journal of International Law*, *65*(2), 167-182.

Letts, N. (2016). El uso de la fuerza en derecho internacional. En R. Urueña (ed.), *Derecho internacional. Poder y límites del derecho en la sociedad global* (pp. 239-259). Universidad de los Andes.

Mazzuoli, V. de O. (2019). *Derecho Internacional Público Contemporáneo*. Bosch Editor.

Ministerio de Defensa Nacional. (2023). *Política de Seguridad, Defensa y Convivencia Ciudadana*. https://www.mindefensa.gov.co/ministerio/centro-de-documentos/politicas-sectoriales/politica-de-defensa-y-seguridad

Muñoz, J. (2018). Usos políticos del concepto de seguridad humana: securitización de la violación de derechos humanos y del subdesarrollo en el escenario internacional. *Territorios*, *39*, 21-46. https://doi.org/10.12804/revistas.urosario.edu.co/territorios/a.6232

Organización de Estados Americanos. (2022, 30 de septiembre). Proyecto de Declaración. Respaldo a la Paz Total en Colombia. https://www.cancilleria.gov.co/sites/default/files/FOTOS2020/Declaracio %CC %81n %20Respaldo %20Paz %20Total.pdf

Organización de las Naciones Unidas. (1948). Declaración Universal de Derechos Humanos. https://www.un.org/es/about-us/universal-declaration-of-human-rights

Organización de las Naciones Unidas. (1984). Resolución 39/11 de la Asamblea General de Naciones Unidas "Declaración sobre el derecho de los pueblos a la paz", https://www.ohchr.org/es/instruments-mechanisms/instruments/declaration-right-peoples-peace

Organización de las Naciones Unidas. (1998). Resolución 52/15 de la Asamblea General de Naciones Unidas "Año Internacional de la Cultura de Paz" https://documents.un.org/doc/undoc/gen/n98/760/30/pdf/n9876030.pdf

Organización de las Naciones Unidas. (2015). Resolución 70/1 de la Asamblea General de Naciones Unidas "Transforming our world: the 2030 Agenda for Sustainable Development" [o Transformando nuestro mundo: la agenda 2030 sobre los Objetivos de Desarrollo Sostenible"] https://ggim.un.org/documents/A_Res_70_1_e.pdf

Organización de las Naciones Unidas. (2022, 12 de octubre). La ONU aplaude el planteamiento de paz total del nuevo ejecutivo colombiano. https://news.un.org/es/story/2022/10/1516092

Organización de las Naciones Unidas. (ONU). (1945). Carta de las Naciones Unidas. https://www.un.org/es/about-us/un-charter

Petro, G. (2022, agosto 7). Discurso de Posesión de Gustavo Petro. *Cuestión Pública*. https://cuestionpublica.com/discurso-de-posesion-gustavo-petro/

Pineda, M. (2023, abril 19). "El reciclaje de la violencia es de lo más problemático": Danilo Rueda. *Caracol Radio*. https://caracol.com.co/2023/04/19/el-reciclaje-de-la-violencia-es-de-lo-mas-problematico-danilo-rueda/

Sturla, C. (2020). La razón de Estado en Maquiavelo y Gramsci. *Tábano, 16*, 70-80. https://doi.org/10.46553/tab.16.2020.p70-80

Valencia, G. (2019). *Organizarse para negociar la paz: gobernanza de la paz negociada en Colombia, 1981-2016*. Editorial Universidad de Antioquia.

Valencia, G. (2022). La Paz Total como política pública. *Estudios Políticos, 65*, 1-21. https://doi.org/10.17533/udea.espo.n65a01

Reynoso, L. (2023, junio 9). El jefe negociador del ELN afirma que la suspensión de los secuestros y las extorsiones no está incluida en el cese al fuego. *El País*. https://elpais.com/america-colombia/2023-06-09/el-jefe-negociador-del-eln-afirma-que-la-suspension-de-los-secuestros-y-las-extorsiones-no-esta-incluida-en-el-cese-al-fuego.html

Capítulo 3

POLICÍA, VIOLENCIA, PROTESTA SOCIAL Y SEGURIDAD HUMANA*

Pablo Emilio Angarita Cañas**

Natalia Pérez Puerta***

Yhony Alexander Osorio Valencia***

> Transformaremos el enfoque de la seguridad basada en la construcción y eliminación del enemigo interno para pasar a una seguridad humana basada en la igualdad, la protección de la soberanía nacional, la seguridad ciudadana, el cuidado de la vida y la naturaleza, aspectos desarrollados a lo largo de este Programa. Avanzaremos en la desmilitarización de la vida social.
>
> Programa de Gobierno 2022-2026, Petro (2022a).

Introducción

La Policía tiene, entre sus múltiples responsabilidades, una función muy delicada: mantener el orden. Para ello, la ley le otorga la potestad de hacer uso de

---

* Este capítulo es resultado del proyecto de investigación *El uso de la fuerza policial colombiana durante las protestas sociales de 2021*, inscrito en el SIIU con el código 2023-63372, financiado con recursos de la Convocatoria Permanente de la Facultad de Derecho y Ciencias Políticas de la Universidad de Antioquia.

** Investigador principal. Profesor jubilado de la Universidad de Antioquia. Investigador emérito vitalicio de Minciencias. Integrante del grupo de investigación Conflictos, Violencias y Seguridad Humana de la Universidad de Antioquia.

*** Integrantes de la línea *Seguridad y Derechos Humanos* del grupo de investigación Conflictos, Violencias y Seguridad Humana de la Universidad de Antioquia.

la fuerza si fuera necesario. Según el artículo 218 de la Constitución Política de Colombia:

> La Policía Nacional es un cuerpo armado permanente de naturaleza civil, a cargo de la nación, cuyo fin primordial es el mantenimiento de las condiciones necesarias para el ejercicio de los derechos y libertades públicas, y para asegurar que los habitantes de Colombia convivan en paz. (Constitución Política de Colombia, 1991).

En las multitudinarias marchas de protesta ocurridas en los años recientes en Colombia, y en especial durante el denominado "estallido social" de 2021, se registraron acciones policiales que dejaron un trágico saldo de muertos y lesionados, tanto de los marchantes como del Escuadrón Móvil Antidisturbios (ESMAD) de la Policía. Estos hechos, conocidos ampliamente y divulgados por los medios de comunicación tradicionales y las redes sociales, encendieron las alarmas acerca del uso de la fuerza policial y sus límites, lo que llevó a gran parte de la opinión pública a reavivar el debate acerca del comportamiento del ESMAD e incluso de su propia existencia. Una de las consecuencias de los enfrentamientos y los procedimientos de la Policía durante las protestas sociales fue el fortalecimiento de diversas iniciativas sociales y destacamentos de jóvenes que enarbolaron la bandera de suprimir el ESMAD, reivindicación que fue recogida en el programa de gobierno del entonces candidato y hoy presidente de la República de Colombia.

Pasado más de un año de la administración del Pacto Histórico se han presentado algunos cambios en la Policía, que parecen ser menos de los anunciados. Aun así, queda pendiente por analizar asuntos que, aunque parezcan elementales, revisten gran profundidad. Por ejemplo, ¿qué significa el uso de la fuerza por parte de una institución del Estado? Ligado a ello, es inevitable retomar la reflexión acerca de cuáles son los fundamentos de ese uso de la fuerza policial, tanto en su contexto sociopolítico como en sus bases legales y constitucionales. Del mismo modo, urge examinar las condiciones psicosociales de los miembros de la Policía, en su insondable mundo subjetivo dentro de la institución. ¿Qué ocurre en el ser de estos individuos que visten un uniforme, portan armas y que la ley les otorga la potestad de usar la fuerza?, ¿cuáles son las condiciones que se deberían exigir a esos ciudadanos, en concordancia con los derechos humanos y los principios del Estado social de derecho consagrado en el ordenamiento jurídico y político de Colombia?

De estos tópicos nos ocupamos en este capítulo, con la pretensión de auscultar los fenómenos en su doble dimensión: objetiva y subjetiva. Pero quisimos ir más allá del dato estadístico o de las denuncias por abuso de la fuerza por parte de los encargados del orden; ante todo, nos acercamos a la comprensión de esta situación con el claro propósito de aportar a su transformación.

El Gobierno del Pacto Histórico en reiterados espacios se ha comprometido con una política de seguridad bajo el enfoque de la Seguridad Humana, que a su vez contiene su política de Paz Total, la cual debe ser la brújula orientadora del accionar de la Policía. Con ese propósito, en las últimas secciones de este capítulo nos adentramos en lo que puede significar la seguridad humana para la Policía y el comportamiento que se esperaría de ella bajo estos nuevos lineamientos. A manera de conclusiones, dejamos planteadas unas pistas para empezar a evaluar las transformaciones que se anuncian y las que la sociedad espera. Finalizamos con recomendaciones provisionales, con la intención de profundizar el debate, tanto en las instancias formales, como el Congreso de la República, la Policía o la academia, como en el conjunto de la sociedad. Esperamos así contribuir a la reflexión y promover propuestas que expresen abiertamente el tipo de Policía que necesitamos y deseamos, así como los pasos a seguir para alcanzar tan anhelado objetivo.

Definición del uso de la fuerza

Según Birkbeck y Gabaldón (2002), el uso de la fuerza policial puede ser definido como: "el uso efectivo o la inminente amenaza del uso de cualquier forma de coacción o incapacitación física contra un ciudadano" (p. 127). Este fenómeno está transversalizado por contextos legales e institucionales, en los que aparecen prescripciones penales, civiles, procedimentales, reglamentarias, entre otras, que establecen diques a su aplicación para garantizar una mayor legitimidad.

Desde una perspectiva normativa, el uso de la fuerza es una facultad exclusiva de la autoridad, para aplicar de manera gradual técnicas policiales para el control y aseguramiento de individuos o grupos, con el fin de salvaguardar la integridad de las personas, su patrimonio, sus derechos, sus libertades y mantener el orden público (Secretaría de gobernación, s. f.).

Para su aplicación, el funcionario encargado de hacer cumplir la ley deberá acudir a métodos y procedimientos con los que se permita graduar la intensidad de lesividad y diferenciar los medios a utilizar, según el contexto y las situaciones de riesgo, los cuales deberán enmarcarse en los estándares internaciones existentes en la materia (Secretaría de gobernación, s. f.).

En Colombia, el uso de la fuerza se encuentra definido, entre otras codificaciones, por el artículo 166 del Código Nacional de Seguridad y Convivencia Ciudadana, en el cual se describe como "el medio material, necesario, proporcional y racional, empleado por el personal uniformado de la Policía Nacional, como último recurso físico para proteger la vida e integridad física de las personas incluida la de ellos mismos" (Ley 1801 de 2016).

Ahora bien, para comprender el uso de la fuerza, es necesario analizar los componentes políticos, jurídicos y psicosociales que legitiman su manifestación.

Fundamentos políticos, jurídicos y psicosociales del uso de la fuerza policial y sus límites

La Policía es una institución que existe en todos los países del mundo. En Colombia fue creada por mandato constitucional hace más de cien años y está facultada para hacer uso de la fuerza, bajo circunstancias que así lo ameriten. Aunque esto es ampliamente conocido, cuando se presentan hechos de corrupción, de abuso policial o de ausencia de esta, en el imaginario social rondan preguntas como: ¿qué hace la policía?, ¿qué pasaría si en una sociedad no existiera la policía?, ¿quién decide qué la policía pueda portar armas y usarlas?, ¿quién puede verificar o calificar una conducta policial como un abuso y qué consecuencias conlleva éste?

Responder a estos interrogantes nos remite a cuestiones esenciales del mundo actual, en particular a la relación entre la sociedad y el Estado, y sus instituciones, específicamente aquellas revestidas del poder de ejercer violencia, como es el caso de la fuerza pública y en especial de la Policía.

Fundamentos políticos

Los teóricos del Estado moderno, desde diferentes vertientes de análisis, coinciden en señalar que todo Estado tiene, como mínimo, dos componentes esenciales de carácter permanente: la fuerza y la burocracia administrativa. El primero, es el aparato militar encargado de la represión (militar y policiva); el segundo es el aparato administrativo, ambos esenciales al poder del Estado. Así lo define Max Weber (1979), el destacado sociólogo, "Estado moderno es una asociación de dominación con carácter institucional que ha tratado, con éxito, de monopolizar dentro de un territorio la violencia física legítima como medio de dominación" (p. 92). En el mismo sentido Lenin (1973), el líder de la revolución rusa, siguiendo el pensamiento marxista, considera que:

> El Estado surge como producto de las irreconciliables contradicciones de clase. Se forma en el momento en que estas contradicciones no pueden ser ajustadas, [de donde concluye que:] El Estado es un órgano de dominación de clase, de opresión de una clase por otra, legaliza y afirma esta opresión. El

tipo de Estado es definido por la clase a la que sirve, el Estado corresponde a una formación económica-social. (p. 7).

Más allá de cualquier valoración axiológica sobre el sistema socioeconómico y político en cuestión, lo cierto es que las instituciones armadas del Estado tienen como propósito garantizar el orden en la sociedad. En ese sentido, es comprensible que la fuerza pública de un Estado tenga una naturaleza conservadora, en tanto busca preservar el *statu quo*. En esa dinámica social, se entiende el rol de una institución como la Policía Nacional, que tiene la misión de defensa del orden público. Pero ¿de cuál orden?

La legitimidad del accionar de la Policía está basada en la idea de orden que tiene una sociedad, la cual se expresa y consagra en sus ordenamientos jurídicos. De ahí que, en las sociedades modernas, de acuerdo con el modelo weberiano, exista una estrecha relación entre legitimidad y legalidad. En un Estado de derecho, se entiende que la legitimidad del poder público deviene del respeto a los procedimientos jurídicos que están clara y expresamente estipulados en la constitución y la ley. Por ello, cuando existen dudas sobre la legitimidad de una acción policial, es necesario remitirse a lo consagrado en las normas para dirimir estos cuestionamientos. Sin embargo, dado que las sociedades son cambiantes y ciertas conductas que ayer pudieron ser aceptadas socialmente hoy pueden ser valoradas como equivocas o violatorias de derechos, llegan momentos en las sociedades en los que la ley misma pierde legitimidad y amerita ser cambiada para adecuarla a la nueva realidad socio cultural. Basta un solo ejemplo, pensemos en el "maltrato animal", conducta penalizada actualmente que, hasta hace pocos años, carecía de sanción. En ese entonces, ni la policía ni autoridad alguna podría intervenir; a diferencia de ahora, cuando el maltrato animal es sancionado por la ley y repudiado por la mayoría de la sociedad.

En ese contexto, hay que entender que la legitimidad del accionar de la Policía está fundamentada en el propio sistema jurídico (Constitución, leyes y jurisprudencia). No obstante, las normas jurídicas reflejan las formas de pensar y actuar de una sociedad que a su vez es cambiante. De modo que los cambios en las prácticas culturales de una sociedad pueden poner en entredicho la propia ley y, por tanto, la legitimidad de las instituciones que la sustentan.

Las conductas policiales que pudiesen ser consideradas abusos deben ser atendidas por los órganos de control y sanción establecidos por la propia ley, los cuales actúan ya sea en respuesta a las denuncias de la ciudadanía o *motu proprio*, en tanto se trata de conductas realizadas por funcionarios públicos en ejercicio de sus funciones.

En síntesis, tanto las leyes como la legitimidad de las instituciones son procesos sometidos a cambios y responden a las dinámicas de las sociedades. Desde la sociología política, se establece que existe una relación inversamente proporcional entre la coerción y el consenso. Esto quiere decir que, en una sociedad, entre mayor consenso se tenga frente a la ley y el orden, se requerirá menos coerción y viceversa. Cuando una institución como la Policía abusa de su poder y ejerce la violencia, deja de ser legítima, no solo desde el punto de vista legal, sino también desde el sentir de la ciudadanía. Esto afecta la legitimidad política del Estado en su conjunto, pues la Policía no es una rueda suelta, sino una pieza clave del engranaje institucional y del conjunto de los poderes públicos. Como consecuencia, se pone en riesgo la gobernabilidad y la estabilidad institucional, lo que puede llevar a una crisis de gobierno o, en casos extremos, del propio Estado, como ha ocurrido históricamente en los países que han vivido revoluciones políticas.

Fundamentos jurídicos

El uso de la fuerza policial sea proporcional o irracional, impacta de manera directa la legitimidad no solo de la Policía como institución, sino también del Estado como entidad política. Como se ha indicado, la Policía hace parte de un engranaje institucional que posibilita el funcionamiento del Estado: asegura la estabilidad del orden y la seguridad pública, ayuda al cumplimiento de la ley, la protección de los derechos y las libertades, y previene y combate el delito. Tener claridad en este aspecto da pistas para responder a las preguntas: ¿cuáles son los fundamentos jurídicos que facultan a la policía para el uso de la fuerza?, ¿cuáles son los límites del uso de la fuerza policial?

Lo primero que debe decirse es que la Constitución Política de Colombia, en el artículo 218, establece que la Policía Nacional es un “cuerpo armado permanente de naturaleza civil a cargo de la Nación”, cuya finalidad es mantener las condiciones necesarias para el ejercicio de los derechos y libertades públicas y la convivencia en paz de los ciudadanos colombianos (Constitución Política, 1991). De ahí que, en el marco del Estado social de derecho, se le haya facultado la posibilidad de requerir preventivamente a los ciudadanos, incluso haciendo uso de la fuerza, para salvaguardar el cumplimiento de los deberes sociales y el respeto de los derechos de la población.

La reglamentación actual del uso de la fuerza policial en Colombia se ha nutrido de diferentes fuentes que, al tiempo que la fundamentan, establecen límites en su aplicación: i) normatividad internacional convencional y no convencional; ii) disposiciones constitucionales; iii) legislación nacional; y iv) disposiciones administrativas emitidas por el poder ejecutivo y la Dirección General de la Policía Nacional.

i) Normatividad internacional convencional: respecto a la normatividad internacional convencional, con la ratificación del Pacto Internacional de Derechos Civiles y Políticos (Naciones Unidas, 1966) y, posteriormente, la Convención Americana de Derechos Humanos, el Estado colombiano se comprometió a velar por el respeto a la vida, la libertad, la integridad física, y el debido proceso. Estos derechos modulan el uso de la fuerza, e imponen una carga de racionalidad y proporcionalidad al Estado parte, al momento de desplegarla.

Asimismo, con la ratificación del Pacto Internacional de Derechos Económicos, Sociales y Culturales en sus artículos 8.1, 8.2 y 12 (Naciones Unidas, 1966a), el Estado se comprometió a proteger y garantizar el ejercicio de los derechos de esta naturaleza, y con ello a no restringir derechos como el de asociación, reunión y huelga. Esto implica que el uso de la fuerza debe estar enmarcado en el respeto a tales derechos y no convertirse en una herramienta para restringir su ejercicio.

De igual manera, la Convención Contra la Tortura y otros tratos o penas crueles, inhumanos o degradantes (Naciones Unidas, 1984), prohíbe que se inflijan intencionalmente dolores o sufrimientos graves, físicos o mentales a una persona, con el fin de obtener información, confesión, o utilizarlos como forma de castigo. El Estado se encuentra obligado a tomar medidas legislativas, administrativas y judiciales para evitar la ocurrencia de este tipo de actos y por lo tanto evitar que, a través del uso de la fuerza policial, se violen los compromisos adquiridos con la ratificación de esta convención.

ii) Normatividad internacional no convencional: dentro de los instrumentos internacionales no convencionales, el uso de la fuerza está amparado y limitado por la Declaración Universal de Derechos Humanos (Naciones Unidas, 1948) —artículos 3 y 5— y la Declaración Americana de los Derechos y Deberes del Hombre (OEA, 1948) —artículo 1—. Asimismo, el Código de conducta para funcionarios públicos encargados de hacer cumplir la ley (Asamblea General de las Naciones Unidas, 1979), en el que se prescribe que los funcionarios podrán usar la fuerza solo cuando sea estrictamente necesario y en la medida que lo requiera el desempeño de sus tareas.

Además, en los veintiséis principios básicos sobre el empleo de la fuerza y de las armas de fuego por funcionarios encargados de hacer cumplir la ley (Asamblea General de las Naciones Unidas, 1990), se dispone que los organismos encargados de hacer cumplir la ley tienen el compromiso de revisar constantemente las cuestiones éticas relacionadas con el empleo de la fuerza, uso diferenciado de la misma y uso de armas de fuego. Esto con el fin de restringir y limitar, cada vez más, el empleo de artefactos que puedan ocasionar lesiones o muertes frente a quienes se utilizan. Paralelamente, dicen que se debe avanzar en la creación de equipos de autoprotección para los funcionarios, como escudos, cascos, chalecos y medios de transporte blindados, que reduzcan la necesidad de usar armas de cualquier tipo al momento de emplear la fuerza. Por último, indican que cuando se seleccionen los funcionarios que integrarán la institución y que estarán autorizados para el uso de la fuerza, se verifique que posean aptitudes éticas, psicológicas y físicas apropiadas para el ejercicio eficaz de sus funciones.

iii) Disposiciones constitucionales y legislación nacional: por otro lado, en el marco del ordenamiento jurídico nacional, el uso de la fuerza se ve afectado por los artículos 2, 6, 11, 12, 81, 90, 93, 212, 216, 218 y 222 de la Constitución Política de Colombia (1991). En cuanto a la normatividad específica, el uso de la fuerza se encuentra regulado por el artículo 166 del Código Nacional de Seguridad y Convivencia Ciudadana, en el cual se reitera la titularidad del uso de la fuerza policial en los uniformados de la Policía Nacional. Para su uso, no será necesario un mandamiento previo y escrito, solo se tendrá como condición el hecho de impedir o superar las amenazas o perturbaciones de la convivencia y la seguridad pública, de conformidad con la ley (Ley 1801 de 2016).

El artículo 166 de la Ley 1801 de 2016 identifica los momentos en los que puede hacerse uso de la fuerza policial, planteando diferentes escenarios como: i) para prevenir la comisión de comportamientos que afecten la convivencia; ii) para hacer cumplir las medidas judiciales y administrativas establecidas en la ley, y que exista resistencia por el ciudadano; iii) como medio de legítima defensa; iv) para prevenir una emergencia o calamidad pública; etc.

Los uniformados de la institución están en la obligación de suministrar el apoyo de su fuerza, ya sea por iniciativa propia o a solicitud de quien requiera su asistencia, en pro de proteger su vida; la de terceros; sus bienes; domicilio o libertad personal (Ley 1801 de 2016).

iv) Disposiciones administrativas emanadas del poder ejecutivo y límites al ejercicio del uso de la fuerza policial: dentro de la legislación nacional y disposiciones administrativas, también debe tenerse en cuenta el Estatuto Disciplinario Policial (Ley 2196 de 2022) en el que se consagra como falta gravísima el causar daño a la integridad de las personas por el uso excesivo de la fuerza —artículo 45—, lo que le generaría al uniformado como sanción su destitución e inhabilidad de diez a veinte años para ejercer cargos públicos —artículo 50—.

Asimismo, como leyes que sancionan el uso arbitrario de la fuerza, se encuentra el Código Penal Militar (Ley 1407 de 2010) y el Código Penal (Ley 599 de 2000) que, a través de diferentes tipos penales, buscan castigar la afectación de bienes jurídicos tutelados como la vida; integridad personal y la libertad individual, que pueden verse amenazados por el empleo arbitrario de la fuerza y que de llegar a transgredirse los uniformados se exponen a penas privativas de su libertad.

De otro lado, no puede perderse de vista la reglamentación que se ha dado desde el Poder Ejecutivo con la expedición del Reglamento para el uso de la fuerza y el empleo de armas, municiones, elementos y dispositivos menos letales, por la Policía Nacional (Resolución 02903 de 2017), y el Estatuto de reacción, uso y verificación de la fuerza legítima del Estado y protección del derecho a la protesta pacífica ciudadana (Decreto 003 de 2021).

Como limitación a este derecho, el ejercicio del uso de la fuerza deberá estar enmarcado en: i) el principio de necesidad, que obliga a que el policía solo pueda utilizar la fuerza y las armas de fuego, cuando los demás medios resulten ineficaces para obtener el resultado previsto, ii) el principio de legalidad, que prescribe que el uso de la fuerza debe cumplir con las leyes y normas adoptadas por el Estado colombiano, iii) el principio de proporcionalidad, que impone al uniformado hacer uso de la fuerza y las armas de manera moderada y en proporción a la gravedad de la amenaza, eligiendo el medio que pueda causar menor afectación a la integridad de la persona y bienes, iv) el principio de racionalidad, que exige al uniformado decidir cuál es el nivel de fuerza que debe aplicar según el escenario en el que se encuentra y de acuerdo con la normatividad vigente.

Además de los principios, al momento de llevar a cabo un procedimiento, los uniformados deberán aplicar "el uso diferenciado de la fuerza", que según el artículo 4 del Estatuto mencionado:

> Se presenta de acuerdo a los niveles de resistencia que puede ejercer la persona intervenida en un procedimiento, el uso diferenciado de la fuerza debe ser entendido de forma dinámica, pudiendo escalar o desescalar de acuerdo al nivel de resistencia. (Decreto 003 de 2021).

v) Niveles "de resistencia": las conductas y comportamientos asumidos por los ciudadanos determinan la clasificación de los niveles de resistencia al cumplimiento de las órdenes dadas por la policía. Los cuales son clasificados en: i) resistencia pasiva y ii) resistencia activa. Como se muestra a continuación (ver figura 1):

Figura 1. Niveles de resistencia

NIVELES DE RESISTENCIA					
RESISTENCIA PASIVA			RESISTENCIA ACTIVA		
Riesgo latente	**Cooperador**	**No cooperador**	**Resistencia física**	**Agresión no letal**	**Agresión letal**
Es la amenaza permanente no visible presente en todo el procedimiento policial	Persona que acata todas las indicaciones del efectivo policial.	Persona que no acata las indicaciones. No reacciona ni agrede.	Se opone a su reducción, inmovilización y/o conducción, llegando a un nivel de desafío físico contra los uniformados.	Agresión física contra los uniformados o terceros involucrados en el procedimiento. Con o sin utilización de objetos.	Agresión que pone en peligro inminente de muerte o lesiones graves al uniformado o personas involucradas en el procedimiento.

Fuente: elaboración propia, a partir del contenido del artículo 10 de la Resolución 02903 del 23 de junio de 2017, de la Policía Nacional

Dependiendo del nivel de resistencia, se aplicará el uso de la fuerza, la cual podrá ser "preventiva" —se logra con la presencia policial, comunicación y disuasión—; o "reactiva" —fuerza física, armas menos letales, armas de fuego—. Como se muestra a continuación (ver figura 2), podrá ir desde una respuesta sin afectación a la integridad física, o llegar a causar una grave lesión corporal o la muerte (Resolución 02903, 2017).

Figura 2. Resistencia del intervenido y respuesta del efectivo policial

Agresividad letal
Fuerza letal
Agresividad no letal
Tácticas no letales
Resistencia física
Control físico
No cooperador
Control de contacto
Cooperador
Verbalización
Riesgo latente
Presencia policial
Resistencia del intervenido
Respuesta del efectivo policial

Fuente: Valderrama (2021).

Fundamentos psicosociales

Desde una perspectiva psicosocial, el uso de la fuerza policial debe ser visto de manera multicausal entre cuatro componentes que, aunque serán descritos individualmente se influyen entre sí: i) componentes situacionales; ii) componentes individuales; iii) componentes legales; y iv) componentes institucionales (ver figura 3).

Figura 3. Componentes psicosociales del uso de la fuerza policial.

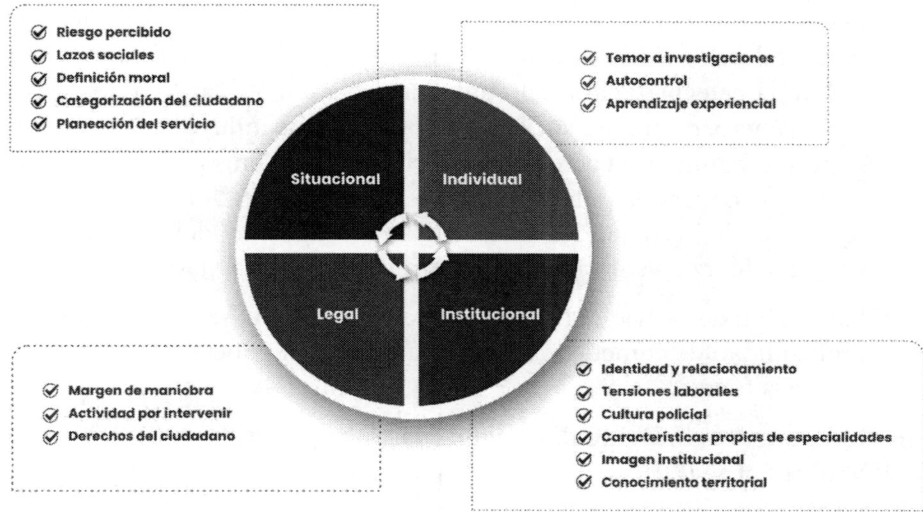

Fuente: elaboración propia.

i) Componentes situacionales: dependen del contexto donde se presenta el uso de la fuerza policial y, según Gabaldón (2019), Silva Forné (2019), Barrera (2019), Garriga (citado por Martínez y Sorribas, 2014), Martínez y Sorribas (2014) y Pérez Puerta (2017), son:

- Riesgo percibido: el hecho de trabajar en espacios sociales hostiles y violentos, el experimentar situaciones consideradas directamente amenazantes, la resistencia activa a la detención usando armas de fuego o cortopunzantes, la inminente amenaza a la integridad física del funcionario o un tercero y la actuación policial desencadenada por delitos de mayor gravedad, aumentan la probabilidad del uso de la fuerza policial.
- Lazos sociales: la Policía Nacional está llamada a fortalecer el lazo Estado-Comunidad. Por ello, los uniformados deben ser referentes sociales para visibilizarse como una institución cercana a la comunidad. Es fundamen-

tal entender que los vínculos de confianza mutua e intervención por el bien común en los territorios barriales y el fortalecimiento de los lazos sociales entre la comunidad y la institucionalidad se convierten en un factor preventivo ante los abusos policiales. Sin embargo, estos se ven afectados por una "matriz negativa de opinión", reforzada por medios de comunicación que difunden mayormente hechos violentos de los uniformados y no las acciones positivas realizadas.

- Definición moral: los uniformados otorgan "definiciones morales" que diferencian la habilidad o inhabilidad del uso de la fuerza, siendo moralmente tolerable el uso de la fuerza en algunas situaciones. Estas se alimentan de la categorización del ciudadano, basada en características como edad, género, raza, clase social, entre otras, lo que influye en la manera que se perfila y anticipa la actuación policial. Ahora bien, en el contexto de las protestas sociales, la población es diferenciada entre "los agitadores" y "el resto", siendo los segundos merecedores del "aguante" del uniformado y el uso de la fuerza justificado si se utiliza frente a "los agitadores".
- Planeación del servicio: La posibilidad de planear el servicio disminuye la probabilidad de cometer errores en la actuación policial y por tanto en el uso de la fuerza.

ii) Componentes individuales: según Martínez y Sorribas (2014), Gabaldón (2019) y Silva Forné (2019), los factores que conciernen propiamente al uniformado son:

- Temor a investigaciones: el "temor" por verse involucrado en investigaciones administrativas o penales por el uso de la fuerza influye en el nivel de su uso.
- Autocontrol: conlleva a modular el comportamiento propio y es concebido, en algunas especialidades, como un atributo de superioridad y distinción.
- Aprendizaje experiencial: el uniformado aprende de las vivencias durante el servicio, generando "recetas prácticas" de actuación ante las situaciones que se puedan presentar y predisponiendo el uso de la fuerza en su actuar.

iii) Componentes legales: retomando a Muir (citado por Silva, 2019) y Barrera (2019), desde una perspectiva psicosocial, los principales componentes legales que influyen son:

- Margen de maniobra: evidenciar dificultades para "amenazar" con recursos legales, sociales o económicos a un infractor aumenta la posibilidad de utilizar la fuerza física.

- Actividad por intervenir: en las intervenciones realizadas ante actividades ilegales no solo es inevitable sino necesario el uso de la fuerza para las pretensiones de control institucional sobre el cumplimiento de la ley.
- Derechos del ciudadano: los uniformados categorizan los derechos priorizando los que son fundamentales sobre los que no lo son, y frente a la manifestación social se encuentran en una dicotomía entre el derecho a la protesta y los derechos de otros ciudadanos que se pueden ver afectados por su ejercicio. Este dilema cobra importancia al momento de utilizar la fuerza para controlar la protesta.

iv) Componentes institucionales: la institucionalidad es influenciada por el actuar del uniformado y viceversa, por lo que, según Suarez de Garay (citado por Martínez y Sorribas, 2014), Hewstone (citado por Martínez y Sorribas, 2014), Terrill *et al.* (citado por Martínez y Sorribas, 2014), Barrera (2019), Silva (2019) y Martínez y Sorribas (2014), se destacan:

- Identidad y relacionamiento: los uniformados se adaptan y generan reconocimiento e identidad dentro de la institución, "re-conociendo" y "reproduciendo" habilidades, normas y valores, generando autorreferencia, lealtad grupal y un entorno simbólico que divide entre "nosotros" y los "otros" y creando una serie de explicaciones o justificaciones de la práctica policial.
- Tensiones laborales: comparten tensiones, actitudes y valores hacia los ciudadanos, jefes y procedimientos forjando una cultura policial; quienes actúan bajo la cultura "tradicional" comparten actitudes desfavorables y desdén hacia ciudadanos y supervisores y tienden a utilizar mecanismos coercitivos.
- Características propias de especialidades: las especialidades exigen características, por ejemplo, aptitudes como coraje, "temple" y masculinidad generan identidad, sentido y disfrute en los Policías Antidisturbios. Igualmente, cada procedimiento y especialidad presenta su nivel de autonomía/heteronomía y en ocasiones los uniformados aumentan los niveles de fuerza cumpliendo órdenes explícitas.
- Imagen institucional: la intervención en conflictos y protestas sociales implica la existencia de quejas ciudadanas, lo que genera un alto costo para la reputación institucional y una predisposición del ciudadano ante la presencia del uniformado. Adicionalmente, la Policía, como garante del mantenimiento del orden, no ha sido facultada para asumir el rol mediador en contextos de conflicto social. Esto la convierte en parte del conflicto

y genera costos en su imagen institucional, ya que no es responsable de garantizar el cumplimiento de los acuerdos entre los actores, lo que influye en la fuerza que ejerce el ciudadano hacia el policía y viceversa.

- Conocimiento territorial: los policías no suelen tener conocimiento territorial previo, ni preparación ante las dinámicas regionales o capacitación en teorías de la sociología de las masas y la protesta social. Aunque pudiese existir conocimiento de buenas prácticas y lecciones aprendidas, este no se sistematiza ni se comunica de manera efectiva.

Policía y seguridad humana (SH)

La doctrina y el actuar policial están enmarcados por el ordenamiento jurídico y por las políticas específicas definidas en cada mandato gubernamental. Así, las prioridades en materia de seguridad y los medios empleados por la Policía corresponden tanto a su formación en seguridad y protección de derechos, como al énfasis que le oriente el gobernante de turno.

En Colombia, como en la mayoría de los países occidentales, se impuso la idea de una seguridad dirigida a proteger instituciones, bienes y, a lo sumo, personas. Bajo esa visión, a la Policía se le asigna la misión de prevenir los delitos, como hurtos, asaltos a personas, residencias y entidades públicas o privadas. De esta manera, su accionar se vuelve protagónico en los medios de comunicación cuando persiguen el crimen y muestran resultados referidos a las capturas de delincuentes, decomisos de armas, dinero, estupefacientes y demás objetos ilícitos. Este enfoque "securitario"[1] se ha agravado en el contexto del conflicto armado interno y de "guerra contra las drogas", al extremo de que se le han asignado a la Policía labores propias del Ejército. Esto ha llevado a un proceso de militarización que ha desnaturalizado su función constitucional, ya que el artículo 218 de la Constitución Política de Colombia (1991) la define como un "cuerpo armado de naturaleza civil".

La política tradicional de seguridad de la Policía y del conjunto de la Fuerza Pública denominada, en casi todos los países, como Seguridad Pública respondía a una idea centrada en la defensa del Estado y sus instituciones. Esta idea se vio

---

1 Empleamos el término "securitario-a", para denotar una visión reduccionista de la seguridad, por la cual diversos problemas sociales o políticos son asumidos como problemas de seguridad, de lo que se derivan consecuencias en su tratamiento en el cual suele predominar el uso de la fuerza. Algunos críticos de la SH advierten que, incluso con ésta, también se corre el riesgo de securitizar las políticas sociales, si éstas son asumidas como asuntos de seguridad.

acentuada bajo el enfoque de la "Doctrina de la Seguridad Nacional"[2], que tuvo la más trágica expresión en las dictaduras del cono sur, desde donde se expandió a todo el continente americano (Bustos, 1990). Desde la Constitución Política de 1991, en Colombia, al igual que en otros países, se le fue modificando el nombre por el de "seguridad ciudadana"[3]. Esta, en apariencia, estaría centrada en el ciudadano y no en el Estado, y además buscaría desligarse de la ideología de la Doctrina de la Seguridad Nacional con su visión del "enemigo interno". No obstante, al juzgar por la manera como la Policía ha enfrentado muchas de las manifestaciones de protesta social, aún persisten ideas propias de la visión tradicional de seguridad. Esto fue evidente durante el "estallido social" del 2021, donde se presentaron varios casos de abuso policial contra manifestantes y otros ciudadanos, así como lesiones a uniformados.

En consonancia con el mandato constitucional, y a partir de las experiencias vividas en años recientes, el Programa del Gobierno Petro propuso "Una Policía civil para la vida y la seguridad humana", que pretendía ubicarla en el Ministerio del Interior o de Justicia. Consecuente con el enfoque de la SH, el Gobierno de Petro (2022a) proclamaba como prioridad:

> [R]ecuperar, a nivel institucional y operativo, el carácter civil del cuerpo policial y de acuerdo con ello, redefinir sus funciones y prioridades, que incluyen el desmonte del ESMAD y el tránsito a una fuerza orientada a la solución pacífica e inteligente de conflictos. (p. 45).

Ligado a ello, el Programa de Gobierno enfatiza que "[l]a nueva Policía garantizará la convivencia y seguridad humanas, no cumplirá funciones exclusivas de las fuerzas militares, ni prestará servicios de escolta, o administrativos no relacionados con sus funciones constitucionales" (Petro, 2022a, p. 45).

---

2 A propósito de lo que significó en América latina la Doctrina de la Seguridad Nacional existe una amplia literatura; en cuanto a su aplicación, véase en especial el estudio comparado entre Chile y Colombia de Velásquez (2009).

3 Desde finales del siglo XX, el Instituto Latinoamericano de las Naciones Unidas para la Prevención del Delito y el Tratamiento del Delincuente (ILANUD) alertó sobre el término "seguridad ciudadana" dados los malos antecedentes en América Latina, en donde empezó a ser usado por las fuerzas armadas y por las policías militarizadas durante los años setenta y ochenta, en los países que salían de dictaduras militares, como una forma renovada pero de similar contenido al de la Doctrina de la Seguridad Nacional (Carranza, 1997).

La seguridad humana

La historia del concepto de seguridad humana (SH) se remonta al fin de la segunda guerra mundial. Posteriormente, fue promovido por Japón y luego por Canadá, adquiriendo su mayor difusión y posicionamiento internacional en 1994, a partir del Informe de la Comisión del Programa de las Naciones Unidas para el Desarrollo (PNUD, 1994) encabezada por Amartya Sen. El informe enfatiza que la "seguridad humana" deja de ser una práctica limitada a la simple defensa personal para pasar a incluir un conjunto más amplio de dimensiones de la vida, en concordancia con los siete principios del desarrollo humano. Las Naciones Unidas han planteado que la SH está integrada por lo menos por siete componentes o dimensiones: personal, económica, alimenticia, salud, medioambiente, comunitaria y política[4]. Estos componentes se dan de manera indivisible, al punto que, si uno solo de ellos se encuentra en riesgo, afecta a los demás. Se trata de una visión integral de la seguridad, que corresponde a su vez a la integralidad de los derechos humanos, constituyendo así un eje básico del desarrollo, como lo reafirmó el PNUD en su informe del 2005 (Angarita, 2011).

En su informe final *Human Security Now*, la Comisión de SH, la define así:

> La *seguridad humana* significa proteger las libertades fundamentales, aquellas libertades que son la esencia de la vida. Significa proteger a las personas de situaciones y amenazas críticas (graves) y más presentes (extendidas). Significa utilizar procesos que se basen en las fortalezas y aspiraciones de las personas. Significa crear sistemas políticos, sociales, medioambientales, económicos, militares y culturales que, de forma conjunta, aporten a las personas los fundamentos para la supervivencia, el sustento y la dignidad. (CHS, 2003, p. 4 [énfasis propio]).

---

4 A estas siete dimensiones, la colega Alexandra Abello-Colak de la London School of Economics ha propuesto agregar dos más, la "dimensión tecnológica y la ontológica". Esta última referida a la "protección de la dignidad y el sentido de relevancia social de las personas, que pueden verse amenazadas por la discriminación, exclusión, negligencia en la atención a las necesidades y la falta de lazos sociales y redes de apoyo". Tener significancia social (*mattering*) "sentir que somos parte importante del mundo que habitamos y tenemos influencia"; sentir que uno merece ser reconocido y respetado por quien uno es (identidad), todo ello son aspectos subjetivos altamente relevantes, en especial para los jóvenes (A. Abello-Colak, 2024).

Es un enfoque de seguridad diametralmente opuesto al tradicional, que enfatizaba lo militar. Según el Departamento de Seguridad Humana de la ONU (2009), esta nueva visión de la seguridad trae como consecuencias:

> (i) Se distancia de las concepciones tradicionales, que se centraban en la seguridad de los Estados frente a agresiones militares, para dirigir la mirada a la seguridad de las personas, su protección y su empoderamiento; (ii) Presta atención a las múltiples amenazas que trascienden los diferentes aspectos de la vida de las personas y, así, destaca la interconexión entre seguridad, desarrollo y derechos humanos; y (iii) Promueve un nuevo enfoque integrado, coordinado y centrado en las personas para avanzar hacia la paz, la seguridad y el desarrollo tanto dentro como entre los países. (p. 7).

En el mismo sentido, las académicas Abello-Colak y Pearce (2007), de la London School of Economics, señalan que, aunque la seguridad humana ha sido definida de muchas formas, es generalmente aceptado que "hace de la protección y el bienestar de los individuos la preocupación primordial de cualquier enfoque de seguridad" (p. 12). Más adelante, reafirman que la seguridad humana "ha aumentado la conciencia sobre las necesidades de los individuos y aunque no ha producido un consenso sobre los medios, el concepto ha identificado [como principal objetivo de la seguridad] *la protección de los derechos y las libertades*" (p. 14).

Reforma a la Policía

La SH es acogida en la propuesta de reforma policial, anunciada desde la campaña electoral de Petro (2022a) y consagrada en la nueva visión de la Política de Seguridad y Defensa, que busca dar:

> protección y fortalecimiento de líderes sociales y movilización social. Una política de protección implica rescatar el enfoque de seguridad humana para la defensa de líderes sociales desde un enfoque diferencial individual y colectivo que ponga en el centro de las preocupaciones del territorio la conservación de la vida de sus líderes y sus comunidades, desde sus prácticas ancestrales de protección y cuidado, también acorde a las lógicas territoriales que las experticias comunitarias han desarrollado para garantizar protección. (p. 45).

En la "Política de Seguridad, Defensa y Convivencia Ciudadana" del Gobierno Petro, se exponen múltiples estrategias para su implementación, de la cuales destacamos el "énfasis en trabajar en el problema de la confianza en las instituciones de seguridad"; estrategia ligada a la de fortalecer a la Fuerza Pública, el talento humano; la legitimidad de la Fuerza Pública (integridad, transparencia, derechos humanos y género); y, en particular "Avanzar en el fortalecimiento de la Policía Nacional a través del Proceso de Transformación Policial más Humana" (Ministerio de Defensa, 2023).

Un rasgo particular de la propuesta de reforma a la Policía es el requisito de una "amplia participación ciudadana", buscando recoger "tanto las experiencias como las propuestas, las particularidades de los territorios y la manera de enfrentar la corrupción al interior de la institución con un alto componente de veeduría ciudadana permanente en todas y cada una de sus actuaciones" (Petro, 2022).

Durante su primer año de mandato, el Gobierno intentó ser consecuente con el enfoque de la SH. Citemos algunos ejemplos:

(i) El enfoque de la SH quedó plasmado en el Plan Nacional de Desarrollo y en otras normas de impacto como la Ley de "orden público y Paz Total" (Ley 2272 de 2022).

(ii) Al finalizar el Consejo de Seguridad en Caucasia, el 20 de marzo de 2023, el presidente Petro reiteró el enfoque de SH de su política de seguridad. En el mismo sentido el ministro de Defensa Iván Velázquez resaltó que, a diferencia del pasado, en este gobierno los consejos de seguridad no serían a puerta cerrada, sino con la participación de las comunidades

(iii) Meses más tarde, a propósito del Consejo de seguridad realizado en la ciudad portuaria de Buenaventura, con motivo de los rebrotes de violencia ocurridos después de que durante largos meses hubiese un notorio descenso de los homicidios atribuido a la tregua pactada entre actores violentos, el ministro de Defensa reiteró que las medidas de seguridad "no implicarán una militarización del territorio".

(iv) Se materializa la idea de una reforma con participación ciudadana. El diseño de la Política de Seguridad, Defensa y Convivencia Ciudadana fue liderado por el Ministerio de Defensa Nacional a partir de los lineamientos del Plan de Gobierno y contó con las propuestas del sector de Seguridad y Defensa expuestas en las ceremonias de transmisión de mando de las Fuerzas Militares y del reconocimiento del director de la Policía Nacional y con la participación de diversos sectores sociales[5].

---

5 Según el ministro Velázquez, la ciudadanía aportó en los espacios de escucha en los que participaron organizaciones de jóvenes de víctimas, de derechos humanos de población LGBTI, comunidades étnicas, sectores sociales, gremios, alcaldes y gobernadores, así como expertos en temas de seguridad de diferentes organizaciones, en veintiún encuentros regionales y cuarenta y tres encuentros nacionales, así como las conclusiones derivadas de los diálogos vinculantes del Plan

(v) Respondiendo al enfoque amplio de la SH, la última semana de junio del 2023, el Gobierno del Pacto Histórico en pleno, estuvo en el departamento de La Guajira, atendiendo las peticiones y necesidades de las comunidades y dando cumplimiento a la Sentencia T-302/17 (Corte Constitucional, 2017) que declaró el Estado de Cosas Inconstitucionales frente a la protección especial de los derechos al agua, salud y alimentación para las comunidades indígenas wayuu de los municipios de Riohacha, Manaure, Uribia y Maicao. Allí también, el Gobierno entregó títulos de propiedad a varias familias, instalaciones pediátricas para atender casos de desnutrición en niñas y niños wayuu menores de cinco años y un centro de acogida para madres gestantes; al igual que la firma del decreto de la Comisión de la Verdad/Comisión Científica que investiga la muerte de niños por desnutrición.

Protesta social y Policía

Uno de los temas más sensibles que precedieron a la elección presidencial del 2022 fue el comportamiento del Escuadrón Móvil Antidisturbios (ESMAD) y la promesa de campaña del candidato Petro de su eliminación. En atención a los diversos reclamos y a las controversias suscitadas en torno a la propuesta de su eliminación, finalmente el Gobierno optó por una reforma de este escuadrón policial que, a partir de junio del 2023, se convirtió en la Unidad de Diálogo y Mantenimiento del Orden (UNDMO)[6] que incluye la presencia de figuras pacificadoras y el diálogo en primera instancia de sus funciones en las manifestaciones ciudadanas. Al cerrar el primer año del gobierno del cambio, la actuación de esta unidad policial había tenido poca acción y aún seguía siendo más una expectativa de hasta dónde las transformaciones en la estrategia policial para enfrentar a los

---

Nacional de Desarrollo 2022-2026 "Colombia, potencia mundial de la vida". Del mismo modo, se recogieron las preocupaciones en seguridad planteadas en los Puestos de Mando Unificados por la Vida (PMUV) y los Consejos de Seguridad Integrales, y el rol activo de las Fuerzas Militares y de la Policía Nacional facilitaron un completo y detallado contexto que quedó plasmado en esta nueva Política de Seguridad, Defensa y Convivencia Ciudadana.

6 Unidad del Diálogo y del Mantenimiento del Orden (UNDMO), conformada por cerca de cuatro mil ochocientos uniformados que se dividen en dos grupos. El primero es el equipo de diálogo, cuyos integrantes llevarán un chaleco azul y un casco blanco para diferenciarse y poder proporcionar un escenario de diálogo e interlocución con líderes de las manifestaciones. El segundo es el equipo móvil de intervención, que actuará en las manifestaciones cuando se altere el orden público y no haya sido posible establecer un diálogo.

manifestantes tendrán un efecto real sobre el comportamiento de los uniformados y cambios en la actitud de los protestantes hacia la Policía.

Pistas para un balance

Pasado más de un año largo del Gobierno del Pacto Histórico, resulta prematuro aún hacer un balance sobre el impacto de las transformaciones realizadas y sus resultados. No obstante, visto en su conjunto, podemos vislumbrar que la aplicación de la SH ha sido limitada, pues sus propuestas con el enfoque de la SH aún se encuentran en la fase de enunciados y buenos propósitos. Algunos hechos como los antes enumerados develan una intención en ese horizonte. Pero será la práctica policial ejecutada durante lo que resta de este gobierno la que podrá evidenciar si los cambios apuntan a las transformaciones estructurales que se requieren o, por lo contario, se harán cambios modestos, de carácter superficial.

Al finalizar el año 2023, las propuestas de reforma aún no se habían concretado, el gobierno seguía revelando altos niveles de improvisación y desorden en sus ejecutorias. Esto, en medio de un clima de violencia e inseguridad que no lograba evidenciar cambios frente a la situación de los gobiernos que le antecedieron. Sumado a las propias limitaciones internas del Gobierno, este se ha tenido que enfrentar a una férrea oposición política a todas sus propuestas, así como al incremento de la violencia protagonizada por la criminalidad organizada y por las agrupaciones insurgentes, que no han cesado en su accionar pese a las ofertas de paz total.

Conclusiones y recomendaciones

1. Es evidente que la institución policial requiere con urgencia una reforma estructural que incluya actualizar su doctrina a la luz de la Seguridad Humana, revisar su comportamiento operativo y los instrumentos legales de acompañamiento y vigilancia a su accionar, como lo han venido proponiendo diversos analistas, en especial los informes de la Comisión de Esclarecimiento de la Verdad (CEV, 2022). Estas reformas deben contemplar los mecanismos de participación ciudadana para que, sin sacrificar la eficacia en el cumplimiento de su misión, se logre la más amplia legitimidad posible de las mismas.
2. El uso de la fuerza policial está mediado por la multiplicidad de escenarios conflictivos y las relaciones que en estos se puedan entablar. Así mismo, el uso de la fuerza policial tiene dos dimensiones: la situacional y la relacional. Queda claro que cada una de ellas tiene unos límites señalados por lo tolerable e intolerable, lo permitido y lo prohibido.

3. A grandes rasgos se puede percibir que las reglas para el uso de la fuerza tienen cuatro ámbitos que le dan su génesis: i) Los tratados, disposiciones convencionales y no convencionales en marco del derecho internacional; ii) La Constitución y las leyes de carácter nacional; iii) Los reglamentos que sobre el fenómeno que ha expedido la Policía como institución; y iv) Las reglas prácticas propias de los uniformados, aplicadas en el campo al momento de interactuar con la ciudadanía. Lo anterior, no significa que todos los escenarios se apliquen al mismo tiempo en el momento de utilizar la fuerza.
4. El uso de la fuerza policial de manera justa, necesaria y proporcional contribuye a la legitimidad de la institucionalidad del Estado. Al contrario, el uso desproporcionado e injusto de la fuerza policial genera una percepción de ilegitimidad, que erosiona la estabilidad y confianza en el Estado de derecho.
5. Es importante fortalecer y promover en los uniformados el autocontrol como modulador del comportamiento propio, así como también las competencias de mediación y la figura mediadora del policía. Aunque no se les puede responsabilizar de los acuerdos entre actores, si pueden facilitar el acercamiento entre ellos y servir de árbitro en dicho acercamiento. Para esto, es indispensable implementar mecanismos mediadores previos al choque con manifestantes, en los que, además, se incluyan otras instituciones que puedan dar respuesta y desescalar las demandas de los manifestantes.
6. Es relevante sensibilizar tanto a los uniformados como a los ciudadanos sobre su comportamiento durante las protestas, mediante acciones pedagógicas orientadas a prevenir un escalonamiento violento en sus actuaciones.
7. En el marco de la reforma a la Policía, es fundamental fortalecer una cultura institucional que priorice al ciudadano y sus derechos, así como el fortalecimiento de los lazos sociales y la confianza mutua entre la comunidad y la institucionalidad. En consecuencia, es importante recuperar la vocación comunitaria de la Policía, la difusión de acciones positivas realizadas y la promoción de espacios de diálogo entre comunidad e institucionalidad, más allá de las protestas.
8. Es importante sistematizar y comunicar las buenas prácticas y lecciones aprendidas en la práctica, así como fortalecer el conocimiento territorial, las dinámicas regionales y teorías de sociología de las masas y la protesta social direccionados a disminuir los errores ante los servicios no planeados.

Referencias

Abello, A (2024). *Un nuevo marco para medir la seguridad humana.* Security 4 Peace. Escuela de Economía y Ciencia Política de Londres, septiembre 2024.

Abello, A. y Pearce, J. (2007). *De una Policía centrada en el Estado a una centrada en la comunidad. Lecciones del Intercambio entre las Policías Comunitarias de Bradford en el Reino Unido y de Medellín en Colombia.* University of Bradford. http://hdl.handle.net/10454/3845

Angarita, P. (2011). *Seguridad democrática. Lo invisible de un régimen político y económico.* Siglo del Hombre Editores; Facultad de Derecho y Ciencias Políticas de la Universidad de Antioquia.

Asamblea General de las Naciones Unidas. (1979, 17 de diciembre). Código de conducta para funcionarios públicos encargados de hacer cumplir la ley. *Instrumento Universal.* Consultado el 10 de julio de 2023. https://www.ohchr.org/es/instruments-mechanisms/instruments/code-conduct-law-enforcement-officials

Asamblea General de las Naciones Unidas. (1990, 7 de septiembre). Principios básicos sobre el empleo de la fuerza y de las armas de fuego por funcionarios encargados de hacer cumplir la ley. *Instrumento Universal.* Consultado el 10 de julio de 2023. https://www.ohchr.org/es/instruments-mechanisms/instruments/basic-principles-use-force-and-firearms-law-enforcement

Barrera, V. (2019). Visiones y voces de la Policía Nacional. En V. Barrera (coord.), *Transformación de conflictos sociales. Diagnóstico participativo* (pp. 151-165). Editorial Alianza para la paz. https://policia.edu.co/memoria/wp-content/uploads/2020/10/1.-Diagnostico_Transformacion-web.pdf

Birkbeck, C. y Gabaldón, L. (2002). La disposición de agentes policiales a usar la fuerza contra el ciudadano. En R. Briceño (comp.), *Violencia, sociedad y justicia en América Latina* (pp. 229-243). CLACSO. https://biblioteca.clacso.edu.ar/clacso/gt/20101110055552/10birbecky.pdf

Bustos, J. (1990). La seguridad ciudadana en Latinoamérica. *Revista del Colegio de Abogados Penalistas del Valle,* (21-22), 11-23.

Carranza, E. (1997). Declaración final del "Seminario de reflexión científica sobre el delito y la seguridad de los habitantes". En E. Carranza (coord.) *Delito y Seguridad de los Habitantes*. Siglo XXI; Unión Europea.

Comisión de Esclarecimiento la Verdad de Colombia (CEV). (2022). *Hay futuro si hay verdad: Informe Final de la Comisión para el Esclarecimiento de la Verdad, la Convivencia y la No Repetición.* Comisión de la Verdad.

Commission on Human Security (CHS). (2003). *Human Security Now.* United Nations. https://digitallibrary.un.org/record/503749/files/Humansecuritynow.pdf

Congreso de la República de Colombia. (2000, 24 de julio). Ley 599 de 2000. *Por la cual se expide el Código Penal.* Diario Oficial n. ° 44097 http://www.secretariasenado.gov.co/senado/basedoc/ley_0599_2000.html

Congreso de la República de Colombia. (2010, 17 de agosto). Ley 1407 de 2010. *Por la cual se expide el Código Penal Militar*. Diario Oficial n. ° 47804. http://www.secretariasenado.gov.co/senado/basedoc/ley_1407_2010.html

Congreso de la República de Colombia. (2016, 29 de julio). Ley 1801 de 2016. *Por la cual se expide el Código Nacional de Seguridad y Convivencia Ciudadana.* Diario Oficial n. ° 49949. http://www.secretariasenado.gov.co/senado/basedoc/ley_1801_2016.html

Congreso de la República de Colombia. (2022, 18 de enero). Ley 2196 de 2022. *Por medio de la cual se expide el Estatuto Disciplinario Policial.* Diario Oficial n. ° 51921. http://www.secretariasenado.gov.co/senado/basedoc/ley_2196_2022.html

Congreso de la República de Colombia. (2022, 4 de noviembre). Ley 2272 de 2022. *Ley de Paz Total.* https://www.funcionpublica.gov.co/eva/gestornormativo/norma.php?i=197883#:~:text=Paz %20total %3A %20La %20pol %C3 %ADtica %20de,y %20sometimiento %20a %20la %20justicia.

Constitución Política de Colombia. (1991). Artículo 2. *Gaceta Constitucional de 20 de julio de 1991 n. ° 116.* http://www.secretariasenado.gov.co/senado/basedoc/constitucion_politica_1991.html#2

Constitución Política de Colombia. (1991). Artículo 6. *Gaceta Constitucional de 20 de julio de 1991 n. ° 116.* http://www.secretariasenado.gov.co/senado/basedoc/constitucion_politica_1991.html#6

Constitución Política de Colombia. (1991). Artículo 11. *Gaceta Constitucional de 20 de julio de 1991 n. ° 116.* http://www.secretariasenado.gov.co/senado/basedoc/constitucion_politica_1991.html#11

Constitución Política de Colombia. (1991). Artículo 12. *Gaceta Constitucional de 20 de julio de 1991 n. ° 116.* http://www.secretariasenado.gov.co/senado/basedoc/constitucion_politica_1991.html#12

Constitución Política de Colombia. (1991). Artículo 81. *Gaceta Constitucional de 20 de julio de 1991 n. ° 116.* http://www.secretariasenado.gov.co/senado/basedoc/constitucion_politica_1991_pr002.html#81

Constitución Política de Colombia. (1991). Artículo 90. *Gaceta Constitucional de 20 de julio de 1991 n. ° 116.* http://www.secretariasenado.gov.co/senado/basedoc/constitucion_politica_1991_pr002.html#90

Constitución Política de Colombia. (1991). Artículo 93. *Gaceta Constitucional de 20 de julio de 1991 n. ° 116.* http://www.secretariasenado.gov.co/senado/basedoc/constitucion_politica_1991_pr002.html#93

Constitución Política de Colombia. (1991). Artículo 212. *Gaceta Constitucional de 20 de julio de 1991 n. ° 116*. http://www.secretariasenado.gov.co/senado/basedoc/constitucion_politica_1991_pr007.html#212

Constitución Política de Colombia. (1991). Artículo 216. *Gaceta Constitucional de 20 de julio de 1991 n. ° 116*. http://www.secretariasenado.gov.co/senado/basedoc/constitucion_politica_1991_pr007.html#216

Constitución Política de Colombia. (1991). Artículo 218. *Gaceta Constitucional de 20 de julio de 1991 n. ° 116*. http://www.secretariasenado.gov.co/senado/basedoc/constitucion_politica_1991_pr007.html#218

Corte Constitucional de Colombia. (2017, 8 de mayo). Sentencia T-302/17 (Aquiles Arrieta Gómez, M. P.). https://www.corteconstitucional.gov.co/relatoria/2017/t-302-17.htm

Gabaldón, L. (2019). Riesgo y disposición hacia el uso de la fuerza física por parte de la policía: una evaluación actitudinal en el medio latinoamericano. *Utopía y Praxis Latinoamericana*, (Extra 2), 271-284. https://doi.org/10.5281/zenodo.3344934

Lenin, V. I. (1973). El Estado y la revolución. En *Obras, tomo VII (1917-1918*) (pp. 2-46). Editorial Progreso–Moscú. https://www.marxists.org/espanol/lenin/obras/oe12/lenin-obrasescogidas07-12.pdf

Martínez, J. y Sorribas, P. (2014). Atribuciones sobre el uso de la fuerza policial desde la perspectiva del agente. *Psicologia & Sociedade, 26*(2), 430-439. https://www.scielo.br/j/psoc/a/w5khppZvkZv6zcgbh6mFBDS/?format=pdf

Ministerio de Defensa Nacional. (2023). Política de Seguridad, Defensa y Convivencia Ciudadana. https://www.mindefensa.gov.co/ministerio/centro-de-documentos/politicas-sectoriales/politica-de-defensa-y-seguridad

Naciones Unidas. (1948). Declaración Universal de los Derechos Humanos. https://www.un.org/es/about-us/universal-declaration-of-human-rights

Naciones Unidas. (1984). Convención contra la Tortura y Otros Tratos o Penas Crueles, Inhumanos o Degradantes. https://www.ohchr.org/es/instruments-mechanisms/instruments/convention-against-torture-and-other-cruel-inhuman-or-degrading

Naciones Unidas. (1966). Pacto Internacional de Derechos Civiles y Políticos. https://www.ohchr.org/es/instruments-mechanisms/instruments/international-covenant-civil-and-political-rights

Naciones Unidas. (1966a). Pacto Internacional de Derechos Económicos, Sociales y Culturales. https://www.ohchr.org/es/instruments-mechanisms/instruments/international-covenant-civil-and-political-rights

Organización de los Estados Americanos (OEA). (1948). Declaración Americana de los Derechos y Deberes del Hombre. https://www.oas.org/es/cidh/mandato/basicos/declaracion.asp

Pérez, N. (2017). Evaluación del perfil del policía del posacuerdo en Colombia. *Revista Humanismo y Sociedad, 5*(2), 2-12. https://doi.org/10.22209/rhs.v5n2a02

Petro, G. (2022, 20 de abril). Ideas anticorrupción de candidatos a la presidencia. *El Nuevo Siglo*. https://www.elnuevosiglo.com.co/politica/ideas-anticorrupcion-de-candidatos-la-presidencia

Petro, G. (2022a). Programa de Gobierno 2022-2026. Ministerio de Relaciones Exteriores de Colombia. https://www.cancilleria.gov.co/sites/default/files/FOTOS2020/Programa%20de%20Gobierno%20Gustavo%20Petro.pdf

Policía Nacional. (2017, 23 de junio). Resolución 02903 de 2017. *Por la cual se expide el reglamento para el uso de la fuerza y el empleo de armas, municiones, elementos y dispositivos menos letales, por la Policía Nacional*. https://www.policia.gov.co/sites/default/files/resolucion-02903-uso-fuerza-empleo-armas.pdf

Presidencia de la República de Colombia. (2021, 5 de enero). Decreto 003 de 2021. *Por el cual se expide el Estatuto de reacción, uso y verificación de la fuerza legítima del Estado y protección del derecho a la protesta pacífica ciudadana*. https://www.funcionpublica.gov.co/eva/gestornormativo/norma.php?i=154406

Programa de las Naciones Unidas para el Desarrollo (PNUD). (1994). *Informe sobre el desarrollo humano 1994*. https://hdr.undp.org/system/files/documents/hdr1994escompletonostats.pdf

Secretaría de gobernación. (s. f.). Manual para el uso de la fuerza. https://www.gob.mx/cms/uploads/attachment/file/278820/Manual_para_el_uso_de_la_fuerza_2017.pdf

Silva, C. (2019). Uso excesivo de la fuerza policial en la CDMX. *Estudios Sociológicos de El Colegio De México*, *37*(109), 165-193. http://dx.doi.org/10.24201/es.2019v37n109.1668

Valderrama, D. (2021, 25 de abril). Niveles del uso de la fuerza policial. Bien explicado. *Pasión por el Derecho*. https://lpderecho.pe/niveles-uso-fuerza-policial/

Velásquez, E. (2009). *Chile-Colombia: Historia comparada de la Doctrina de la Seguridad Nacional*. Ediciones Ántropos.

Weber, M. (1979). *El político y el científico*. Alianza Editorial.

Capítulo 4
ESTABILIZACIÓN POSCONFLICTIVA Y PAZ TOTAL: DE LA MILITARIZACIÓN DE LA SEGURIDAD AL GOBIERNO DE LA SEGURIDAD HUMANA EN COLOMBIA*

Didiher Mauricio Rojas Usma**

Introducción

¿Qué diferencias existen entre las políticas de estabilización posconflictiva de los gobiernos que anteceden el mandato de Gustavo Petro y la política de Paz Total de su gobierno? ¿Qué enfoques de seguridad subyacen a estas políticas y qué potenciales efectos tienen sobre la construcción de la paz? ¿Por qué es distinto estabilizar el posconflicto para la seguridad nacional a gobernar desde la seguridad humana para estabilizar el posconflicto?

En este capítulo se argumenta que la variación en el enfoque de provisión de seguridad, que va desde los gobiernos negociadores de la paz anteriores al de Gustavo Petro hasta el enfoque de la seguridad humana como política de gobierno, tiene efectos diferenciales en al menos tres condiciones de la construcción de paz: a) el desarrollo de capacidades del Estado subnacional (rural y urbano), b) la territorialización de la paz y c) el alcance de los acuerdos y políticas de paz en el posconflicto.

---

* Este capítulo es resultado del proyecto de investigación *Circunscripciones Transitorias Especiales de Paz: Alcances y brechas de la representación especial subnacional en el posconflicto colombiano*, financiado con recursos del Comité para el Desarrollo de la Investigación (CODI) de la Universidad de Antioquia (Colombia) Acta 2022-53391

** Profesor de la Facultad de Derecho y Ciencias Políticas de la Universidad de Antioquia.

Para desarrollar el argumento, se plantea un análisis comparado de tipo diacrónico de las políticas de estabilización posconflictiva de los gobiernos anteriores al mandato presidencial de Gustavo Petro y la política de Paz Total del actual gobierno. De esa manera, se explora empíricamente el efecto diferencial de los diversos enfoques de seguridad implementados por los gobiernos colombianos sobre las condiciones para la construcción de la paz, consideradas en el argumento del presente trabajo. Asimismo, se propone un mecanismo para el análisis del proceso de estabilización posconflictiva que se aparta de la dupla clásica de la paz negativa y positiva (Galtung, 1998; Galtung, 2010) para darle lugar a la "estatalidad", el "empoderamiento" y el "entutelamiento" como condiciones necesarias para la estabilidad del posconflicto en escenarios de guerra interna y paz territorializada (Rojas, 2022).

Así, este capítulo se divide en tres apartados. El primero, se ocupa del contexto y las características de las políticas de estabilización posconflictiva de los gobiernos negociadores del conflicto armado en Colombia desde 1981 hasta el presente, con particular énfasis en sus enfoques de provisión de seguridad para la paz. El segundo, presenta los resultados del análisis comparado de dichas políticas, atendiendo al mecanismo de estabilización posconflictiva propuesto en este capítulo, así como los principales hallazgos a propósito del efecto diferencial de las políticas de estabilización y paz total sobre la territorialización, la construcción de capacidad estatal y el alcance de la construcción de paz en Colombia. Finalmente, se presentan las conclusiones del trabajo.

Los hallazgos y aportes del trabajo incluyen: a) el análisis empírico de los alcances y limitaciones de las políticas para la estabilización y construcción de paz total formuladas por los más recientes gobiernos de Colombia, b) la propuesta de un mecanismo alternativo para el análisis comparado de los procesos de estabilización posconflictiva en escenarios de conflictividad armada interna guiados por las premisas y el marco normativo de la paz total en Colombia y c) los aportes a la discusión sobre la seguridad humana como política de gobierno y la Paz Total como ejes de la prospectiva para la construcción del posconflicto armado en Colombia.

La comparación de los enfoques de políticas para el posconflicto: de la capacidad estatal armada a territorialización de la paz

Los gobiernos colombianos anteriores al de Gustavo Petro fluctuaron entre dos alternativas: hacer la paz o hacer la guerra. Esta alternancia en la forma de afrontar el conflicto armado generó un clima de polarización en la opinión pública, donde los mandatos civiles por la paz coexistían con manifestaciones masivas a favor de una guerra total contra la insurgencia. Así, los largos ciclos de negociaciones con la insurgencia alternaron entre el desarrollo de operaciones militares para vencer al enemigo insurgente y terminar la guerra de manera unilateral.

Tras el proceso de negociación de paz entre el Estado y las Fuerzas Armadas Revolucionarias de Colombia–Ejército del Pueblo, FARC-EP (2012-2016) y los intentos de negociación con otras agrupaciones armadas ilegales rebeldes y no rebeldes, las conclusiones apuntan a un escenario de conflictividad recurrente, caracterizado por un posconflicto débil, es decir, cuando se llega a un cese de hostilidades que no garantiza el mantenimiento de dichas condiciones; y un posconflicto parcial, cuando la dinámica del posconflicto se instala en una parte del territorio o sector de la población pero no en otros. Esta conclusión se obtiene luego de analizar la variación subnacional de la estabilización posconflictiva en la mayor parte del territorio colombiano.

No obstante, el panorama de la violencia insurgente tras las negociaciones de 2016 (La Habana) y 2017 (Acuerdo Teatro Colón) ha variado. Al menos dos factores son cruciales para esta variación en el resultado del posconflicto: el nivel de implementación de los acuerdos de paz subnacionales (Kroc Institute for International Peace Studies, 2020a) y el surgimiento de nuevas facciones disidentes armadas, así como conflictos armados focalizados en zonas donde el Estado colombiano se encuentra en situación de precariedad luego de que la guerrilla abandonara sus regiones de excepción insurgente.

Posconflictos armados recurrentes: entre la guerra total y los procesos de acuerdos de paz

Como se mencionó anteriormente, la rápida expansión y consolidación de la guerrilla colombiana durante los años más intensos del conflicto tuvo un objetivo adicional: buscar diálogos con el Estado colombiano para negociar una solución al conflicto armado. En este sentido, esta etapa se destacó por ser la de mayor enfrentamiento armado entre el Estado, las insurgencias y actores extra-sistémicos relacionados (Echandía, 2006). Adicionalmente, cuenta con el mayor número de negociaciones y diálogos entre actores armados y el Estado para la firma de acuerdos de paz (García-Durán, 2004; Echandía, 2013; Valencia, 2019).

Esta dualidad entre hacer la guerra y negociar la paz es el trasfondo, y quizás la singularidad más notable, del conflicto armado colombiano desde sus inicios, así como de las políticas de estabilización posconflictiva. De ahí que dichas políticas en Colombia estén marcadas por esta mezcla de escenarios subnacionales estables e inestables de posconflicto armado que limita el logro de una fuerte estabilidad. En la misma línea, Giraldo (2015) afirma: "[Desde la Ley de Amnistía] en el país se ha librado tanto la guerra como la paz" (p. 37).

Valencia (2019) sostiene que Colombia tiene un largo historial de procesos de paz desde su constitución como república. El último y más extenso ciclo de negociación se inició en 1980, cuando el presidente de la república propuso al Congreso Nacional crear una Ley de Amnistía (Ley 37 de 1981) y la primera comisión de paz encargada de negociar el alto el fuego con la insurgencia interna (Valencia, 2019).

Como resultado, el ciclo de negociaciones de paz más reciente en Colombia comprende un total de cincuenta y cuatro transacciones históricas para lograr el fin del conflicto (Valencia, 2019). De estas, treinta y tres son negociaciones formalmente establecidas para llegar a la firma de un acuerdo de paz. Simultáneamente, veintiuna transacciones, clasificadas como "próximas reuniones", llevaron al inicio de un proceso de negociación o fracasaron en su intento de llegar a un acuerdo de paz. Además, el último ciclo de paz se puede dividir en varios períodos de transacción en función de los actores y la dinámica interna del conflicto armado.

A continuación, identifico las principales políticas de estabilización posconflictiva para la implementación subnacional de los acuerdos alcanzados en las negociaciones de paz

Periodo n. ° 1: ley de amnistía y políticas de mano tendida y pulso firme (1980-1987): entre 1980 y 1987, el presidente Julio César Turbay impulsó una ley de amnistía (Ley 37 de 1981) orientada a reducir la intensidad del conflicto armado interno. Adicionalmente, el gobierno de Turbay creó la primera comisión de paz (Decreto 2761 de 1981) integrada por civiles y militares para proponer alternativas legales para la desmovilización y reintegración de actores armados ilegales (Valencia, 2019; Villamizar, 1997)

El éxito de estas estrategias de estabilización fue mínimo. Sin embargo, el objetivo más destacable de la primera comisión de paz fue poner a la paz en la agenda pública del país y movilizar a la ciudadanía en torno a la importancia de un camino de paz negociado (Valencia, 2019).

En 1985, el gobierno de Belisario Betancur instaló un nuevo conjunto de iniciativas por la paz que incluyen una nueva ley de amnistía (Ley 35 del 19 de noviembre de 1982), una ley de indultos y un grupo de instituciones del Estado integrado por la Comisión de Paz Asesora del Gobierno nacional, los Altos Comisionados de Paz, la Comisión Nacional de Negociación y Diálogo, la Comisión Nacional de Verificación y la Comisión de Paz, Diálogo y Verificación (Valencia, 2019). El objetivo principal de este nuevo conjunto de instituciones era atacar las causas de la guerra, llamadas por el gobierno como "objetivas y subjetivas", a través de nuevas políticas y programas sociales que difícilmente podrían integrar una política de estabilización posconflictiva fuerte.

En suma, la mezcla de estrategias para acabar con la injusticia social (causa subjetiva) y la pobreza (causa objetiva) constituyó, para el gobierno, la mejor estrategia para la estabilización posconflictiva en este periodo de negociaciones con la insurgencia. En cuanto a los impactos territoriales previstos para estos programas sociales, el gobierno de Betancur enmarcó el Plan Nacional de Reconciliación (PNR), cuyo principal objetivo fue implementar mecanismos de participación ciudadana para la inversión y distribución de recursos en los territorios y comunidades afectados por la violencia. Además, dotar a estos territorios locales de recursos para la salud, educación y proyectos económicos productivos (López, 2016).

Como resultado de los fracasos y brechas del gobierno colombiano, así como de la oposición de las fuerzas militares colombianas, la insurgencia —particularmente la guerrilla M-19— rompió los diálogos y decidió escalar el nivel de enfrentamiento armado con el Estado (Villarraga, 2015). En noviembre de 1985, el M-19 atacó el Palacio de Justicia, el máximo símbolo de las instituciones de justicia colombianas, lo que marcó un nuevo punto de inflexión en la dinámica del conflicto armado y evidenció la necesidad de replantear las políticas de paz con las insurgencias.

El gobierno del presidente Virgilio Barco asumió los desafíos de este nuevo periodo de transacciones de paz. Su administración dividió los esfuerzos por la paz en dos poderosas estrategias: un diálogo social en los primeros años de su gobierno (1986-1988) y un diálogo con las insurgencias (desde 1990). Para Barco, las políticas sociales eran fundamentales para hacer la paz y estabilizar el posconflicto. Aun así, sus críticos sobre los niveles de gobernanza y presencia del Estado en los gobiernos anteriores orientaron su nueva estrategia basada en una combinación de diálogo y control estatal. Esta nueva estrategia de "estabilización" se denominó "Mano tendida y pulso firme" (Arenas, 1990; Villarraga, 2015; Valencia 2019)

En definitiva, la gran conclusión de este primer periodo de transacciones de paz fue la construcción de políticas de estabilización para incrementar el apoyo económico, político y civil al Estado (García, 1992), así como deslegitimar el poder sustitutivo de la insurgencia (López, 2016). Asimismo, programas sociales, como el PNR de Betancur, se reforzaron con políticas como el Plan de Erradicación de la Pobreza, en el que el gobierno de Barco centró su estrategia de pacificación (García-Durán, 2004; Villarraga, 2015; Valencia, 2019)

Periodo n. ° 2: las "Iniciativas para la Paz" y la paz negociada por una nueva Constitución Política (1988-1993): el fortalecimiento armado de las insurgencias y el surgimiento de nuevos actores ilegales y contrainsurgentes ocurrieron a medida que los paramilitares incrementaron la violencia en los territorios de guerra interna. El triunfo político de los partidos de izquierda en zonas rurales y urbanas, junto con el respaldo de las comunidades a sus programas políticos, fue asumido por los paramilitares como una razón central para incrementar las masacres, el desplazamiento forzado y el castigo poblacional.

En consecuencia, el presidente Barco lanzó en 1988 una nueva iniciativa de paz basada en el diálogo con las insurgencias y la disminución de prácticas como el secuestro y los crímenes de guerra. Esta nueva política de estabilización se denominó "Iniciativa para la Paz" (García-Durán, 2004; Valencia, 2019) y fue orientada por la Comisión para la Reconciliación, Normalización y Rehabilitación (CRNR). En contraste con las anteriores políticas de estabilización, la "Iniciativa para la Paz" permitió al presidente Barco, y posteriormente, al gobierno de César Gaviria, lograr la paz con insurgencias armadas de vanguardia y fragmentadas como el M-19, el Ejército Popular de Liberación (EPL), el Partido Revolucionario de Trabajadores (PRT), el Movimiento Armado Quintín Lame (MAQL) y la Corriente de Renovación Socialista (CRS). De esta manera, el segundo periodo de las negociaciones de paz constituye el contexto histórico para el primer escenario de posconflicto armado en Colombia.

La "Iniciativa para la Paz" se centró en la erradicación de dos tipos de violencia. Primero, la violencia insurgente y la desmovilización de los grupos rebeldes; segundo, las múltiples formas colaterales de violencia con presencia subnacional y territorial (Nieto y Robledo, 2001). El primero incluyó la creación de instituciones subnacionales, como los Consejos Regionales de Normalización para coordinar y apoyar el cumplimiento de los acuerdos alcanzados con los insurgentes desmovilizados en los nuevos territorios del posconflicto.

A pesar de los logros en la negociación de paz impulsada por los gobiernos de Virgilio Barco y César Gaviria, el inicio de la década de los 90 se caracterizó por una nueva escalada de múltiples violencias. El asesinato de candidatos políticos presidenciales, como Jaime Pardo en 1987, Luis Carlos Galán en 1989, Bernardo Jaramillo y Carlos Pizarro en 1990 (desmovilizados de la insurgencia M-19), fue un signo significativo de un nuevo fracaso en el proceso de paz en Colombia.

El marco constitucional de 1991 traería nuevas herramientas de descentralización política y autonomía territorial para fortalecer los acuerdos de paz con un enfoque territorial en las próximas negociaciones de paz. Para 1994, el gobierno de César Gaviria reorientó el Plan Nacional de Rehabilitación (PNR), ampliando el número y estrategia de selección de municipios que integraban la política de estabilización de su administración. Sin embargo, las decisiones políticas del gobierno, así como la implementación de reformas económicas de "más mercado y menos estado" debilitaron el PNR y dejaron en el papel sus promesas de paz en los territorios de la guerra (Valencia, 2019; López, 2016).

En este sentido, más que las acciones directas del gobierno de Gaviria, el nuevo marco constitucional de 1991 fue el factor más significativo de los acuerdos de paz firmados entre 1990 y 1994 y las próximas reuniones con la Coordinadora Guerrillera Simón Bolívar (CGSB) en 1989 y 1991. Prueba de ello es el giro que experimentó la política de estabilización del presidente Gaviria, entre 1992 y 1994, tras el fracaso de las negociaciones con la CGSB y la decisión del gobierno de fortalecer el combate militar a las insurgencias y la narcoviolencia criminal (Valencia, 2019).

Durante ambas administraciones, la política de estabilización estuvo restringida, según Valencia (2019):

> Se limitó a la simple desmovilización de grupos, enfocándose en la reintegración de excombatientes y no en las regiones, para lo cual se puso el acento en proyectos económicos individuales y no en proyectos con un carácter más político y social. (p. 80).

En conclusión, si bien las transacciones realizadas por los gobiernos de Barco y Gaviria incluyeron un componente de construcción de la paz territorial, estas, como las de los gobiernos predecesores, se concentraron principalmente en estrategias nacionales para hacer la paz y estabilizar el posconflicto a partir de políticas del gobierno central. Así, las estrategias dirigidas por el poder ejecutivo y sus instituciones nacionales delegadas no solo redujeron la participación de líderes regionales, actores sociales y líderes políticos que vivieron el conflicto armado en territorios de gobernanza insurgente, sino que hicieron visible el efecto parcial, y eventualmente negativo, de las políticas de estabilización diseñadas "desde arriba" (*top-down*) y la necesidad de diseñar e implementar políticas equivalentes territorializadas y "desde abajo" (*bottom-up*).

Periodo n. 3: del "Diálogo Útil" al Plan Colombia (1994-2002) la estabilización bajo una nueva forma de securitización armada del territorio: este nuevo momento de las políticas de estabilización posconflictiva en Colombia se da en una etapa de intensificación del conflicto armado caracterizada por el aumento de secuestros, ataques a infraestructura pública y combates entre la guerrilla y el ejército (Valencia, 2019). Asimismo, coincide con la elección de Ernesto Samper como presidente de la república en 1994. El programa de paz de Samper comprendía cuatro puntos esenciales que avizoraban rasgos de una nueva política de estabilización: reconocer el estado beligerante de la guerrilla; crear una nueva agencia presidencial para la negociación de paz (Oficina del Alto Comisionado para la Paz); incorporar elementos del derecho internacional humanitario —excluidos en negociaciones anteriores—; y estimular el diálogo directo con la insurgencia (Ríos, 2013, p. 32).

Su estrategia de negociación, a la que denominó "Diálogo Útil", volvió a priorizar los objetivos de una paz negociada a nivel nacional, con fiscalización y apoyo internacional, y abierta a la participación de múltiples sectores de la sociedad civil, además de los más afectados en los territorios de gobernabilidad insurgente. El interés del presidente Samper por concentrar la gestión de la política integral de paz en el ejecutivo implicó, entonces, cambios en la escala de intervención e implementación de los programas del Estado a nivel territorial.

A los cambios en la política interna de negociación con la insurgencia e intervención de las víctimas en todo el territorio colombiano, el gobierno sumó el denominado Plan Colombia que buscaba el apoyo de los Estados Unidos de Norteamérica para la erradicación de cultivos ilícitos (Otero, 2010).

El gobierno de Samper culminó con la creación de una nueva comisión de exploración de la paz y el lanzamiento del llamado "Mandato Civil por la Paz" (García-Peña, 2009). Este último fue un proceso plebiscitario que movilizó a la mayoría de la población colombiana a las urnas para exigir una política de Estado para la solución negociada del conflicto armado (Valencia, 2019; García-Peña, 2009).

De la mano del nuevo presidente de la república, Andrés Pastrana (1998-2002), la segunda parte de este periodo de negociaciones de paz no pudo ser más desalentadora. Si bien el gobierno de Pastrana logró negociar con la guerrilla de las FARC-EP en 1999, el resultado fue un rotundo fracaso. La creación de la zona desmilitarizada del Caguán para el diálogo con la insurgencia no solo permitió el fortalecimiento de los rebeldes durante los años de frustrado trato con las FARC-EP, sino que desacreditó un modelo de negociación basado en la discusión de la paz dentro de los territorios de Colombia.

La política de estabilización del presidente Pastrana fue, ante todo, una plataforma política para su elección como presidente de la república. A medida que avanzaban las negociaciones, la construcción de una política de paz permitió al gobierno de Pastrana establecer un plan que incluía la búsqueda de apoyo internacional para las negociaciones y el fortalecimiento de las fuerzas militares.

A nivel territorial, el Plan Colombia representó un ingrediente adicional para la intensificación del conflicto más que una alternativa para la paz territorial. De esta manera, el Plan Colombia transformó los objetivos de mayor capacidad estatal y atención social en los territorios de la guerra en una política de defensa armada del Estado contra el narcoterrorismo. En suma, las políticas de paz del Estado se convirtieron en nuevas políticas para hacer la guerra.

Periodo n. 4: de las políticas de seguridad antiterroristas a los esfuerzos de paz territorial (2003-2017): en 2002, varios hechos impactaron las políticas de estabilización del gobierno colombiano: primero, el desencanto y pesimismo de la población colombiana ante los procesos de paz, ante el fracaso de las negociaciones de Pastrana con las FARC-EP y el ELN; segundo, el cambio en las políticas de seguridad internacional por los hechos del 11 de septiembre de 2001 en Estados Unidos y sus efectos en las políticas nacionales de combate al narcotráfico y la insurgencia bajo la consigna de combate al narcoterrorismo; tercero, la reedición del discurso político de la necesidad de una victoria militar del Estado frente a las insurgencias ante los fallidos intentos de paz de los últimos años (Grupo de Memoria Histórica (GMH), 2013; Villamizar 2017).

En este contexto, Álvaro Uribe Vélez fue elegido presidente de la república luego de una intensa campaña electoral bajo la consigna de mano dura y guerra total contra la guerrilla, a la que culpó por los problemas relacionados con el terrorismo y el narcotráfico en Colombia (Valencia, 2019). Con la llegada de Álvaro Uribe a la presidencia, las políticas de estabilización del gobierno nacional se convirtieron en políticas de seguridad nacional (Leal, 2005). Asimismo, las operaciones y acciones militares fueron reemplazadas por los procesos de paz encaminados a restablecer la capacidad militarista del Estado, debilitado por la insurgencia en sus enclaves de gobernanza insurgente (Arjona, 2016).

La principal estrategia del gobierno de Uribe en su lucha contra la guerrilla fue la política de seguridad democrática. El gobierno logró incrementar la fuerza nacional para el combate armado contra la guerrilla, con el apoyo de Estados Unidos, en territorios y áreas de hegemonía insurgente (Otero, 2010).

Además, la política de seguridad democrática de Álvaro Uribe se basó en la premisa de que la democracia colombiana no estaba en conflicto, sino en riesgo por la amenaza de los grupos armados ilegales. En este sentido, su gobierno negó la existencia de un conflicto armado interno (incluyendo el reconocimiento de sus víctimas y las responsabilidades del Estado) y defendió la tesis de que la amenaza terrorista contra el Estado impedía el reconocimiento político de la guerrilla y cualquier acuerdo negociado (Villarraga, 2009). En consecuencia, el Estado colombiano propuso, como eje central de su política de seguridad, la consolidación del control estatal en el territorio a través del llamado "Plan Patriota" y abrió la puerta a la desmovilización de insurgentes.

Esta negativa a una solución negociada para el fin del conflicto armado, a su vez, significó un giro radical en la opinión pública, que exigió una victoria militar contra la guerrilla en contraposición a lo establecido en el Mandato Ciudadano por la Paz, la Vida y la Libertad del año 1997 (Indepaz, 2009). Simultáneamente, se incrementó el estigma sobre la población insurgente desmovilizada, líderes políticos, negociadores y mediadores locales de paz, quienes, en términos generales, fueron identificados como patrocinadores de la insurgencia, desaparecidos y asesinados en muchos de los casos.

En 2006, y luego de una reforma constitucional impulsada por el propio gobierno que permitió la reelección inmediata del presidente, Álvaro Uribe fue reelegido. De esta manera, se robusteció su política de seguridad democrática y se incrementó la intervención militar a través de su política de consolidación de "Zonas de Rehabilitación" subnacionales, desde las cuales el gobierno colombiano pretendió recuperar los territorios controlados por la guerrilla (Cardona, 2013; López, 2016).

En resumen, los dos períodos del gobierno de Álvaro Uribe carecieron de una política de paz explícita. Es decir, una política formulada en torno al reconocimiento del conflicto armado y la existencia de sus causas sociopolíticas (Valencia, 2019, p. 121), pero sí de una política de estabilización por vía de la militarización y securitización del territorio; esto es, una política de seguridad donde la "pacificación" armada prevaleció sobre cualquier otro tipo de política de paz, enfocándose en la desmovilización de las estructuras paramilitares y el combate militar abierto contra la guerrilla (López, 2016; Villarraga, 2015; Sierra y Zapata, 2019).

Para las elecciones presidenciales de 2010, Álvaro Uribe contempló postularse para un tercer mandato, en el que prometía acabar definitivamente con la amenaza armada de las insurgencias. Sin embargo, sus planes cambiaron luego de que, el 26 de febrero de 2010, la Corte Constitucional de Colombia declarara inexequible la segunda reelección presidencial (El Tiempo, 26 de febrero de 2010). En su lugar, el exministro de defensa de su gobierno, Juan Manuel Santos, se presentó como candidato de la coalición de gobierno y derrotó en las urnas a su oponente, Antanas Mockus, el 20 de junio de 2010.

Con Santos, la política de seguridad democrática parecía lograr la continuidad buscada por el expresidente Álvaro Uribe en su tercer mandato. Sin embargo, un giro inesperado en la forma en que Santos lidió con la guerrilla permitió la instalación de un nuevo escenario de construcción de paz y estabilización que culminaría con los acuerdos de paz del Teatro Colón en 2017. No obstante, los avances en este nuevo periodo institucional y legal para la paz, los combates armados con la guerrilla de las FARC-EP continuaron, así como la negativa del gobierno de Santos a decretar zonas liberadas o desmilitarizadas (Jaramillo, 2014).

Periodo n. ° 5: las políticas de estabilización en la transición posbélica: de la recentralización de la paz al gobierno de la seguridad humana para la paz total (2017-2023): con la firma de los acuerdos del Teatro Colón en el año 2017, se inició un nuevo periodo para la construcción de la paz en Colombia que se caracterizó, por un lado, por la necesidad de implementar los acuerdos para el posconflicto pactados con las FARC-EP y, por otro, por la búsqueda de alternativas de negociación con los grupos que seguían alzados en armas. Para ese momento el foco de la negociación sería la guerrilla del ELN, con la que el gobierno de Juan Manuel Santos había establecido los primeros contactos para una eventual negociación en Ecuador. No obstante, hacer la paz con agrupaciones armadas no insurgentes y otras agrupaciones armadas organizadas ligadas al paramilitarismo o la economía ilegal del narcotráfico no era aún un objetivo explícito, o al menos no tan explícito como lo propondrían gobiernos posteriores, como el de Gustavo Petro a través de su propuesta de paz total (Fundación Ideas Para la Paz, 2023; Uprimny, 2022; Reynoso, 2022).

Si bien, la implementación de los acuerdos de paz con las FARC-EP se convirtió en la más clara promesa de estabilización posconflictiva tras años de guerra y confrontación violenta, la dinámica de la contienda electoral del año 2018 y los posteriores resultados de la misma cambiaron dicho panorama. El triunfo de Iván Duque Márquez, candidato del partido político Centro Democrático (2018-2022), condujo a un escenario de estancamiento de la paz, caracterizado por al menos dos condiciones: una endeble implementación de los acuerdos de paz del Teatro Colón y un cese en el desarrollo de nuevos procesos de negociación de paz con disidencias y grupos armados aún activos.

Las acciones para la construcción de la paz de Iván Duque se sintetizaron en la que llamó su política de "paz con legalidad" (Presidencia de la República de Colombia, 2018). Dicha política creó una Alta Consejería para la Estabilización, encargada de implementar una serie de políticas y estrategias para abordar la estabilización posconflictiva, específicamente, en el contexto del acuerdo de paz con la FARC-EP.

Su política de estabilización posconflictiva contemplaba, en términos generales, que el desarrollo rural integral se convirtiera en una prioridad, con programas destinados a abordar las causas subyacentes del conflicto en las áreas rurales, como la falta de acceso a tierras, la pobreza y la marginalización. Estos programas buscaban promover la inversión en infraestructura, agricultura sostenible y servicios básicos en esas regiones. Sin embargo, balances sobre la implementación de estas iniciativas durante el gobierno Duque (Fundación Ideas Para la paz, 2019; 2019a; Fundación Paz y Reconciliación, 2019; 2019a) evidencian la fragilidad de la estabilidad del posconflicto en zonas y regiones de excepción insurgente donde disidencias y grupos armados organizados impusieron a la población nuevas estrategias de control y violencia tras la desmovilización de los firmantes de la paz.

Asimismo, la política de Paz con legalidad promovió nuevamente la provisión de un modelo seguridad de corte militarista basado en la lucha armada y contrario a la negociación frente grupos armados ilegales, como el ELN y grupos paramilitares. De este modo, el gobierno de Duque enfocó sus esfuerzos en operaciones militares y policiales para combatir estas organizaciones y mantener la seguridad en las áreas afectadas exponiendo nuevamente la población civil al impacto de la guerra interna (Aguilera y Perea, 2020; González; 2020; Indepaz, 2019).

De otro lado, la política de "Paz con Legalidad" promovió un programa de sustitución voluntaria de cultivos ilícitos en un intento por reducir la producción de coca y la financiación de grupos armados. Sin embargo, la implementación de este programa enfrentó varios desafíos, entre ellos la resistencia de algunos cultivadores de coca, debido a las incitativas del gobierno para reactivar el uso del glifosato como estrategia para el combate de la economía ilegal del narcotráfico y su negativa para la implementación de cultivos alternativos.

Su trabajo en la participación de las víctimas del conflicto en el proceso de paz y en la justicia transicional, con el objetivo de lograr la reconciliación y la reparación de las víctimas, fue pobre y cuestionado tanto por organizaciones de la sociedad civil como por organismos e instituciones multilaterales encargadas de la veeduría del proceso (Kroc Institute for International Peace Studies, 2018; 2019). Cifras de Indepaz (2022) revelan que en el mandato de Iván Duque se registraron al menos novecientos cincuenta y siete asesinatos de líderes sociales y doscientos sesenta y uno de firmantes del acuerdo de paz.

En síntesis, la política de estabilización posconflictiva de Iván Duque puede interpretarse como una nueva etapa de la pacificación por vía de un modelo de seguridad militarista contra los desafiantes armados del Estado, y también como una forma de deslegitimar la paz alcanzada por vías negociadas tal como lo promoviese su gobierno antecesor. Sin duda, el desescalamiento de la violencia seguía avanzando en zonas de excepción insurgente donde los actores insurgentes de las FARC-EP ya no hacían presencia. Empero, las condiciones del territorio y de las poblaciones víctimas del conflicto armado seguían esperando que la provisión de seguridad del posconflicto pudiera ponerlos en el centro de la construcción de la paz y no de la reactivación de la guerra.

Con el fin del gobierno Duque y en un escenario social marcado por la reactivación de la protesta, la contienda electoral del año 2022 trajo un panorama ideológicamente opuesto al del gobierno saliente, tras la llegada al poder del candidato de la coalición partidista del Pacto Histórico, Gustavo Petro. Este dio un nuevo giro a las ideas que orientarían la construcción de la paz, la estabilización del posconflicto y la transformación de las condiciones sociales y políticas de los territorios marcados por la guerra. Como advierten múltiples análisis (Fundación Ideas para la Paz, 2023a; Pacifista, 2022; Grasa, 2022), las nuevas condiciones para la paz del gobierno de Gustavo Petro serían, entre otras, la implementación de un modelo de provisión de seguridad orientado por la seguridad humana (Ortega, 2022), la construcción de capacidades estatales desde los territorios y la ampliación del diálogo con todos los actores de alto impacto del conflicto, que pervive tras las más recientes negociaciones con la insurgencia de las FARC-EP.

A este conjunto de condiciones y políticas para la estabilización posconflictiva por vía de la seguridad se le denominó Paz Total (Valencia, 2022; Uprimny, 2022; Moreno, 2023). Esta idea, en medio de sus múltiples interpretaciones, plantea la posibilidad de que la estabilización posconflictiva no se limite al combate del Estado contra la insurgencia, sino que también incluya y reconozca a las víctimas del conflicto en la construcción de una nación, un territorio y un desarrollo posterior a la guerra.

¿El cierre del ciclo de paces negativas en Colombia?: un nuevo mecanismo para comprender la relación entre estabilización posconflictiva y Paz Total

Con la puesta en marcha de la política Paz Total y su énfasis en acciones de paz positiva (Galtung, 1998) y seguridad humana (Goucha y Rojas, 2003), se abre una perspectiva de la construcción de la paz en Colombia. Esta política se aleja de la lógica militarista y recentralizadora de la política de estabilización posconflictiva de Iván Duque, aunque retoma iniciativas parciales de paz de anteriores gobiernos que negociaron con actores no insurgentes (como los paramilitares) y actores armados urbanos (llamados ahora Grupos Armados Organizados o de Alto impacto). Lo anterior se justifica bajo el argumento de que la Paz Total, en su necesidad de promover la transformación social y alcanzar mayores niveles de verdad, justicia y reparación, requería extender las características del diálogo y la negociación a todos los actores armados implicados en la guerra.

En ese orden de ideas, la política de Paz Total del presidente Petro se desarrolla adecuadamente en el ámbito de la implementación de componentes de paz positiva en el sentido clásico de Galtung. No obstante, atendiendo al argumento central de este capítulo, en el sentido de la incorporación de componentes para la paz en la línea de la seguridad humana, el marco teórico clásico de la construcción de paz positiva se vuelve insuficiente para entender lo que trae la política de Paz Total del gobierno de Gustavo Petro desde la perspectiva de la seguridad humana.

Con base en lo anterior, mi hipótesis no apunta a lo que se entiende por paz total, sino a si esta puede interpretarse en el marco de un nuevo mecanismo para la construcción de la paz que trasciende la dupla de la paz negativa y positiva de Galtung (2010; 2012), así como su tradicional mecanismo de la "reconstrucción", "resolución" y "reconciliación" (en adelante las 3R). Así, la Paz Total sería un mecanismo para la estabilización posconflictiva compuesto por lo que llamo las 3E (Rojas, 2022) del proceso causal de la construcción de la paz en conflictos internos: "estatalidad", "empoderamiento" y "entutelamiento"[1].

La "estatalidad" se entiende como la aplicación de las reglas formales del Estado sobre los órdenes armados heredados de la guerra entre la diada "grupo armado-Estado" (Knight, 1992; Arjona, 2016; Arjona *et al.*, 2017), con el fin de aumentar y fortalecer la presencia y capacidad estatal en los territorios disputados durante la confrontación armada. El "empoderamiento" es el proceso que involucra a los actores y procesos sociales del posconflicto armado (Wood, 2008), luego de que la diada o los actores armados ponen fin a la guerra. Finalmente, el "entutelamiento" se refiere al reconocimiento efectivo de derechos de las poblaciones víctimas de la guerra y al carácter vinculante de los procesos de justicia, cambio constitucional y creación de políticas en el contexto de la posconflictividad armada (Rojas, 2022).

Así, el análisis comparado de las políticas de estabilización aquí propuesto no solo permite identificar variaciones en la forma en que se negocia y se implementa la paz en un caso como el de Colombia, sino también formular un nuevo marco teórico para analizar el complejo proceso de construcción de la paz en escenarios de conflictividad interna, donde existe una imperiosa necesidad de territorialización del posconflicto. De igual manera, es importante señalar que el cambio en el modelo de provisión de la seguridad, que ha pasado del militarismo a la seguridad humana en el marco de la Paz Total, se identifica aquí como un

---

1 Para este capítulo se traducen del inglés los componentes del mecanismo de las 3E originalmente nombrados por Rojas (2022) como: *enforcement* (traducido como "estatalidad"); *empowerment* (traducido como "empoderamiento") y *entitlement* (traducido como "entutelamiento"). Esta traducción de los términos en inglés es parcial, en tanto se busca aún la coincidencia con términos en castellano que reflejen en lo más cercano posible la acepción propuesta por el autor en su trabajo original en inglés.

elemento transversal y encadenante del mecanismo alternativo de las 3E para la estabilización posconflictiva.

A continuación, analizo la dinámica del mecanismo de las 3E, propuesto como alternativa a las 3R de Galtung, en relación con los tres componentes diferenciales que se identifican en el caso concreto de los mecanismos para la Paz Total del gobierno de Gustavo Petro: a) la construcción de capacidades del Estado subnacional (rural y urbano); b) la territorialización de la paz; y c) el alcance de los acuerdos y políticas de paz en el posconflicto.

Estatalidad en la Paz Total: La construcción de capacidades del Estado subnacional

El capítulo II de la ley 2272 de 2002, dedicada a los mecanismos para la paz total, detalla por qué la variación en la dinámica de la "estatalidad" propuesta por la política de Paz Total se convierte en un elemento central de la construcción de la paz y la estabilización posconflictiva:

> ARTÍCULO 6°. En el Plan Nacional de Desarrollo y en los Planes de Desarrollo Locales de las entidades territoriales se fijarán políticas, programas y proyectos, dirigidos al cumplimiento de los acuerdos de paz pactados y el logro de la paz, así como el desarrollo social y económico equitativo, la protección de la naturaleza y la integración de las regiones, en especial, los municipios más afectados por la violencia o aquellos en los que la presencia del Estado ha sido insuficiente, a través de la promoción de su integración e inclusión. Lo anterior, con el propósito de alcanzar los fines del Estado, contenidos en el artículo 2° de la Constitución Política, un orden justo democrático y pacífico, la convivencia y la paz. El cumplimiento de los acuerdos de paz pactados deberá estar acompañado de partidas presupuestales garantizadas por el Gobierno Nacional. (Ley 2272 de 2022, p. 2).

Cuando se alude a condiciones como el desarrollo local, la integración de las regiones o la presencia estatal insuficiente se pone de manifiesto la necesidad de hacer un giro en el proceso de construcción estatal heredado de gobiernos anteriores. Dicho giro advierte al menos dos tipos de tránsito en la dinámica de la "estatalidad" para la paz total: el primero, implica redireccionar el sentido de las políticas para el posconflicto desde lo nacional hacia lo territorial; el segundo, requiere transitar de la presencia estatal militarista a la llegada del Estado social de derecho a los territorios más afectados por la conflictividad armada interna.

El primer punto se ejemplifica con el nuevo impulso que el gobierno de Gustavo Petro pretende dar a los Planes de Desarrollo con Enfoque Territorial (PDET), definidos en el marco de la negociación de la paz con las FARC-EP (Gobierno y FARC-EP, 2016). En los PDET, se busca la implementación del desarrollo local a partir de los Planes de Acción para la Transformación Rural (PATR), los Planes Integrales de Sustitución y Desarrollo Alternativo (PISDA), los Planes Nacionales Sectoriales (PNS), los Planes Integrales de Reparación Colectiva y los Planes de Retorno y Reubicación (Ley 2272 de 2022; DNP; 2023).

En ese sentido, el tránsito entre la concentración de la política de paz con legalidad del gobierno Duque en el nivel nacional y la territorialización de la política de Paz Total del gobierno de Petro demuestran una primera forma de comprender la variación en la dinámica de la "estatalidad". Esta transición va desde la presencia del Estado con sus agentes e instituciones militares para la defensa de la soberanía territorial hacia el desarrollo territorial como eje de la construcción de capacidades estatales que trascienden el ámbito de la defensa y la provisión de seguridad de corte militarista.

> El segundo factor para el análisis del tránsito en la construcción de la Estatalidad para el posconflicto se observa en el rol que se asigna a las víctimas del conflicto armado, las organizaciones sociales y defensoras de los derechos humanos en las zonas rurales y urbanas más afectadas por la guerra. Si atendemos lo dispuesto por el Plan Nacional de Desarrollo (DNP, 2023), así como al texto de la política de paz total se destaca la forma como las regiones de paz, el servicio social para la paz o los Consejos de paz relievan y fortalecen el papel jugado por la sociedad civil en la construcción de capacidades estatales en la periferia rural y urbana donde se concentró el conflicto armado: "En las Regiones de Paz se promoverá la participación de la sociedad civil a través de instancias como los Consejos de Paz, Comités de Justicia Transicional, organizaciones sociales y de derechos humanos, mesas de víctimas, así como de empresarios, comerciantes y asociaciones de la zona, que manifiesten su intención de participar (Ley 2272 de 2022, p. 7).

Así, mientras la construcción de capacidad estatal de la estabilización posconflictiva, en políticas como la seguridad democrática (2002-2010) o de paz con legalidad (2018-2022), se enfocó en la llegada del Estado con su aparato de defensa armada a zonas estratégicas, principalmente rurales y afectadas por la periferialización del conflicto armado —zonas de excepción insurgente en fronteras nacionales—, la política de Paz Total, en cambio, reorienta el enfoque de construcción de Estado hacia lo territorial poniendo en el centro a la población civil como actores del desarrollo local en zonas de excepción fronteriza rural y urbana.

Este último punto, que abordaré en los dos siguientes apartados y que está referido a las zonas de excepción fronteriza urbana, merece especial atención para mi argumento sobre la territorialización como "empoderamiento" y el aumento del alcance de las políticas de estabilización posconflictiva como estrategia de "entutelamiento" de la Paz Total. A diferencia de las políticas de paz de los anteriores gobiernos, esta incorpora la pregunta por las condiciones de la provisión de seguridad y paz urbana en dos sentidos: por un lado, modificar la forma de proveer seguridad, orientándola hacia la seguridad humana; y segundo, dialogar sobre el conflicto en los entornos urbanos, más allá de la dinámica de un posconflicto interno que comúnmente se ha interpretado como un fenómeno de tipo periférico, rural y de carácter insurgente.

Empoderamiento como territorialización de la Paz Total: de lo rural a lo urbano/de la periferia al centro

A los cambios en la forma y dirección de la construcción de capacidades del Estado en las zonas y regiones de paz establecidas en la política de Paz Total, debe sumarse el efecto esperado en el empoderamiento social de las víctimas, las organizaciones sociales y la población excombatiente en vías de una reincorporación política y social, no solo en las zonas rurales, sino en los entornos urbanos donde aún se vive el conflicto armado interno.

El "empoderamiento", en el contexto de la Paz Total, no puede separarse del enfoque de la seguridad humana, que es transversal a todos los componentes del mecanismo de las 3E sugerido en este capítulo para un análisis diferenciado de la paz total en Colombia. En ese sentido, la lógica del "empoderamiento" desde abajo (PNUD, 2012) promovido por la Paz Total se potencia en la medida que se sustituyen las condiciones de provisión de seguridad heredadas de las políticas para hacer la guerra por aquellas de la seguridad humana necesarias para hacer la paz:

> El empoderamiento va de la mano de la apropiación de los proyectos y políticas por parte de las personas y comunidades involucradas. La participación de éstas, tanto en el diseño como en la ejecución de la política o proyecto con enfoque de seguridad humana, es un aspecto vital, no sólo un requisito; es el corazón de la metodología, pues la seguridad humana tiene que ver con las realidades de las personas, sus valores, sentires, percepciones, ciclo vital, etc. (PNUD, 2012, p. 23).

Así, la política de Paz Total como articuladora del mecanismo de las 3E para la construcción de un contexto de estabilidad posconflictiva duradero, responde también a dos de las estrategias fundamentales de la seguridad humana: "la protección y el empoderamiento" (PNUD, 2012, p. 23). En la lógica argumentativa de las 3E propuesta en este capítulo, la construcción de capacidades del Estado en los territorios, entendida como "estatalidad", atiende a lo propuesto por el PNUD (2012) en términos de la protección de las poblaciones y la sociedad civil implicada en la dinámica de la guerra y la construcción de paz. Asimismo, el "empoderamiento" se potencia en la implementación de una estrategia de la seguridad humana construida desde abajo y orientada a la inclusión y reconocimiento de las poblaciones más afectadas por el conflicto en la dinámica de la política nacional:

> La protección y el empoderamiento son conceptos que se refuerzan mutuamente y no pueden plantearse de forma aislada; 'ambos factores son necesarios en casi todas las situaciones de inseguridad humana, aunque la forma que adquieren y la proporción con la que se emplean variarán enormemente según las circunstancias'. (PNUD, 2012, p. 23).

Una experiencia representativa orientada en ese sentido fue el proceso de construcción participativa del Plan Nacional de Desarrollo 2022-2026. Este se realizó a partir de una metodología de diálogos "regionales vinculantes", en los que los colombianos y colombianas pudieron hacer aportes en y desde las regiones de Colombia. Aportes que giraron alrededor de cinco pilares, o ejes temáticos, que reflejan el propósito del "empoderamiento" social a partir de la territorialización de la paz: ordenamiento territorial alrededor del agua; seguridad humana y justicia social; derecho humano en la alimentación; transformación productiva, internacionalización y acción climática; y, por último, convergencia regional.

De igual forma, el Empoderamiento social, como propósito de la política de Paz Total, se refleja en lo dispuesto en el Plan Plurianual de Inversiones (DNP, 2023a) con respecto a los proyectos estratégicos de impacto regional y la gobernanza territorial en regiones periféricas del país, que históricamente han sido poco priorizadas en las políticas y planes para el desarrollo de anteriores gobiernos. Asimismo, se advierte una ampliación y diversidad en los ejes de desarrollo y transformación social, comparados con el énfasis en el desarrollo estratégico para la seguridad nacional de gobiernos como el de Álvaro Uribe Vélez en los tiempos de la seguridad democrática.

Entutelamiento para la Paz Total. El alcance de los acuerdos y políticas de paz en el posconflicto para la seguridad humana

Por último, el "entutelamiento" para la Paz Total, en el marco de las políticas de la seguridad humana y la estabilización posconflictiva del gobierno de Gustavo Petro, se identifica en la ampliación en el alcance de los acuerdos, las políticas y el reconocimiento de los derechos de las víctimas del conflicto armado, así como en las acciones para la verdad, la justicia y la reparación de los actores de la guerra comprometidos con la paz total.

Cuando se pone el énfasis en el alcance de los propósitos para el reconocimiento de derechos —nombrado aquí como "entutelamiento"— no se está negando la existencia de objetivos para la verdad, la justicia y la reparación en las políticas anteriores para la estabilización del posconflicto; sin embargo, se identifican nuevos escenarios, actores y estrategias para la ampliación del diálogo y la negociación con miras a la consolidación de la paz en contextos donde pervive no solo la gobernanza rebelde, sino otras formas de gobernanza ilegal (Desmond-Arias, 2006; 2018). Dos de estos escenarios merecen particular atención: la paz urbana y el diálogo sociojurídico con actores armados no insurgentes y organizaciones criminales de alto impacto.

La inclusión de la paz urbana en la agenda para la construcción de la paz total sugiere varios cambios en la dinámica de la estabilización del posconflicto en Colombia, no solo en el plano de la territorialización de la paz, donde ya es un componente relativamente novedoso en comparación con las anteriores políticas de estabilización. En este sentido, hago referencia a los casos concretos del llamado diálogo sociojurídico (Valencia, 2023) con las estructuras armadas organizadas de crimen de alto impacto (Charry, 2023) situado particularmente en los entornos urbanos de ciudades como Medellín, Buenaventura y Barranquilla (Díaz, 2023).

Si bien buena parte del debate público sobre el diálogo con estas estructuras se ha centrado en el tipo de figura jurídica que lo ampara (Charry, 2023), reconocer el mismo como una estrategia de "entutelamiento" amplía el ámbito de implementación de las medidas de justicia, verdad y reparación de las víctimas, así como las acciones para el progresivo desmonte de las otras violencias del conflicto armado urbano, identificadas en el informe final de la Comisión para el Esclarecimiento de la Verdad, la Convivencia y la No Repetición (2022).

De esta manera, la política de Paz Total, en términos de este tercer componente del mecanismo de estabilización, mantiene y da continuidad a la estrategia de paz negociada con los actores armados insurgentes heredada de los gobiernos anteriores. Sin embargo, adiciona un componente de paz urbana mayoritariamente ausente en aquellas administraciones del Estado que sostuvieron por años que la única alternativa para las estructuras armadas ilegales era el sometimiento a las reglas del Estado.

En consecuencia, entender el diálogo sociojurídico con las estructuras armadas de alto impacto, como una medida de "entutelamiento" que integra componentes de paz urbana y territorialización del posconflicto en contextos de esta naturaleza, se convierte en una manera de entender por qué la inclusión de este componente en la política de Paz Total puede consolidar un escenario de posconflictividad con mayores niveles de estabilización en comparación con los posconflictos heredados de procesos de paz, como los impulsados por Juan Manuel Santos con la guerrilla de las FARC-EP.

A modo de conclusión

Más allá del debate sobre lo que es o representa la paz total en Colombia, en este capítulo se afirma que, al menos en sus propósitos, configura un mecanismo alternativo para la estabilización del posconflicto armado interno que integra tres condiciones centrales, descritas en este capítulo bajo el título de las 3E: "estatalidad", "empoderamiento" y "entutelamiento" para la paz total.

Adicionalmente, el mecanismo alternativo de las 3E puede considerarse un componente fundamental para la construcción de la paz cuando la seguridad humana deja de ser simplemente un enfoque general y se convierte en una política de gobierno para la paz total. Lo anterior contrasta con otros enfoques o modelos de provisión de seguridad implementados durante las diferentes etapas de negociación de la paz comparadas en el presente trabajo.

En síntesis, enfrentar los desafíos de la paz total en términos del mecanismo de estabilización de las 3E aquí propuesto implica un gobierno basado en la seguridad humana que permita: a) la implementación de los acuerdos de paz con las insurgencias para aumentar las capacidades territoriales del Estado —estatalidad— en los escenarios rurales y urbanos; b) profundizar en la territorialización de la paz total, poniendo en el centro a la población y a los actores sociales del desarrollo local —empoderamiento—, tal como lo establecen las estrategias para la construcción de la paz desde la perspectiva de la seguridad humana; y c) ampliar el alcance de las condiciones anteriores a los actores concretos del conflicto, consolidando las condiciones para el reconocimiento de derechos, la justicia, la verdad y la reparación —entutelamiento—.

Referencias

Aguilera, M. y Perea, C. (2020). *Violencias que persisten. El escenario tras los acuerdos de paz.* Universidad Nacional de Colombia. https://doi.org/10.12804/tp9789587844641

Arenas, J. (1990). Vicisitudes del proceso de paz: notas, documentos, comentarios. https://n9.cl/eiju2

Arjona, A. (2016). *Rebelocracy. Social order in the Colombian Civil War.* Cambridge University Press. https://doi.org/10.1017/9781316421925

Arjona, A., Kasfir, N., Mampilly, Z. (2017). *Rebel Governance in Civil War.* Cambridge University Press.

Cardona, J. (2013). *Diario del Conflicto: De las Delicias a la Habana (1996-2013).* Universidad de los Andes.

Charry, J. (2023, 23 de enero). Estructuras armadas organizadas de crimen de alto impacto. *Ámbito Jurídico.* https://n9.cl/62wt6

Comisión para el Esclarecimiento de la Verdad, la Convivencia y la No Repetición. (2022). *Hallazgos y Recomendaciones.* Comisión de la Verdad. https://n9.cl/83lfu

Congreso de la República de Colombia. (1981, 26 de marzo). Ley 37 de 1981. *Por la cual se declara una amnistía condicional.* Diario Oficial n. ° 35729.

Congreso de la República de Colombia. (1982, 19 de noviembre). Ley 35 de 1982. *por la cual se decreta una amnistía y se dictan normas tendientes al restablecimiento y preservación de la paz.* Diario Oficial n. ° 36133.

Congreso de la República de Colombia. (2022, 4 de noviembre). Ley 2272 de 2022. *Ley de Paz Total.* https://n9.cl/h7zml

Departamento Nacional de Planeación (DNP). (2023). Plan Nacional de Desarrollo 2022-2026. https://n9.cl/0izho

Departamento Nacional de Planeación (DNP). (2023a). Plan Plurianual de Inversiones. Colombia Potencia Mundial de la Vida. https://n9.cl/a2hc8e

Desmond, E. (2006). The dynamics of criminal governance: networks and social order in Rio de Janeiro. *Journal of Latin American Studies*, *38*(2), 293-325. http://www.jstor.org/stable/3875501

Desmond, E. (2018). Criminal enterprises and governance in Latin America and the Caribbean. Cambridge University Press. https://doi.org/10.1017/9781316650073

Díaz, D. (2023, 2 de junio). En medio de la incertidumbre jurídica se instala la mesa de diálogos con las estructuras criminales de Medellín. *El País.* https://n9.cl/ipt0b

Echandía, C. (2006). *Dos décadas de escalamiento del conflicto armado en Colombia 1986-2006.* Universidad Externado.

Echandía, C. (2013). Auge y declive del Ejército de Liberación Nacional (ELN). Análisis de la evolución militar y territorial de cara a la negociación. Fundación Ideas para la Paz. https://storage.ideaspaz.org/documents/529debc8a48fa.pdf

El Tiempo. (2010, 26 de febrero). La Corte Constitucional le dijo "no" al referendo. https://n9.cl/6pq6j

Fundación Ideas para la Paz. (2019). La fragilidad de la transición. La paz incompleta y la continuación de la confrontación armada. FIP.

Fundación Ideas para la Paz. (2019a). La reincorporación económica de los excombatientes de las FARC. Retos y riesgos a futuro. FIP.

Fundación Ideas Para la Paz. (2023). El Camino de la Paz Total. Balance de la estrategia de negociación en el gobierno de Gustavo Petro y oportunidades para la cooperación internacional. FIP. https://n9.cl/s1jvx

Fundación Ideas Para la Paz. (2023a). Paz Total, disputas e inseguridad en el primer año del gobierno Petro. FIP. https://n9.cl/1h0y7

Fundación Paz y Reconciliación. (2019). Más sombras que luces. La seguridad en Colombia a un año de Iván Duque.

Fundación Paz y Reconciliación. (2019a). Terminó la guerra. El postconflicto está en riesgo. Un año del Acuerdo de Paz.

Galtung, J. (1998). *Tras la violencia 3R: reconstrucción, reconciliación, resolución. Afrontando los efectos visibles e invisibles de la guerra y la violencia*. Bakeaz; Gernika Gogoratuz.

Galtung, J. (2010). *A Theory of Conflict. Overcoming Direct Violence*. TRANSCEND University Press.

Galtung, J. (2012). A Transcend Reconciliation Approach. En D. Perlman, J. Santa Bárbara y J. Galtung (eds.), *Reconciliation. Clearing the past-building a future*. TRANSCEND University Press.

García, M. (1992). De La Uribe a Tlaxcala: procesos de paz. CINEP.

García-Durán, M., González, F., Fernández, C., Sarmiento, F., Hernández, E., Katz, M., Rojas, J., Grabe, V., González, C., Vargas, A., Romero, M., Lozano, C., Gutiérrez, R., García-Peña, D., Tate, W., Ramírez, A. (2004). Alternatives to War. Colombia's Peace Processes. Conciliation Resources; CINEP.

García-Peña, D. (2009). Las experiencias pasadas permiten retomar el sendero de la salida política. En Á. Villarraga (ed.). *En ausencia de un proceso de paz, tomo IV: acuerdos parciales y mandato ciudadano por la paz*. Fundación Cultura Democrática.

Gobierno Nacional y Fuerzas Armadas Revolucionarias de Colombia-Ejército del Pueblo. (FARC-EP). (2016). Acuerdo final para la terminación del conflicto y la construcción de una paz estable y duradera. Imprenta Nacional.

Grasa, R. (2022). La propuesta de Paz Total del presidente Petro y su gobierno. Insumos para operacionalizarla e implementarla como políticas públicas. Fundación Friedrich Ebert.

Grupo de Memoria Histórica (GMH). (2013). Basta Ya. Colombia: Memorias de Guerra y Dignidad. Centro Nacional de Memoria Histórica. https://n9.cl/pis45

Giraldo, J. (2015). Política y guerra sin compasión. En Contribución al entendimiento del conflicto armado en Colombia. Comisión Histórica del Conflicto y sus Víctimas. https://www.centrodememoriahistorica.gov.co/descargas/comisionPaz2015/Giraldo-Jorge.pdf

González, F. (2020). *Más allá de la coyuntura. Entre la paz territorial y la "paz con legalidad"*. CINEP.

Goucha, M. y Rojas, F. (eds.). (2003). Human security, conflict prevention and peace. UNESCO.

Indepaz. (2009). Del Mandato del 97 al 2007. https://n9.cl/37ro

Indepaz. (2019). Todos los nombres. Todos los rostros. Informe de derechos humanos sobre la situación de líderes/as y defensores de derechos humanos en los territorios. https://n9.cl/9ow3cn

Indepaz. (2022). Cifras durante el gobierno de Iván Duque. Balance de la violencia en cifras. https://n9.cl/lfwsc

Jaramillo, S. (2014). Todo lo que debería saber sobre el proceso de paz. Visión, realidades y avances en las conversaciones que adelanta el Gobierno Nacional en la Habana. https://n9.cl/ywso

Knight, J. (1992). *Institutions and social conflict. Political economy of institutions and decisions*. Cambridge University Press. https://doi.org/10.1017/CBO9780511528170

Kroc Institute for International Peace Studies. (2018). Segundo informe sobre el estado efectivo de la implementación del Acuerdo de Paz en Colombia, diciembre 2016–mayo 2018. https://n9.cl/u8pjy4

Kroc Institute for International Peace Studies. (2019). Tercer Informe. Hacia una paz de calidad en Colombia. https://n9.cl/4lornw

Kroc Institute for International Peace Studies. (2020). Tres años después de la firma del Acuerdo Final de Colombia: hacia la transformación territorial. https://peaceaccords.nd.edu/wp-content/uploads/2020/06/Cuarto-Informe-Final-with-Annex-Link.pdf

Kroc Institute for International Peace Studies. (2020a). Point by point: the status of peace agreement implementation in Colombia. https://n9.cl/aeocn

Leal, F. (2006). La política de seguridad democrática 2002-2005. *Análisis Político*, *19*(57), 3-30. http://www.scielo.org.co/scielo.php?script=sci_arttext&pid=S0121-47052006000200001&lng=en&tlng=es

López, C. (2016). *¿Adiós a las Farc? ¿Y ahora qué?* Debate.

Moreno, H. (2023). La Paz Total. El camino de transformación para la justicia social. En C. Medina, (comp.), *Paz Total: insumos para la formulación de una política pública integral de paz* (pp. 291-296). Universidad Nacional de Colombia.

Nieto, J. y Robledo, L. (2001). Guerra y Paz en Colombia 1998-2001. *Análisis Político*, (48), 114-117. https://revistas.unal.edu.co/index.php/anpol/article/view/80349/71067.

Otero, D. (2010). *El papel de los Estados Unidos en el conflicto armado colombiano: de la doctrina Monroe a la cesión de siete bases militares*. Ediciones Aurora.

Pacifista. (2022). ¿Qué es la "paz total" que pregona Petro desde campaña? *Revista 100 días*; CINEP. https://n9.cl/k1o36

Programa de las Naciones Unidas para el Desarrollo (PNUD). (2012). *Guía metodológica para la aplicación del enfoque de Seguridad Humana*. Programa de Naciones Unidas para el Desarrollo; Instituto Interamericano de Derechos Humanos.

Presidencia de la República de Colombia. (1981, 8 de octubre). Decreto 2761 de 1981.

Presidencia de la República de Colombia (2018). Paz con legalidad. https://n9.cl/ku969

Ortega, C. (2022, 28 de agosto). De la seguridad ciudadana a la seguridad humana. *Razón Pública*. https://n9.cl/u0wepf

Reynoso, L. (octubre 26 de 2022). Las cinco claves de la ley de la paz total de Gustavo Petro. *El País*. https://n9.cl/vjgev

Ríos, J. (2013). La paz en la administración del presidente Ernesto Samper. En Á. Villarraga (ed.). *En ausencia de un proceso de paz, tomo IV: acuerdos parciales y mandato ciudadano por la paz*. Fundación Cultura Democrática.

Sierra, J. y Zapata, J. (2019). Democratic Security Policy in Colombia: Approaches to an enemy-centric counterinsurgency model. 129. 10.5944/rdh.36.2019.19837.

Rojas, D. (2022). *Enforcement, empowerment and entitlement (3E): subnational determinants of armed post-conflict stability* [tesis de doctorado, Pontificia Universidad Católica de Chile]. Repositorio UC. https://doi.org/10.7764/tesisUC/CIP/63334

Uprimny, R. (2022, 6 de noviembre). Paz Total, justicia y derechos de las víctimas. *De Justicia*. https://n9.cl/hdmo4

Valencia, G. (2022). La Paz Total como política pública. Estudios Políticos, (65), 10–29. https://doi.org/10.17533/udea.espo.n65a01

Valencia, G. (2023, 5 de junio). Inició la fase de diálogos de la Paz Urbana. *Pares*. https://n9.cl/ls95wm

Valencia, G. (2019). Organizarse para negociar la paz. Gobernanza de la paz negociada en Colombia 1981-2016. Universidad de Antioquia.

Villamizar, D. (2017). *Las guerrillas en Colombia. Una historia desde los orígenes hasta los confines*. Debate.

Villarraga, Á. (Comp.). (2009). Biblioteca de la Paz, 1982-1986. Se inician acuerdos parciales, Pacto Político con el M-19. Bogotá: Fundación Cultura Democrática

Villarraga, Á. (comp.). (2015). *Los procesos de paz en Colombia, 1982-2014*. Fundación Cultura Democrática.

Wood, E. (2008). The social processes of civil war: the wartime transformation of social networks. *The Annual Review of Political Science, 11*, 539-561. https://doi.org/10.1146/annurev.polisci.8.082103.104832

Capítulo 5

DESAFÍOS DE LA PAZ URBANA EN MEDELLÍN Y EL VALLE DE ABURRÁ*

Pablo Emilio Angarita Cañas**

Natalia Maya Llano***

Introducción

La Paz Total, bajo el enfoque de la seguridad humana como apuesta prioritaria del gobierno de Gustavo Petro, enfrenta numerosos interrogantes y desafíos. En un país como Colombia, con una larga trayectoria de diálogos y acuerdos de paz parciales, hacer de la paz una política de Estado, que se propone implementar los acuerdos ya firmados y desactivar las violencias generadas por grupos armados al margen de la ley —con o sin carácter político—, es una pretensión ambiciosa y difícil. Esto es aún más desafiante si no se incluye a las ciudades en el proyecto nacional de la paz.

Colombia es un país principalmente urbanizado, donde sus ciudades concentran más de la mitad de los homicidios. No obstante, es insuficiente lo que se sabe sobre los conflictos violentos que toman cuerpo en sus calles y barrios y poco lo que se discute sobre cómo incluir a las urbes en las preocupaciones de la paz (Perea, 2013; 2020). Esto ha sido palpable en los esfuerzos de negociación emprendidos desde la década de los ochenta hasta el presente. Por ejemplo, en el Acuerdo Final de Paz de 2016 logrado entre el Estado colombiano y las antiguas FARC-EP, las ciudades del país son solo nombradas en escasas ocasiones para ha-

---

* Este capítulo, escrito a finales de 2023, es resultado de investigación de la agenda sobre paz total y seguridad humana emprendida ese mismo año por el grupo de investigación Conflictos, Violencias y Seguridad Humana de la Universidad de Antioquia.

** Profesor jubilado de la Universidad de Antioquia. Investigador emérito vitalicio de Minciencias. Integrante del grupo de investigación Conflictos, Violencias y Seguridad Humana de la Universidad de Antioquia.

*** Profesora de cátedra de la Universidad de Antioquia. Integrante del grupo de investigación Conflictos, Violencias y Seguridad Humana de la misma universidad.

cer referencia a la necesidad de cerrar la brecha entre el campo y la ciudad. Más recientemente, si bien la Ley de Paz Total (Ley 2272 de 2022) y el Proyecto de Ley de "sujeción a la justicia" (Ley 288 de 2023)[1] incluyen a las organizaciones criminales que operan en territorios urbanos, no hay mayores claridades sobre cómo se abordarán los proyectos de paz urbana que, junto con la paz rural, hagan posible la materialización de la paz total en Colombia.

La instalación de los denominados Espacios de Conversación Sociojurídicos de Construcción de Paz Urbana con las estructuras armadas ilegales de Medellín y el Valle de Aburrá el 2 de junio, de Buenaventura el 18 de julio y de Quibdó el 18 de agosto, todas en 2023 (Resoluciones 138, 210 y 264 de 2023, respectivamente), fue noticia para destacar en esta vía.

En el caso de Medellín y el Valle de Aburrá, que cuentan con una amplia trayectoria en negociaciones de paz y procesos de reinserción y reincorporación de actores armados ilegales, se abrió una importante oportunidad de poner freno al reciclaje de sus principales dinámicas de violencia. Estas dinámicas datan de comienzos de la década de los ochenta, con la emergencia y consolidación del Cartel de Medellín, su transformación posterior a Oficina de Envigado y su conversión a bloques paramilitares y desmovilización parcial a finales de los noventa e inicios del 2000. Hasta la actualidad existe un mantenimiento, con algunas modificaciones, de su accionar, bajo el desarrollo de "una red flexible de organizaciones criminales con el predominio de grandes estructuras semi invisibles con un perfil de alta criminalidad, combinada con su articulación con una vasta red de organizaciones delictivas barriales" (Gil, 2023).

Frente a esta oportunidad, y con lo poco que se conoce sobre cómo el Gobierno nacional va a incorporar a las ciudades al proyecto de la Paz Total, son muchos los interrogantes que surgen. Uno de los principales es cómo se materializará, en la práctica, el concepto de la seguridad humana, el cual no solo orienta esta política sino la Política de Seguridad, Defensa y Convivencia Ciudadana para la Protección de la Vida y el Plan Nacional de Desarrollo. Este capítulo se propone justamente plantear algunas de esas cuestiones, señalar los desafíos de la apuesta por la paz urbana, particularmente para Medellín y el Valle de Aburrá, y esbozar recomendaciones que puedan contribuir a su avance en la ciudad. Todo esto logrado a partir de una metodología de trabajo cualitativa que combinó técnicas documentales (revisión de prensa y análisis de literatura especializada) con la realización de entrevistas semiestructuradas.

1 Archivado en la primera legislatura de 2023.

Conversar o pactar con estructuras criminales

A lo largo de todo su articulado la Ley de Paz Total reitera la distinción entre dos tipos de procesos, en su artículo 2, literal c dice: (i) "negociaciones con grupos armados organizados al margen de la ley con los que se adelanten diálogos de carácter político, en los que se pacten acuerdos de paz" y, (ii) "acercamientos y conversaciones con grupos armados organizados o estructuras armadas organizadas de crimen de alto impacto, con el fin de lograr su sometimiento a la justicia y desmantelamiento" (Ley 2272 de 2022).

Ambos procesos responden, a su vez, a la distinción entre grupos armados organizados al margen de la ley a los que se les reconoce carácter político y a los que no, lo que implica un tratamiento diferenciado en los procedimientos, así como una potencial sanción penal que el Estado podría imponerles.

Este tipo de diferenciaciones parece obedecer también al hecho de que, a juzgar por las experiencias pasadas, buena parte de la sociedad colombiana está más dispuesta a aceptar negociaciones y acuerdos con grupos insurgentes que con la delincuencia organizada o con las ahora denominadas "estructuras armadas organizadas de crimen de alto impacto". Estas últimas generan una inmensa cantidad de víctimas en campos y ciudades, a través de delitos ligados al narcotráfico, microtráfico y otras rentas legales e ilegales, como asesinatos, desapariciones forzadas, desplazamiento forzado, trata de personas, agresiones sexuales, extorsiones (conocidas como "vacunas") y el reclutamiento de niños, niñas y adolescentes, entre otros.

Frente al sometimiento o sujeción a la justicia, buscado por la Ley de Paz Total (Ley 2272 de 2022) y por el Proyecto de Ley 288 de 2023, algunos representantes o voceros de estas estructuras han expresado estar en desacuerdo con ambos términos. Según Henry Holguín, vocero civil de la banda Los Pachelly del municipio de Bello, piden un reconocimiento político por la "función social" que cumplen en los territorios en los que hacen presencia y ejercen control. Además, proponen hablar de "acogimiento", en referencia a ser integrados al Estado de derecho y a la sociedad civil (H. Holguín, comunicación personal, 18 de marzo de 2023).

El Proyecto de Ley de "sujeción a la justicia ordinaria, garantías de no repetición y desmantelamiento de estructuras armadas organizadas de crimen de alto impacto" dejaba muy claro, en su artículo 3, que, con respecto al tratamiento penal diferenciado para el desmantelamiento y fin de estas agrupaciones, "los beneficios en la punibilidad y la pena con componente restaurativo de que trata esta Ley no constituyen reconocimiento político de las estructuras y sus integrantes" (Ley 288 de 2023). Esta favorabilidad penal, según el artículo 6, se otorgaría a cambio de "la contribución del beneficiario a la consecución de la paz, la colaboración con la justicia, la reparación a las víctimas y su resocialización" (Ley 288 de 2023).

No obstante, el Proyecto de Ley 288 de 2023 de "sujeción a la justicia" fue archivado en la primera legislatura de 2023 por el Congreso de la República[2]. A pesar de que el entonces ministro de justicia, Néstor Osuna, confirmó que el Ejecutivo radicaría de nuevo la iniciativa con modificaciones (Rodríguez, 2023), mientras esto ocurre, se profundiza el vacío jurídico de la política de Paz Total, especialmente en relación con los Espacios de Conversación Sociojurídicos ya establecidos con estructuras armadas organizadas de crimen de alto impacto en ciudades como Medellín y el Valle de Aburrá, Buenaventura y Quibdó. Esto genera incertidumbre tanto para los integrantes de los grupos armados ilegales que participan en estos procesos, como para las comunidades que están bajo su control, además de afectar el conjunto de la sociedad que va moldeando sus simpatías de acuerdo con las agendas trazadas por los medios de comunicación.

Las ciudades: sus conflictos violentos y su derecho a la paz

El 26 de agosto de 2012 el gobierno del presidente Juan Manuel Santos y las Fuerzas Armadas Revolucionarias de Colombia–Ejército del Pueblo (FARC-EP) firmaron el "Acuerdo general para la terminación del conflicto y la construcción de una paz estable y duradera". Un mes y medio después, el 18 de octubre, instalaron la Mesa de Conversaciones de Paz en Oslo, Noruega. De cara al proceso de paz que iniciaba, el país se movió en un péndulo de expectativas, incredulidad y grandes interrogantes. Una importante cuestión, planteada por el académico Carlos Mario Perea (2013), fue si la paz estable y duradera no pasaba por las ciudades, esas grandes productoras de violencias.

Cuatro años más tarde, el 2 de octubre de 2016, los y las habitantes de Colombia tuvieron en sus manos la refrendación del Acuerdo de Paz al que lograron llegar el Estado y las FARC-EP. De acuerdo con Álvarez y Garzón (2016), los resultados: 6.377.482 personas por el "Sí" y 6.431.376 por el "No", dibujaron un mapa que plasmó profundas diferencias regionales en el país. En las zonas más alejadas del Estado y del mercado, donde ha sido mayor el impacto del conflicto armado, el "Sí" ganó, y en aquellos territorios más integrados y con mejor funcionamiento de las instituciones, triunfó el "No":

---

2 Apenas pudo ser radicado en la Comisión Primera del Senado.

> En el campo, donde se ha sentido la confrontación de manera más intensa, el respaldo a lo pactado en La Habana fue mayor. [...] En cuanto al país más urbano las preferencias estuvieron divididas. En su conjunto, en las capitales, la inclinación por el Sí fue mayor, con 2.968.204 votos, mientras que el No obtuvo 2.723.044. Si se miran los 32 centros urbanos del país, se encuentra que 16 optaron por el Sí y 16 por el No. El apoyo de las ciudades al proceso de paz fue ligeramente a favor del Sí, pero estuvo lejos de ser determinante en la elección. (Álvarez y Garzón, 2016, pp. 16-17).

Para algunos, estos resultados, sumados a una abstención del 62,60 %[3], evidenciaron la indiferencia y falta de empatía predominante en el país, señalando especialmente a los y las habitantes de las ciudades. No obstante, tres días después del plebiscito y hasta finales de octubre de ese año, las calles de Bogotá, Cali, Palmira, Medellín, Manizales, Bucaramanga, Neiva, Pasto, Barranquilla, Cartagena, Santa Marta, Riohacha y Quibdó se convirtieron en el escenario de numerosas y sostenidas movilizaciones. Estas acciones colectivas de la sociedad civil reclamaban la continuidad de la negociación y una solución al limbo político y jurídico que se había creado con la victoria del "No" (Fundación Ideas para la Paz, 2016).

Esta situación derivó en un proceso de renegociación que terminó con la firma de un nuevo Acuerdo Final de Paz el 24 de noviembre de 2016 en el Teatro Colón de Bogotá. Acuerdo que en su contenido apenas menciona a las ciudades en escasas ocasiones para hacer referencia a la necesidad de cerrar las brechas con el campo.

En la actualidad, el balance para el país frente al logro de la anhelada paz es de claroscuros. En el informe "Siete años de implementación del Acuerdo Final: perspectivas para fortalecer la construcción de paz a mitad de camino", el Instituto Kroc de Estudios Internacionales de Paz (2024)[4] analiza el periodo comprendido entre diciembre de 2022 y noviembre de 2023 e indica que: el 10 % de las 508 disposiciones del Acuerdo aún no había iniciado su implementación, el 39 % se encontraba en un estado mínimo, el 19 % en un estado intermedio, y solo el 32 % de las disposiciones completó su implementación (Echavarría *et al.*, 2024).

Adicionalmente, son persistentes las violencias que afectan la vida de la ciudadanía y que evidencian el tránsito de un conflicto armado con un indiscutible

---

3 La más alta en los últimos veintidós años hasta la fecha (Fundación Ideas para la Paz, 2016).

4 Se trata de su octavo informe comprensivo en respuesta al encargo del Acuerdo Final de Paz de "proporcionar información independiente, imparcial, con rigurosidad académica y basada en la evidencia sobre el estado de la implementación" (epígrafe 6.3.2).

carácter político a diversos conflictos violentos marcados por la proliferación de organizaciones criminales cuyo accionar se sustenta en la disputa por todo tipo de rentas legales e ilegales. El Comité Internacional de la Cruz Roja (CICR), en su balance anual Retos Humanitarios 2024[5], da cuenta de la existencia de ocho conflictos armados de carácter no internacional en Colombia:

> Tres de ellos son entre el Estado colombiano y los siguientes grupos armados, respectivamente: el Ejército de Liberación Nacional (ELN), las Autodefensas Gaitanistas de Colombia (AGC) y las antiguas FARC-EP actualmente no acogidas al Acuerdo de Paz. Los otros cinco conflictos son entre grupos armados no estatales: uno, entre el ELN y las AGC; y los cuatro restantes, entre las antiguas FARC-EP actualmente no acogidas al Acuerdo de Paz y 2) la Segunda Marquetalia, 2) los Comandos de la Frontera-Ejército Bolivariano, 3) el ELN y 4) las AGC. El CICR clasificó recientemente este último conflicto armado luego de dos años de observación y análisis de las hostilidades entre ambos grupos y las consecuencias humanitarias generadas. (CICR, 2024, p. 5).

Este mismo organismo, en su informe de 2019, alertaba sobre los abusos perpetrados por "pandillas, combos y parches" que ejercían control territorial y diversas formas de violencia armada en barrios de varias ciudades del país y sus llamadas "periferias": "Buenaventura, Tumaco, Quibdó, Medellín, Cali y Cúcuta son seis ciudades donde trabajamos sin descanso y somos testigos del impacto de la convivencia entre 'viejas' guerras y nuevos actores armados" (CICR, 2019, p. 2).

Por esta misma vía, entre 2018 y 2022 la Defensoría del Pueblo emitió numerosas alertas tempranas que también llamaban la atención sobre las violencias persistentes en importantes núcleos urbanos del país, como Cartagena (Alerta Temprana n. ° 002-20); Barranquilla (AT 020-18; 037-20); Santa Marta (AT 045-18); Montería (AT 007-22); Valledupar (AT 026-21); San Andrés (AT 028-22); Cali (AT 085-18; 001-22); Tumaco (AT 044-18; 004-18; 001-20); Buenaventura (AT 079-18; 007-19; 003-21; 024-21); Quibdó (AT 049-19); Medellín (AT 041-18; 059-18; 032-20); Bello (AT 036-19); Cúcuta (AT 011-20); Bucaramanga (AT 028-21); Barrancabermeja (AT 076-18; 027-22); Bogotá (AT 030-18; 086-18; 023-19; 046-19; 022-20); Soacha (AT 062-18); Pereira, Armenia y Manizales (AT 041-20).

Dice Gonzalo Sánchez (2018) que "la violencia urbana la tenemos en frente, pero es tan inmediata que casi no la vemos" (p.15). Además, afirma que la

---

5 Correspondiente a lo observado por el organismo durante 2023.

conciencia de esta violencia por parte de los y las habitantes de las ciudades se circunscribe, casi siempre, a la perspectiva de la inseguridad, sobre todo de la inseguridad patrimonial, perdiéndose de vista que esta "ha sido, en parte, producto de la interconexión y la enorme fluidez entre las dinámicas del crimen organizado y las del conflicto armado" (p. 16).

Las zonas urbanas de Colombia, que albergan el 82 % de la población[6] y constituyen la centralidad política y económica del país, han sido históricamente escenario privilegiado de las contiendas por el poder, de la expresión de numerosas reivindicaciones sociales y de una marcada segregación socioespacial. En ellas confluyen y se expresan con dureza problemáticas como la desigualdad, la pobreza, el desempleo, la exclusión y múltiples violencias. Algunas de estas violencias surgen de las tensiones y conflictos de la vida urbana misma, es decir, de las diferentes maneras de habitar la ciudad; otras, en cambio, están asociadas a la delincuencia común, a la presencia y operación de actores criminales con sus negocios del narcotráfico y otras rentas legales e ilegales, así como al accionar de grupos del conflicto armado nacional.

Producto de lo anterior, las ciudades del país enfrentan repertorios de violencia como el exterminio social (mal llamado "limpieza social")[7], desplazamientos forzados intraurbanos, desapariciones forzadas, extorsión, asesinatos selectivos, confinamiento, fronteras invisibles, y disputas por el control social, territorial y de los mercados ilegales, "así como problemas originados en las violencias intrafamiliar, sexual, de género, y las relacionadas con la convivencia ciudadana" (Piedrahita y Gil, 2016, p. 149).

De acuerdo con Perea (2020), entre 1984 y 2016, en las calles de las urbes se produjo más de la mitad de los homicidios de Colombia:

> No es una condición derivada sin más de la mayor población que alberga la ciudad. La compleja conexión entre ciudad y homicidio la dejan ver México y Brasil, dos países altamente urbanizados. Mientras en México la ciudad pone

6 Según datos del Banco Mundial para 2023. En el mundo el porcentaje de población urbana es 57 % (Banco Mundial, s.f.).

7 De acuerdo con el informe del Centro Nacional de Memoria Histórica (2015), "Limpieza social. Una violencia mal nombrada", "se está en presencia de un episodio de aniquilamiento social cuando se produce el repetido asesinato en la calle de una identidad socialmente conflictiva. Son entonces cuatro sus rasgos distintivos: la condición social; la identidad conflictiva; su ocurrencia en la calle; el carácter repetido y sistemático" (p. 45).

nada más el 14 % de los homicidios, en Brasil, por el contrario, agrega el 75 %. Colombia está a medio camino entre uno y otro, puso el 57 %. (p. 84).

Pese a esta situación, siguiendo con el autor, a las ciudades se les asigna un lugar paradójico en la "conciencia pública sobre el conflicto y la paz". Están invisibilizadas en el universo del conflicto armado:

> En la reflexión académica no llega ni al estatuto de capítulo autónomo digno de mención independiente, en los medios de comunicación aparece sólo cuando la guerra la asalta y en las políticas públicas hacia la paz apenas si se menciona. (Perea, 2013, p. 4).

Con respecto a esto último, es pertinente poner sobre la mesa dos cuestiones. La primera es que, si bien el Acuerdo Final de Paz de 2016 no contiene disposiciones explícitas sobre la construcción de paz en las ciudades, una de las entidades del Sistema Integral para la Paz[8], creado por el Acuerdo, sí se ocupó de ellas al indagar por su papel en el conflicto armado y la paz en Colombia. Se trata de la Comisión para el Esclarecimiento de la Verdad, la Convivencia y la No Repetición (CEV), que en su informe final "Hay futuro, si hay verdad" incluyó en su tomo territorial "Colombia adentro" un capítulo sobre las "Dinámicas urbanas de la guerra". En este, la CEV reconoce que, si bien el conflicto armado se vivió principalmente en territorios rurales, donde dejó las más devastadoras afectaciones, "también atravesó a las ciudades e incidió profundamente en los procesos de urbanización del país y en la vida de sus pobladores" (Comisión de la Verdad, 2022, p. 31). Además:

> Para muchos colombianos y colombianas esto solo fue tangible cuando en sus ciudades ocurrieron actos de guerra de gran magnitud: atentados con explosivos, asesinatos de líderes políticos, secuestros masivos, paradas armadas de grupos guerrilleros o paramilitares u operaciones militares de las fuerzas estatales, en barrios populares de las llamadas periferias urbanas. Sin embargo, las experiencias urbanas del conflicto armado no se redujeron a una sumatoria de hechos aislados, por el contrario, muchos habitantes de las ciudades colombianas fueron víctimas de numerosas violencias cotidianas asociadas a la guerra. (Comisión de la Verdad, 2022, pp. 31-32).

---

8 Antes Sistema Integral de Verdad, Justicia, Reparación y No Repetición (SIVJRNR).

La segunda cuestión es la apuesta prioritaria de paz total bajo el enfoque de la seguridad humana del gobierno de Gustavo Petro (2022-2026), con la cual se busca hacer de la paz una política de Estado para reducir las violencias. Frente a esta nueva y ambiciosa política nacional, la preocupación por el lugar de las ciudades en la construcción de paz en Colombia cobra aún más vigencia: "sin paz urbana no habrá paz total" es la afirmación que se repite en numerosos artículos de prensa y de opinión y que cada vez corean con más fuerza importantes lideresas y líderes sociocomunitarios que demandan la inclusión de las ciudades en el proyecto nacional de paz.

Si bien la Ley 2272 de 2022 contempla a las organizaciones criminales que operan en territorios urbanos, tanto esta ley como el Proyecto de "sujeción a la justicia" (Ley 288 de 2023), que fue archivado, carecen de un desarrollo más detallado sobre cómo el Gobierno nacional planea implementar los proyectos de paz urbana en el país. No obstante, la instalación y funcionamiento de los denominados Espacios de Conversación Sociojurídicos de Construcción de Paz Urbana en Medellín, Buenaventura y Quibdó con algunas de sus estructuras armadas ilegales representa un comienzo importante en este sentido.

Interrogantes en torno a la apuesta de paz urbana en Medellín y el Valle de Aburrá

Retomando el informe "Dinámicas urbanas de la guerra" del tomo territorial de la Comisión de la Verdad (2022), de los nueve millones y medio de víctimas reconocidas e incluidas en el Registro Único de Víctimas (RUV), aproximadamente un millón ochocientas mil sufrieron su victimización en alguna de las ciudades del país[9], es decir, el 19 %. Medellín ocupó el primer puesto como la ciudad con mayor número de víctimas desde antes de 1958 hasta 2001, siendo relegada desde entonces al tercer lugar por Buenaventura y Tumaco.

La capital de Antioquia es una de las principales ciudades receptoras de población desplazada en Colombia y también expulsora. No en vano la Sentencia T-268 de 2003 (Corte Constitucional de Colombia, 2003) reconoció por primera vez que "el desplazamiento entre la misma ciudad hace parte del desplazamiento interno forzado" a raíz del caso de sesenta y cinco familias y alrededor de cuatrocientas per-

9 La Comisión integró y adaptó la definición de "sistema colombiano de ciudades" de Alfonso (2014) que prioriza la escala metropolitana para la comprensión del mundo urbano; dando cuenta de 91 urbes en total.

sonas del barrio El Salado de la Comuna 13 de la ciudad que fueron desplazadas de sus hogares por la confrontación entre milicias de las antiguas FARC-EP y paramilitares de las Autodefensas Unidas de Colombia (AUC). "De estas víctimas ya habían sido desplazadas de otras municipalidades hacia Medellín, lo cual los lleva a un nuevo desplazamiento o situación de 're-desplazados'" (testimonio de la defensora del pueblo de Antioquia transcrito en la Sentencia T-268 de 2003).

Estas dinámicas del conflicto armado en Medellín coexistían y se hibridaban con las del crimen organizado, que son las que protagonizan los conflictos violentos de la ciudad y del Valle de Aburrá en las últimas décadas. Así lo corrobora la Defensoría del Pueblo en su Alerta Temprana n. ° 032 de 2020[10], en la que señala que son más de "140 Grupos Armados de Crimen Organizado de diferente nivel que continúan realizando actividades ilícitas en el Valle de Aburrá" (p. 5), más de la mitad de ellos con cuatro décadas de trayectoria en los mismos territorios:

> Todas las comunas y corregimientos tienen presencia de al menos un actor armado. Ejercen control territorial de la ilegalidad en casi el 85 % del territorio, el restante incluye las áreas institucionales, lo que da cuenta de la magnitud de esta problemática. (Defensoría del Pueblo, AT 032-2020, p. 27).

Esta alerta clasifica en tres niveles a los grupos armados ilegales, según sus capacidades organizativas, sus capacidades armadas y según la extensión de su presencia territorial. En el primer nivel se encuentran las Autodefensas Gaitanistas de Colombia (AGC) o Clan del Golfo y el denominado Cuerpo Colegiado de la Oficina, ambos grupos sucesores del paramilitarismo. El segundo nivel se conforma de dieciséis grupos armados ilegales, mientras que en el tercero se incluyen ciento catorce grupos[11].

Por su parte, una investigación de Valor Público, Centro de estudios e incidencia en asuntos públicos, de la Universidad EAFIT con la Universidad de Chicago y un equipo de Innovations for Poverty Action, indica que existen "17 grandes grupos criminales", de los que dependen más de 350 combos que tienen presencia y ejercen control territorial en los barrios de Medellín y que agrupan entre diez mil y doce mil jóvenes (León, 2023).

---

10 Desde 2001 (año en que se creó el Sistema de Alertas Tempranas-SAT) y hasta 2018 la Defensoría del Pueblo emitió quince documentos de advertencia para Medellín (Defensoría del Pueblo, AT 032-20).

11 La Alerta Temprana N°032-2020 aclara que del listado no hacen parte las denominadas "convivir del centro", que podrían ser más de treinta y dos, y que estarían prestando sus servicios a alguna estructura de segundo nivel.

Durante la instalación pública del Espacio de Conversación Sociojurídico de Construcción de Paz Urbana entre el Gobierno nacional y las estructuras armadas organizadas de Medellín y el Valle de Aburrá, que tuvo lugar en la cárcel La Paz de Itagüí, el entonces alto comisionado para la paz, Danilo Rueda, indicó que se esperaba que entre doce mil y catorce mil integrantes de las estructuras[12] que hacen parte del espacio dialógico dejen las armas.

La caracterización de estas estructuras, tanto para Medellín como para el Valle de Aburrá, es una de las primeras y más desafiantes tareas del proceso que se adelanta. Muestra de ello es la diferencia entre la información manejada por la Defensoría del Pueblo, la investigación de Valor Público de EAFIT y por el mismo Alto Comisionado. Las preguntas clave que surgen son: ¿cuántas estructuras existen realmente?, ¿cuál es su origen?, ¿cómo están organizadas internamente?, ¿cuántos grupos dependen de ellas y cuántos son sus integrantes?, ¿cómo es el funcionamiento de estas organizaciones criminales?, ¿cuáles son sus negocios legales e ilegales?, ¿cuáles son sus prácticas de control territorial?, ¿cómo son sus relaciones con las comunidades y con las autoridades?, ¿cuáles son sus incentivos para someterse a la justicia, desarticularse y que esto signifique el fin de sus dinámicas de criminalidad?

Frente a la organización interna de estas estructuras, algunos analistas aseguran que estas tienen como común denominador la división de sus roles:

> Hay una primera estructura que se denomina localmente como oficinas. Este nivel generalmente es una empresa visible que tiene nexos con la legalidad y en la que se esconden delitos como el lavado de activos con testaferros o arman la logística de rutas de narcotráfico. Hay un segundo nivel entendido como las bandas, o "brazo armado del negocio" —según palabras del profesor Gil—. Y una tercera estructura en la que están los combos, más presentes en los barrios de las comunas, encargados del microtráfico, la extorsión y en muchos casos la autoría material de actos sicariales. (Pardo y Parada, 2023).

De esto último se desprende un interrogante que no es menor: si en el Espacio de Conversación Sociojurídico solo participan los altos mandos o los llamados "capos" —la mayoría de los cuales se encuentran en la cárcel pagando extensas

12 Son diecinueve los voceros de estas estructuras que participan en el Espacio de Conversación Sociojurídico, integrantes de la llamada Oficina de Envigado.

condenas—, ¿cómo serán tenidos en cuenta los integrantes de las bandas y los combos subordinados a estas grandes estructuras, que son quienes hacen presencia permanente en los barrios?, ¿cuáles serán los incentivos que se les ofrecerá para que se sometan a la justicia, si, la mayoría de ellos, probablemente no tienen investigaciones ni imputaciones?

Los llamados "muchachos de los combos" son los rostros en las calles del poder de facto que detentan las estructuras armadas ilegales. Son ellos quienes tienen una presencia cercana a la vida cotidiana de muchos de los habitantes de la ciudad, por medio de la imposición de normas sociales, de la aplicación de sanciones, del cobro de extorsiones, de la administración de los expendios de drogas, del ofrecimiento incluso de empleos y de "'servicios' de seguridad, justicia, resolución de conflictos por convivencia, ordenamiento urbano, disposición de basuras, limpieza del espacio público, entre otras actividades" (Alcaldía de Medellín, 2018, p. 10).

La inserción societal de los integrantes de base de las estructuras armadas ilegales es innegable. No se puede desconocer el hecho de que habitan las mismas cuadras, barrios y comunas donde operan, lo que los convierte en familiares, amigos, vecinos. En palabras del vocero civil de los Pachelly, Henry Holguín: "los que mandan en esos barrios son los hijos de esos barrios, los que nacieron en ellos, los que están ahí desde toda la vida, desde niños" (H. Holguín, comunicación personal, 18 de marzo de 2023).

La Defensoría del Pueblo habla de una "base arraigada en barrios o incluso, un soporte de relevo generacional en familias, que tienen más de tres generaciones aportando personas a la ilegalidad" (Defensoría del Pueblo, AT 032-2020, p. 5). Frente a esta realidad, es más que necesario preguntarse: ¿qué va a pasar con estas personas, si lo más probable es que permanecerán en los territorios en los que ejercían su accionar delictivo?, ¿cómo garantizar que no hagan uso de su poder coercitivo?, ¿qué procesos de reincorporación o reintegración se les ofrecerá cuando nunca han dejado de hacer parte de sus comunidades?, ¿cómo logrará el Estado que accedan a políticas sociales para desincentivar su reingreso a grupos armados ilegales?, ¿qué papel jugarán en los procesos restaurativos que sobrevengan con las víctimas y las comunidades?

Abordar estos asuntos es fundamental para evitar que bandas o combos que no se sientan recogidos en la apuesta de paz urbana persistan en sus actividades delictivas o se reorganicen en grupos residuales.

Así mismo, conectado con lo anterior, surge otro punto clave de cara a la no repetición, relacionado con lo que Perea (2020) llama la "dominación ampliada" y otros denominan la "gobernanza criminal" de las estructuras armadas ilegales. Es un asunto que interpela directamente a los integrantes de estos grupos, pero también y, más importante aún, a la institucionalidad local y nacional y a la ciudadanía que lleva años coexistiendo en barrios y comunas con ellos. Las preguntas son inevitables: ¿quiénes serán los garantes del orden social?, ¿cómo organizar la vida en comunidad sin la intermediación ilegal? La presencia y accionar durante décadas de múltiples actores armados ilegales ha configurado en Medellín unos órdenes urbanos coercitivos que, con el posible fin de algunas estructuras y sus dinámicas de criminalidad, tendrán que reconfigurarse hacia otros órdenes en los que la ciudadanía, que históricamente se ha resistido a la violencia, sea la protagonista:

> La paz total debe fortalecer a los sectores civiles y democráticos de la sociedad, no se puede, por pragmatismo, convertir a los grupos armados en los responsables y protagonistas del cambio social en Colombia. En esta, las ciudades serán determinantes en la reconfiguración del orden social territorial. (Gil, 2023).

Varias de las cuestiones hasta aquí planteadas hacen parte de la hoja de ruta preliminar de la delegación del Gobierno nacional en el Espacio de Conversación Sociojurídico con las estructuras delincuenciales de Medellín y el Valle de Aburrá. Al menos así lo asegura Jorge Mejía, coordinador de la delegación:

> Hemos identificado cuáles son los temas gruesos que alrededor de este proceso es necesario abordar, por ejemplo: una caracterización a profundidad de las estructuras armadas ilegales de acá; lo de las rentas ilegales; una radiografía del movimiento social de Medellín y el Valle de Aburrá, particularmente con relación con la paz (cómo está compuesta la red, las plataformas, las organizaciones, tener ese inventario); construir un modelo de incorporación de los jóvenes involucrados en las estructuras; otro modelo que tenemos que formular es el de la actuación en los territorios —prácticamente en toda la ciudad— pero necesitamos un modelo. (J. Mejía, comunicación personal, 20 de julio de 2023).

La anterior fue la respuesta a la pregunta por la existencia de un plan de trabajo y una metodología para el Espacio de Conversación Sociojurídico. Si bien es importante contar con un listado de temas a tratar, surge la preocupación de que no esté muy claro el "cómo" —la metodología—, más aún cuando todavía no se cuenta con un marco jurídico que respalde lo que vayan avanzando las partes en la conversación.

Finalmente, un asunto que también debe considerarse en la apuesta de paz urbana, no solo en Medellín y el Valle de Aburrá, Buenaventura y Quibdó, sino en cualquier ciudad del país en la que se quiera abrir espacios de conversación sociojurídicos con estructuras armadas ilegales, es la implementación de lo que en ellos se dialogue, así como de las propuestas de reformas urbanas que haga la ciudadanía, bajo el enfoque de la seguridad humana que la misma política de Paz Total declara.

Este concepto se relaciona con el derecho a la paz, reconocido en el artículo 22 de la Constitución Política de Colombia (1991) y respaldado legalmente en el Plan Nacional de Desarrollo y la Ley de Paz Total (Ley 2272 de 2022). Por lo tanto, una implementación efectiva de las disposiciones que resulten de estos espacios debe enfocarse en garantizar la seguridad en los territorios en los que han operado las estructuras ilegales, pero superando el enfoque tradicional securitario de tipo militarista. En su lugar, se le debe dar paso a la aplicación de la perspectiva humanista que ofrece la seguridad humana, que integra múltiples dimensiones de los individuos y colectivos: personal, salud, ambiental, económica, política, alimentaria y comunitaria.

Esta mirada de la paz urbana, bajo el lente de la seguridad humana, exige además concederles a las comunidades barriales un rol protagónico, desprovisto de cualquier uso de la violencia, y que esto conduzcan al fortalecimiento de la democracia participativa consagrada en la Constitución Política.

Una paz urbana incluyente con las víctimas y la ciudadanía

La Ley de Paz Total contiene un capítulo con definiciones básicas que, en su artículo 2, consagra: "de la política de paz de Estado hará parte la cultura de paz total, reconciliación, convivencia y no estigmatización, para ello, contará con la participación de la sociedad civil, incluyendo los espacios del sector interreligioso" (Ley 2272 de 2022). Por su parte, el Proyecto de Ley 288 de 2023 de "sujeción a la justicia" (actualmente archivado) establece en su Capítulo V las medidas restaurativas y los derechos de las víctimas, quienes podrán participar en todas las etapas del proceso de atribución de responsabilidad penal de manera colectiva, designando para ello, en su artículo 48, voceros que ejercerían su representación:

> La participación de las víctimas se guiará por el principio de voluntariedad. Su acreditación será realizada por la autoridad judicial de acuerdo con la etapa procesal en que se solicite y requerirá de manifestación expresa de la voluntad de participar en el proceso, un relato de hechos y una prueba sumaria de su relato. Para asegurar la participación de las víctimas, la Fiscalía General de la Nación, en coordinación con la Defensoría del Pueblo, convocará de forma general a todas las personas que se consideren víctimas de los

integrantes de la estructura armada organizada de crimen de alto impacto. (Proyecto de Ley 288 de 2023).

El 2 de junio de 2023, día en el que se instaló oficialmente el Espacio de Conversación Sociojurídico de Construcción de Paz Urbana en la Cárcel La Paz de Itagüí entre el Gobierno nacional y las estructuras armadas ilegales de Medellín y el Valle de Aburrá, los voceros de estas estructuras leyeron una declaración conjunta en la que aseguraban que el espacio "estará abierto para que la ciudadanía participe y presente sus propuestas y aspiraciones [...] Todas las autoridades locales y departamentales tendrán espacios de participación en esta etapa, que asegure que sus inquietudes y propuestas sean tenidas en cuenta" (Mesa de Gobernabilidad y Paz, 2023). Adicionalmente, apuntaban:

> Desde el primer momento, este proceso tendrá como criterio central para la toma de decisiones el respeto por las comunidades afectadas por la violencia y la definición de garantías de no repetición. Proyectaremos y haremos todo lo posible por concretar las transformaciones barriales y comunales necesarias para prevenir nuevas violencias, y para posibilitar la integración efectiva de los integrantes de nuestras estructuras armadas a la vida civil. (Mesa de Gobernabilidad y Paz, 2023).

Con respecto a este propósito de que la paz urbana de Medellín y el Valle de Aburrá incluya a las víctimas y a la ciudadanía, son inevitables las preguntas por el cómo. De acuerdo con Jorge Mejía, coordinador de la delegación del Gobierno nacional en el Espacio de Diálogo Sociojurídico, está clara "la necesidad de ampliar la delegación y darle participación a sectores como el empresariado, la oposición política y, posiblemente, alguien de la academia" (J. Mejía, comunicación personal, 20 de julio de 2023).

La participación limitada a la presencia de uno que otro delegado de los sectores mencionados por Mejía resulta insuficiente por la complejidad de la problemática urbana. Quienes realmente tienen mucho por decir y proponer son los habitantes de los barrios y las comunas, así como los líderes y lideresas de las organizaciones sociocomunitarias que llevan décadas coexistiendo con bandas y combos, resistiendo sus violencias.

Henry Holguín, el vocero civil de la banda Los Pachelly, indica que de su parte tienen una estrategia de participación en lo que denominan como "Pacto social", a partir de cuatro escenarios. El primero, llamado "Justicia y Derechos humanos", estaría integrado por abogados de los grupos armados ilegales y por defensores de derechos humanos. El segundo, "Corresponsabilidad institucional", estaría compuesto por instituciones y academia. El tercero, "Intervención social en las cárceles", tendría en cuenta a la población privada de la libertad. El cuarto y último, llamado "Escenario de inclusión y concertación ciudadana para la construcción de paz (Ecopaz)", integraría a "todas las organizaciones sociales del territorio" y a las víctimas:

> La víctima que consideramos nosotros del conflicto armado urbano es toda una sociedad y toda una cultura que le hemos dado muy duro y tenemos que trabajarla [...] en el escenario de inclusión y concertación ciudadana es donde están el grupo de las víctimas, que tenemos que organizar y darles participación y todo eso. Pero no exclusivamente para aquella víctima que "fue que me mataron el familiar y que soy del barrio", no, estamos uniendo esa clase de víctima dentro de un conjunto de sociedad que tenemos que entrar a atenderla a toda con un tema más bien cultural. (H. Holguín, comunicación personal, 18 de marzo de 2023).

Retomando el comentario de Jorge Mejía, el tema de las víctimas es muy complejo y difícil, porque "la normatividad nuestra a partir de la Ley 1448 no es clara respecto a reconocer a las personas afectadas por las estructuras delincuenciales urbanas como víctimas. Y, por lo tanto, acá no tenemos un balance de cuántas víctimas urbanas hay" (H. Holguín, comunicación personal, 20 de julio de 2023).

Indudablemente, la inclusión de las víctimas y de la ciudadanía en la apuesta de paz urbana es indispensable para el avance y legitimidad de las conversaciones sociojurídicas. Esto es aún más relevante si llega a radicarse de nuevo el proyecto de "sujeción a la justicia", que se propone explícitamente "contribuir a la satisfacción de los derechos de las víctimas, desde los enfoques diferenciales, garantizar la no repetición" (Proyecto de Ley 288 de 2023).

Esta participación será clave, principalmente, en las discusiones y toma de decisiones sobre las transformaciones urbanas que requiere Colombia para superar los conflictos estructurales y las violencias que persisten en sus calles y barrios. Se deberá prestar especial atención a los sectores populares y sus diversas demandas de justicia y vida digna —como las plasmadas en el llamado Estallido Social de 2021—. El enfoque deberá ser el derecho a la ciudad; la lucha contra las desigualdades y la segregación socioespacial; las estrategias para la reconstrucción de los tejidos sociales urbanos; el presente y futuro de los miles de jóvenes que han encontrado en estas organizaciones una alternativa para salir de la marginalidad. Asimismo, se debe incluir a las víctimas urbanas, aquellas que no están reconocidas en un registro único de víctimas y que no será tan sencillo identificarlas, pero que tendrán que ser tenidas en cuenta para su necesaria y justa reparación integral y territorial.

Conclusiones y recomendaciones

Plan de trabajo y metodología

Es urgente que la delegación del Gobierno y los voceros de las estructuras armadas organizadas de crimen de alto impacto establezcan un plan y una metodología de trabajo que posibilite lograr avances concretos en las conversaciones, con la esperanza de lograr resultados positivos y verificables para las poblaciones y territorios de Medellín y el Valle de Aburrá. En Colombia, hay numerosos expertos y expertas, así como personas con liderazgos sociales y comunitarios con experiencias previas de participación en negociaciones de paz, que podrían ser convocados a contribuir en el diseño de este plan y metodología para el Espacio de Conversación Sociojurídico. Esto, sin perder de vista que es todavía más urgente que se presente y apruebe el marco normativo propio para las apuestas de paz urbana que ya están en marcha en el país como parte de la política nacional de Paz Total.

Justicia restaurativa

Una de las características fundamentales de la Paz Total es la incorporación y aplicación de la justicia restaurativa. En este sentido, la paz urbana también tiene que reflejar este enfoque, que deberá irse materializando en el Espacio de Conversación Sociojurídico. Tradicionalmente, Colombia y muchos otros países han aplicado un modelo de justicia retributiva, que busca establecer culpabilidades para aplicar castigos. En contraste, la justicia restaurativa se centra en que la persona que cometió el delito tome conciencia, asuma su responsabilidad y, de ser posible, repare a las víctimas y a la comunidad. Desde Naciones Unidas, la justicia restaurativa se ha definido como un proceso "para resolver el problema de la delincuencia enfocándose en la compensación del daño a las víctimas, haciendo a los delincuentes responsables de sus acciones y también, a menudo, involucrando a la comunidad en la resolución del conflicto" (ONUDOC, 2008).

La aplicación de la justicia restaurativa en el Espacio de Conversación Sociojurídico con las estructuras armadas organizadas de Medellín y el Valle de Aburrá exige un cambio en el enfoque y en los procedimientos a seguir. Este cambio debe ser asumido no solo por el Gobierno y los voceros miembros de dichas estructuras, sino también por parte de las víctimas, de las comunidades y de la sociedad en general.

Participación ciudadana

Sin desconocer propuestas como la de los Ecopaz de la banda Los Pachelly o las que pueda adelantar la delegación gubernamental, lo más recomendable sería activar espacios de participación ciudadana autónomos en los que se discutan y propongan las reformas urbanas necesarias y urgentes para la construcción de paz, que puedan ser tenidas en cuenta en el Espacio de Conversación Sociojurídico.

Resultados inmediatos

Dada la gravedad de la situación que se vive en muchos barrios de Medellín y el Valle de Aburrá, al igual que en otras zonas metropolitanas de Colombia, es importante y urgente que el Espacio de Conversación Sociojurídico comience a mostrar resultados positivos. Es fundamental que las estructuras tomen medidas efectivas de aliviar el dolor de las comunidades y cesen progresivamente sus prácticas delictivas. Tomando el ejemplo de la Mesa de Diálogos de Paz entre el Gobierno nacional y ELN, sería ideal "tener acuerdos parciales de aplicación inmediata", así sea con otra denominación, ya que la ley no admite "acuerdos" con las estructuras delictivas. En su lugar, podrían emplearse términos como "compromisos", "decisiones" o "conclusiones" que permitan avanzar con resultados concretos y positivos derivados del proceso de diálogo.

Medidas puntuales como no portar armas ni usarlas en los espacios comunitarios deben ser exigidas a las estructuras desde el inicio del proceso. Igualmente, resulta indispensable que cesen el reclutamiento y entrenamiento militar de menores de edad, y ser muy estrictos con el no cobro de "vacunas" a comerciantes y habitantes de la ciudad, con el fin de avanzar hacia la construcción de "barrios de paz". Además, es crucial encontrar alternativas frente al control territorial ejercido por los grupos vinculados a estas estructuras. A cambio de estas muestras de voluntad, las estructuras y sus miembros podrían recibir algunos de los beneficios jurídicos contemplados en la Ley de Paz Total (Ley 2272 de 2022), mientras se aprueba el marco jurídico propio para este tipo de conversaciones, o bien los que la delegación oficial esté facultada a otorgar.

¿Y mientras tanto qué? Dado que llegar a conclusiones o decisiones en el Espacio de Conversación Sociojurídico puede ser un proceso complejo y prolongado, más aún en ausencia de un marco jurídico que las respalde, el accionar de las autoridades en los territorios en los que operan las estructuras criminales debe responder irrestrictamente a la defensa de la vida y garantía de los derechos humanos de sus habitantes. Este accionar debería priorizar la seguridad humana, sin torpedear los intentos de avanzar en las conversaciones entre delegados del Gobierno y los voceros de las estructuras. Y más, teniendo en cuenta que es probable que no todos los grupos involucrados en el proceso tengan la firme decisión de respetarlo; algunos podrían desistir en medio de este o incluso decidir quedarse al margen o torpedearlo, como ya ha ocurrido en anteriores experiencias de paz en Colombia.

Derechos de las víctimas

El primer paso es la identificación y reconocimiento de las víctimas y que se conozca la verdad, como ha quedado claramente establecido en la implementación del Acuerdo Final de Paz con las extintas FARC-EP: "sin verdad no hay justicia". Existen múltiples daños causados a la población que son irreparables, como acabar con la vida, las agresiones sexuales y otros tantos que han padecido los habitantes urbanos. Además, hay afectaciones materiales, como "vacunas", hurtos a personas y residencias, pérdida de viviendas, entre otras. También hay secuelas psicológicas, sociales y políticas, como la destrucción del tejido social con el desplazamiento forzado intraurbano, amenazas a organizaciones sociales y comunitarias, restricción del derecho a elegir y ser elegido, prácticas que hacen nugatorio el ejercicio de los derechos democráticos. Estas situaciones requieren acciones inmediatas que no demandan grandes recursos económicos, sino la voluntad de cambiar y el acompañamiento del Estado y sus instituciones para garantizar que efectivamente se cumpla y no se repitan esas conductas. Pero, la reparación a las víctimas es un capítulo especial que habrá que saber tratar, teniendo en cuenta experiencias locales, nacionales y de otros países.

Transformación social y cultural

Más allá de la pretensión de la política de Paz Total de un sometimiento o sujeción de las estructuras armadas organizadas, lo cierto es que la presencia de estas, con sus acciones delincuenciales y su forma de relacionarse con las comunidades —mezclando asistencialismo con la violencia directa y las amenazas para doblegar la voluntad popular—, se ha ido instalando en la sociedad, convirtiéndose en una perversa "práctica cultural". Esta debe ser desmantelada atacando los tres pilares que la sostienen: el actor que la ejecuta (estructuras), la comunidad que por miedo o pragmatismo la acepta y legitima, y el Estado que la permite —ya sea por incapacidad para reprimirla o porque cohonesta con ella—. De ahí que, el éxito de una apuesta de paz urbana y las garantías de no repetición pasen por trabajar de manera integral, es decir, con políticas socioeconómicas (empleo, educación, policía comunitaria) y en especial con transformaciones culturales (usos y costumbres), frente a los tres actores involucrados (comunidad, Estado y delincuentes). El objetivo es llegar a consensos sociales, sin que el Estado renuncie a la coerción como *última ratio* o mínima intervención del derecho penal, entendida también como un límite al *ius puniendi.*

Narcotráfico y microtráfico

Uno de los factores que contribuye al sostenimiento de los ejércitos ilegales es el mercado de las drogas que, sin ser la única fuente de enriquecimiento ilícito, en las últimas décadas ha tenido un inmenso rol y ha afectado la salud, la economía, la cultura y la política de Colombia. Sin embargo, su tratamiento en la esfera de la producción, distribución y consumo depende más de políticas internacionales —léase Estados Unidos— que de la política interna. El gobierno de Gustavo Petro y Francia Márquez ha prometido hacer cambios relevantes en esta materia, para lo cual sería clave el aporte de las estructuras armadas organizadas. No obstante, la mayor contribución a la solución del problema de las drogas en el país ocurrirá cuando se legalicen los mercados. En general, serán claves las propuestas de sustitución de todas las economías ilegales, donde hasta ahora se han mencionado algunas relacionadas con el uso del cannabis, la creación de mercados populares y la vigilancia.

Seguridad humana

Todas las propuestas que surjan de los espacios de conversación sociojurídicos con las estructuras ilegales deberán tener en cuenta su compatibilidad con la seguridad humana, que es el concepto que orienta y anima precisamente la Paz Total propuesta por el gobierno de Gustavo Petro.

Referencias

Alcaldía de Medellín (2018). La extorsión en Medellín como fenómeno del orden social, poder político y control territorial. https://www.medellin.gov.co/es/centro-documental/la-extorsion-en-medellin-como-fenomeno-del-orden-social-poder-politico-y-control-territorial/

Alfonso, Óscar. (2014). *Los desequilibrios territoriales en Colombia. Estudio sobre el sistema de ciudades y el polimetropolitanismo.* Bogotá: Universidad Externado de Colombia.

Álvarez, E., y Garzón, J. (2016). Votando por la paz: Entendiendo la ventaja del "No". Fundación Ideas para la Paz. https://storage.ideaspaz.org/documents/57fe5fa1deaae.pdf

Banco Mundial. (s.f.). Población urbana (% de la población total). División de Población de las Naciones Unidas. Perspectivas de la urbanización mundial. https://datos.bancomundial.org/indicador/SP.URB.TOTL.IN.ZS

Centro Nacional de Memoria Histórica (CNMH). (2015). *Limpieza social. Una violencia mal nombrada.* CNMH; IEPRI.

Comisión de la Verdad. (2022). Dinámicas urbanas de la guerra. Tomo 11, vol. 13. En *Hay futuro si hay verdad. Informe final de la Comisión para el Esclarecimiento de la Verdad, la Convivencia y la No Repetición.*

Comité Internacional de la Cruz Roja (CICR). (2024). Balance Humanitario 2024 Colombia. https://www.icrc.org/sites/default/files/document_new/file_list/balance_humanitario_-_version_digital_2024.pdf

Comité Internacional de la Cruz Roja (CICR). (2019). Retos Humanitarios 2019 Colombia. https://www.icrc.org/es/download/file/92361/final_balance_humanitario_cicr_colombia_2019_es.pdf

Corte Constitucional de Colombia. (2003, 27 de marzo). Sentencia T-268 de 2003 (Marco Gerardo Monroy Cabra, M. P.). https://www.corteconstitucional.gov.co/relatoria/2003/t-268-03.htm

República de Colombia, Defensoría del Pueblo. Alertas Tempranas n. ° 002-20; 020-18; 037-20; 045–18; 007-22; 026-21; 028-22; 085-18; 001- 22; 044-18; 04-18; 001-20; 79-18; 007-19; 03-21; 024-21; 049-19; 041-18; 059-18; 032-20; 036-19; 011-20; 028-21; 76-18; 027-22; 030-18; 086-18; 023-19; 046-19; 022-20; 062-18; 041-20.

Echavarría, J., Gómez, M., Forero, B., Álvarez, E., Astaíza, J., Balen, M., Campos, P., Córdoba, E., Fajardo, J., Gutiérrez, E., Hernández, L., Joshi, M., Kielhold, A., Márquez, J., Menjura, T., Mosquera, R., Mosquera, E., Quinn, L., Quinn, J., … Zúñiga, I. (2024). *Siete años de implementación del Acuerdo Final: perspectivas para fortalecer la construcción de paz a mitad de camino.* Notre Dame; Matriz de Acuerdos de Paz; Instituto Kroc de Estudios Internacionales de Paz; Escuela Keough de Asuntos Globales.

Fundación Ideas para la Paz (FIP). (2016). Radiografía del plebiscito y el posplebiscito. https://multimedia.ideaspaz.org/especiales/posplebiscito/index.html

Gil, M. (2023, abril 13). Paz total y órdenes urbanos. *UdeA Noticias.* https://bit.ly/pazordenurbano

León, J. (2023, 7 de mayo). Las caras de los combos que quieren entrar a la paz total. *La Silla Vacía.* https://www.lasillavacia.com/historias/silla-nacional/las-caras-de-los-combos-que-quieren-entrar-a-la-paz-total/

Congreso de la República de Colombia. (2022, 4 de noviembre). Ley 2272 de 2022. *Ley de Paz Total.* https://n9.cl/h7zml

Congreso de la República de Colombia. (2023, 15 de marzo). Proyecto de Ley 288 de 2023. *Por la cual se establecen mecanismos de sujeción a la justicia ordinaria, garantías de no repetición y desmantelamiento de estructuras armadas organizadas de crimen de alto impacto y se dictan otras disposiciones*. https://n9.cl/w65t3

Constitución Política de Colombia. (1991). Artículo 22. *Gaceta Constitucional n. ° 116 de 20 de julio de 1991*. http://www.secretariasenado.gov.co/senado/basedoc/constitucion_politica_1991.html#22

Mesa de Gobernabilidad y Paz. (2023). Declaración conjunta: inicia el proceso de paz urbana en Medellín el Valle de Aburrá. https://mesadegobernabilidadypazsue.edu.co/wp-content/uploads/2023/07/Declaracion-conjunta-inicia-el-proceso-de-paz-urbana-en-Medellin-el-valle-de-Aburra.pdf

Oficina de las Naciones Unidas contra la Droga y el Delito. (ONUDOC). (2006). Manual sobre Programas de Justicia Restaurativa. Serie de Manuales Sobre Justicia Penal. Naciones Unidas.

Pardo, C., y Parada, V. (2023, 27 de enero). Las propuestas de 'La Oficina' y 'Los Pachelly' para entrar a la Paz Total. *El Espectador*. https://www.elespectador.com/colombia-20/paz-y-memoria/paz-total-petro-propuestas-de-bandas-criminales-la-oficina-y-los-pachelly-en-medellin-para-sometimiento/

Perea, C. (2013). Resituar la ciudad: conflicto violento y paz. *Análisis Político*, *26*(77), 3-38. https://revistas.unal.edu.co/index.php/anpol/article/view/43662

Perea, C. (2020). La ciudad: diez tesis sobre su criminalidad y violencia. En M. Aguilera y C. Perea (eds.), *Violencias que persisten. El escenario tras los acuerdos de paz* (pp. 77-126). Editorial Universidad del Rosario.

Piedrahita, I., y Gil, M. (2017). Lecturas polifónicas sobre las violencias urbanas: estado del arte sobre investigaciones hechas en Medellín entre el 2010 y el 2015. *Sociedad y Economía*, (32), 147–170. https://doi.org/10.25100/sye.v0i32.3882

Presidencia de la República de Colombia. (2023, 29 de mayo). Resolución 138 de 2023. *Por la cual se autoriza la instalación del Espacio de Conversación Socio jurídico de Construcción de Paz Urbana con las Estructuras Armadas Organizadas de Crimen de Alto Impacto de Medellín y El Valle de Aburrá, se designan representantes del Gobierno Nacional y se dictan otras disposiciones.*

Presidencia de la República de Colombia. (2023, 21 de julio). Resolución 210 de 2023. *Por la cual se autoriza la instalación del Espacio de Conversación Sociojurídico con las Estructuras Armadas Organizadas de Crimen de Alto Impacto de Buenaventura, se designan representantes del Gobierno Nacional y se dictan otras disposiciones.*

Presidencia de la República de Colombia. (2023, 30 de agosto). Resolución 264 de 2023. *Por la cual se autoriza la instalación del Espacio de Conversación Socio jurídico de Construcción de Paz Urbana con las estructuras armadas organizadas de crimen de alto impacto de Quibdó, se designan representantes del Gobierno Nacional y se dictan otras disposiciones.*

Rodríguez, M. (2023, 22 de junio). Gobierno volverá a presentar proyecto de ley de sometimiento, luego de haberse hundido en el Congreso. *Infobae*. https://www.infobae.com/colombia/2023/06/22/gobierno-volvera-a-presentar-proyecto-de-ley-de-sometimiento-luego-de-haberse-hundido-en-el-congreso/

Sánchez, G. (2018). Prólogo. La búsqueda de la paz nos lleva al reto enorme de enfrentar la violencia en las ciudades. En A. Guzmán Barney (ed.), *Violencia en cinco ciudades colombianas, a finales del siglo XX y principios del siglo XXI*. Programa Editorial Universidad Autónoma de Occidente.

Capítulo 6
OTRA NEGOCIACIÓN CON LA CRIMINALIDAD ORGANIZADA DE MEDELLÍN, ¿SOBRE QUÉ?*

Jairo Bedoya**

Introducción

Inopinadamente, y hasta inconstitucionalmente (Pinilla, 2014), el Estado colombiano comenzó en la década de los 80 a negociar con grupos armados insurgentes, extendiendo estas negociaciones a narcotraficantes, lo que permitió el diálogo con grupos no opuestos al régimen político. Esta dinámica se repetiría luego con las milicias urbanas de Medellín entre 1994 y 1997 (Giraldo y Mesa, 2013). Ejemplos de ello incluyen la colaboración de los Pepes para actuar contra Pablo Escobar (Morales y La Rotta, 2000), el apoyo de los paramilitares en la Operación Orión (Angarita *et al.*, 2008) para hegemonizar su toma de la ciudad (Cruz y Durán-Martínez, 2016), y, más recientemente, la persecución del bloque mayoritario de la Oficina durante la alcaldía de Federico Gutiérrez (Gamboa, 2023).

En la actualidad, al retomarse los diálogos con la criminalidad organizada de Medellín, vuelve a surgir la pregunta: ¿negociar para qué? Y, más específicamente, ¿qué es lo que se está negociando?

La criminalidad de Medellín no se limita a ser insurgente ni está constituida por narcos a secas. El reto es mayúsculo, no solo por los intrincados procedimientos legales que deben trasegar dichos diálogos "socio jurídicos", ni por las tradicionales prebendas a conceder en infraestructuras barriales, empleo juvenil y favorecimiento jurídico, sino también por la complejidad del contexto y, en par-

---

* Este capítulo es resultado de la investigación doctoral *El gobierno criminal de entornos cautivos urbanos: La fragmentación invisible de Medellín como una estrategia de seguridad pública*, realizada en la Universidad Colegio de Michoacán, COLMICH, México.

** Investigador del Instituto Popular de Capacitación, IPC.

ticular, por el horizonte misional que los orienta: dialogar otra vez con la criminalidad organizada. Pero ¿sobre qué? ¿Cuál es su aporte en la liberación del temor, aspecto fundamental que debería proponer cualquier política de paz?

Este capítulo, basado en una investigación de varios años, identifica que el recurso a la criminalidad como garante violento del orden imperante no es nuevo. Además, cuestiona la continuidad de acuerdos que otorgan prebendas centradas en los grupos armados, en vez de enfocarse en los territorios que afectan y agotan.

Con este propósito, se establecen tres puntos clave: 1) una distinción angular entre el mercado ilícito y el protector mafioso, orientada a caracterizar la criminalidad con la que se negocia, 2) un análisis del recurso a la criminalidad organizada, al detallar el cíclico reconocimiento político que el Estado central ha prodigado a la criminalidad de la ciudad y, finalmente, 3) la ilustración de la contrapartida arrojada por los usos políticos de la criminalidad organizada y los retos que esto plantea a la aplicación "desde arriba" de una visión de la seguridad humana.

La coyuntura política que atraviesa el país no es un recurso estratégico despreciable. Según L. J. Garay (2023), la disyuntiva que se presenta a la sociedad colombiana, por primera vez en más de un siglo, es si transitar hacia economías legales rentables o permitir que la ilegalidad y su recurso a la criminalidad se profundicen. A los cambios sustanciales que vienen ocurriendo en la rentabilidad del tráfico de cocaína, superada en ganancias por la producción sintética de drogas como el fentanilo y el fortalecimiento de otros mercados ilegales (oro, madera, entre otros), se suma la ventana de oportunidad abierta por el gobierno de Gustavo Petro (2022-2026). En este contexto, un análisis crítico sobre el tratamiento otorgado colectivamente hasta ahora a la criminalidad instalada en Medellín es clave en la elucidación de rumbos a seguir.

Para explorar si las políticas del Estado, tanto local como central, sustentan la dinámica de interlocución con las bandas extorsivas en la ciudad, esta investigación recurrió a cuatro métodos: triangulación, trazo del proceso, análisis del discurso e investigación etnográfica. Estos métodos se articularon en torno a los planteamientos conceptuales, que se encuentran en el trabajo de campo y las interpretaciones de antropología política de Bigo y McCluskey (2018) y en la economía histórica de Frederic Lane (1966).

Una distinción analítica imprescindible

Cuando se habla de criminalidad organizada en Medellín, es fundamental establecer la distinción entre los negociantes de la mercancía ilegal y la protección de su provisión. Aunque ambas dinámicas constituyan un *continuum* (Block, 1983), prioritariamente se rigen por lógicas diferentes (Tilly, 2003; Snyder y Durán-Martínez, 2009b).

Plagado de la desconfianza y la trampa (Gambetta, 1993), el mundo de los mercaderes de productos o servicios ilegales debe poseer siempre una fuerza que proteja el trueque realizado, garantice los compromisos asumidos en las transacciones y obligue al deudor a resarcir sus deudas. Todo el mercado ilegal se apoya en el uso de la violencia como condición de su existencia, tanto así que sus operadores paulatinamente se van convirtiendo en el brazo armado y núcleo de toda la criminalidad (Volkov, 2002), pues ponen el orden donde no hay ley. En Medellín, existe una simbiosis urbana entre mercaderes de productos ilegales —drogas, armas, mercancía pirata y de contrabando, servicios sexuales, entre otros— y los protectores violentos de dichos mercados, quienes están dotados de un poder armado que se ejerce territorialmente. Este modelo de articulación no es original ni exclusivo de la criminalidad de la ciudad, pero comporta algunas características específicas, está muy consolidado y, desde 2018, despliega una invasiva expansión hacia la región noroccidental del país.

La conjunción, no siempre evidente, entre los mercaderes en abierta globalización económica de sus negocios y sus protectores o padrinos (Krauthausen, 1998), anclados territorialmente, permite concluir que la criminalidad organizada de la ciudad no se mueve solo por un ánimo de lucro ni se rige exclusivamente por intereses individuales. Existe otro valor agregado, de tipo territorial, que puede determinar una negociación como la que se propone. Es un poder político territorial urbano —no deleznable— desplegado por un depredador territorial, "fuertemente dependiente del medio ambiente local", similar a lo que sucede con la minería (Campana, 2011). Este poder ha ido modulando la vida política y el discurrir diario de las comunidades en grandes ciudades como Medellín, cuyo estigma es ser nicho y herencia de carteles de la droga.

Esta región ocupa el primer lugar en el ranking nacional de criminalidad organizada, tanto si se analiza desde la perspectiva de grupos barriales armados (tabla 1) como en el número de personas desmovilizadas en masivos procesos de diálogo (tabla 2), lo que implica que en los territorios están implantados más de trescientos grupos armados, afiliados desde 2013 en tres asociaciones (Moncada 2020).

Tabla 1. Bandas identificadas

Año	Número de Bandas	Fuente
1990	190	(Deluchi, 2018, p. 38; Salazar, 1990, p. 8)
2000	200 (cerca de 8.500 personas)	(Oficina de Paz y Convivencia; Granda, *et al.* 2001, p. 10)
2003	164	(Fajardo, 2004, p. 23)
2004	660 (+ combos)	(Ruiz, 2004, p. 63)
2008	251	(Restrepo, 2015, p. 205)

2014	101 (post Pacto del fusil)	(Restrepo, 2015, p. 205)
2022	240	(Matta, 22 de enero 2023)

Fuente: elaboración propia.

Tabla 2. Número de desmovilizados(as) en desmovilizaciones masivas

Milicias Acuerdo Media Luna 1994	Milicias Moravia CRS 1994	Milicias MIR-COAR 1998	Paramilitares BCN 2003	TOTAL en 9 años
650	60	185	873	1961

Fuente: Rozema (2008, p. 424); Paz y Valencia (2015, p. 79).

El monitoreo barato y en tiempo real que estos grupos realizan de las acciones de sus miembros, la efectiva construcción social de reputación y su capacidad de recolectar información confiable sobre potenciales recursos a drenar son capacidades no producibles "en un vacío" (Gambetta, 1993, p. 251). Arias (2017) los llama "micro regímenes criminales", los cuales configuran una organización vecinal armada que, sin ser política en su accionar, tiene efectos políticos al consolidar una trama con fuerza social actuante. Aunque su finalidad no sea política, su control del territorio termina siéndolo. Marcadores básicos como su enraizamiento territorial y su conocimiento del vecindario alimentan de primera mano la hibridez de este tipo de organización criminal, gracias a los cuales "expanden su poder" a costa de drenar sus riquezas (Thual y Gayraud, 2012).

Los investigadores del fenómeno en otras regiones del mundo han concluido que dichos micro regímenes, dominios monopolizados o entornos cautivos son siempre el resultado de la competición estructural entre actores (Volkov, 2002), con diferentes formas de capital y legitimidad en juego. Estos monopolios territoriales (Schulte-Bockholt, 2006) o mejor, sociales (Aidi, 2009) dependen operativamente de las capacidades de los grupos, bandas o combos para "patrullar" las fronteras de la configuración armada en la que se inscriben[1]. El régimen de control establecido por la criminalidad organizada no se puede catalogar tanto como un tipo de gobierno (Brattman *et al.*, 2020), sino más bien como una guber-

1 La investigación explora estas prácticas territoriales con base en la propuesta analítica de Dean (2010).

namentalidad (Abello, 2015), una forma de ejercer el poder en ciertas sociedades que, si bien se acerca más a un régimen de disciplina, retiene y utiliza las técnicas de construcción hegemónica, con sus racionalidades y dispositivos característicos (Herber y Brown, 2006). El manejo de la configuración armada resultante requiere tanto el despliegue de formas de conocimiento y experiencia, como de coordinación de los comportamientos de un bloque de individuos.

Aunque en Medellín esta criminalidad organizada interviene en la gobernanza del crimen organizado, no implica que los grupos criminales sean sustitutos del Gobierno estatal en el ejercicio de sus funciones. No es que tiendan a gobernar más donde el Estado tiende a hacerlo menos. En realidad, se trata de una estrategia territorial producida por la criminalidad, que de hecho se inscribe en la gestión de la ciudad.

Quiérase o no, la aplicación de esta estrategia también construye otro tipo de relación con las victimas (McIntosh, 1973) y, según Arias (2017), da forma "a las interacciones entre la población local y el Estado de una manera que puede volverse profundamente extraña al lenguaje de derechos y ciudadanía prevalente en la literatura académica sobre democracia" (p. 139). Quizás como efecto de su madurez, tras el confortable telón creado por el modelo urbanista corporativo desplegado en esta región (2004-2015), el orden criminal se ha hibridado más que plegarse al marco legal. Es como si, en el pragmatismo del día a día, ambos reinos legal-ilegal hubiesen abandonado el antagonismo (Bedoya *et al.*, 2021; Betancur *et al.*, 2021).

Cuando esto ocurre, se está ante una forma de poder territorial, una conjunción "gubernamental" de micropoderes (Dean, 2010). Se trata de un régimen de coerción extorsiva que se asienta en el entramado de bandas en el territorio, y que, al hablar de "gestión", se refiere al campo consolidado históricamente por las configuraciones armadas, no simplemente al micro sector de un barrio o a las mercancías que se comercian. Esta caracterización tiene enorme impacto en cualquier eventual negociación, pues, además del tradicional polo de las rentas ilegales, demanda una negociación de la estrategia de poder instalada y una reconstrucción de la visión estatal de seguridad con las que han sido asumidas.

El recurso a la criminalidad organizada

A lo largo de las últimas tres décadas, se han sucedido prácticas públicas y cíclicas de interacción "dialógica" entre el Estado y la criminalidad en la ciudad. ¿Cuáles han sido los contenidos de estas interacciones y, sobre todo, cuál ha sido la rentabilidad política, muchas veces inadvertida, que ha impulsado la intervención estatal?

La peculiaridad estructural del fenómeno local reside en dos pilares, además del ya registrado poder de su rizoma territorial. Primero, las asociaciones criminales no obstaculizan los gobiernos locales; en cambio, se sirven de ellos y no los retan, a diferencia de lo que ocurre con el PCC del Brasil o los Maras de Centro América. Segundo, la convergencia de su accionar con la aparición de elites ligadas al entramado empresarial de los negocios de drogas y actividades afines les concede un cariz social indeclinable.

Cuando se formula la pregunta por las relaciones entre el Estado y los grupos de criminalidad urbana, genéricamente denominados Actores Violentos No Estatales (VNSAs por sus siglas en inglés), según Chabat (2019), se pueden identificar por lo menos cuatro modos de conexión:

> Variando desde las situaciones donde el estado tiene control e instrumentaliza los grupos criminales para lograr sus propósitos; y situaciones donde la corrupción de funcionarios es el nexo prevalente; hasta alianzas ocultas entre el estado y grupos criminales poderosos; y finalmente, situaciones donde el control de hecho está en las manos de los grupos armados, quienes cumplirán algunas funciones estatales básicas (pp. 17-18).

En la interpretación de estos cuatros tipos de conexión, una visión hace carrera no solo en América Latina (Boege *et al.*, 2021). Conocida como "gobernanza hibrida", esta visión sostiene que la actuación de la criminalidad organizada, combinada con la estancia connivente o la presencia intermitente del Estado, genera variados órdenes y puede dotarse de múltiples vías y estrategias (Duarte *et al.*, 2021). Hasta el presente, su aplicación empírica se ha centrado en investigar cómo los grupos armados no estatales (VNSAs) contribuyen a la formación de esta gobernanza hibrida, "donde la autoridad del Estado (sic) parece gobernar, (sic) pero en realidad está compartiendo, cediendo o complementando 'la gobernanza' ofrecida por los VNSAs" (Duarte *et al.*, 2021, p. 36). En este contexto, las formas de control criminal sobre las poblaciones alcanzan niveles de legitimación social, a pesar de estar mediadas por la violencia.

Medellín no posee estructuras de autoridad fragmentadas, por lo que el Estado no es percibido como débil. En este sentido, no es la inserción de grupos armados no estatales en el aparato político lo que despierta el interés en este caso. Contrario a lo que se produce en otras regiones latinoamericanas (Duarte *et al.*, 2021), no ha sido la acción de las asociaciones criminales sobre el Estado local, sino sobre la economía de la región lo que ha generado dinámicas de hibridaje, o, mejor dicho, de amalgamamiento (Arredondo *et al.*, 2019). Se trata más bien de reconsiderar el usufructo estatal de la seguridad territorial que estos grupos "prestan" y de abordar de otra manera el poder territorial que respalda las economías emergentes.

La tesis aquí sostenida es que el Estado colombiano ha jugado un papel indiscutible en el enraizamiento territorial de la criminalidad local. Esto ha ocurrido debido a la connivencia con su implante de estas dinámicas en la ciudad, por el cíclico respaldo a su rol social en la seguridad pública, tanto en el centro de la ciudad como en los barrios, y por su conversión en interlocutores periódicos de los ajustes a las políticas de seguridad, entendidas como "solución de un problema público" (Subirats *et al.*, 2008, p. 37). El resultado ha sido, al cabo de los años, la incidencia de la criminalidad de la ciudad en la formulación y ejecución de las políticas nacionales de seguridad (Llorente *et al.*, 2023).

Al cuestionarse la posibilidad de una nueva negociación, es importante explorar cuál ha sido el propósito de dichos acercamientos entre el Estado y la criminalidad organizada. La investigación considera al menos cuatro campos privilegiados en esta interacción: 1) la negociación de periódicos apaciguamientos a través de pactos y desmovilizaciones colectivas; 2) el cumplimiento de roles "sucios" en la lucha contra quienes se oponen al régimen establecido, 3) el "vigilantismo", que abarata costos de la vigilancia pública; y 4) la conversión del tratamiento de esta criminalidad en un eje central y un prolífico laboratorio estatal para el diseño y la experimentación de iniciativas de seguridad pública.

Negociación de las políticas de seguridad con grupos armados

La política nacional de control de grupos armados insurgentes, gracias a su desmovilización periódica, ha resonado "creativamente" en los grupos de criminalidad de la ciudad. Este traslado de consideraciones políticas a delitos cometidos no "por causa, con ocasión o en relación directa o indirecta con el conflicto armado" (Acto Legislativo 02 de 2017), sino orientados hacia delitos cometidos con el "ánimo de obtener enriquecimiento ilícito", se ha realizado tanto con el objetivo de "sacar hombres de las armas" como, más significativamente, porque dicha acción representa un ajuste de "relaciones de poder previamente existentes" (Caraballo, 2013, p. 244). El modo en que se han producido dichas intervenciones, y su uso reiterado, invita a reflexionar sobre su eventual uso político.

El caso más emblemático de la historia del país ha sido el de Pablo Escobar, durante el gobierno de Cesar Gaviria. En primer lugar, su incidencia en la reforma constitucional para impedir la extradición. Luego, su negociada reclusión en su propia cárcel en Envigado. Además, los Pepes, financiados por el cartel de Cali, se convirtieron en un modelo al coaligarse con la policía para acabar con la vida de Escobar.

Entre 1994 y 1999, se creó una oficina dedicada a impulsar acercamientos específicamente para las milicias y bandas de la ciudad, que no podía alegar ignorancia sobre los verdaderos propulsores de los pactos que se firmaban. Entre 1995 y 1999, se realizaron cincuenta y siete pactos de este tipo con igual número de bandas o milicias, en setenta y un barrios; veintiocho mesas barriales posteriores tuvieron propósitos similares (Giraldo, 2009) en cinco de las seis zonas de Medellín (Giraldo y Mesa, 2013), muchos de las cuales implicaron transferencia de dineros públicos a los grupos armados (CNMH, 2017). Para 1999, "se habían establecido en la ciudad procesos de mediación y pactos que comprometían a cerca de 160 bandas, combos y milicias, para cubrir unas 3.000 personas en 86 sectores de la ciudad" (Vélez, 2001, p. 282). Esas intervenciones de la Oficina de Paz y Convivencia, orientadas a "desactivar conflictos específicos entre bandas" y sostenidas de manera explícita desde la alcaldía de Luis Alfredo Ramos (1992-1994) hasta la de Juan Gómez Martínez (1998-2000) (CNMH, 2017; Sepúlveda, 2010; Vélez, 2001), eran luego presentadas por la administración municipal como éxitos de su política de paz.

Los pactos se intensificaron hacia finales del siglo pasado como iniciativas de empoderamiento, bien sea de la banda La Terraza, que marca la transición entre las opciones barriales milicianas y los grupos armados barriales dedicados a vender servicios de protección, o de la cooptación aplicada a cerca de trescientas diecinueve bandas por el Bloque Metro y el bloque Cacique Nutibara (Botero *et al.*, 2019).

Estas "capacidades" negociadoras fueron reconocidas por el BID, que fortaleció dicha oficina como uno de los componentes del préstamo de quince millones de dólares concedido a la ciudad en diciembre 1998 (García *et al.*, 2018). Sin embargo, no había un consenso interno sobre dicha estrategia, que fue catalogada por asesores de la alcaldía como "una negociación del desorden" (Uribe, 1997, p. 171) o un ejercicio inocuo que no pasaba de ser un círculo vicioso (Vélez, 2001).

Esta prometeica intervención estatal ha sido interpretada como "retiro del Estado" (Alonso *et al.*, 2007; Giraldo, 2009). Según la tesis en boga, este fenómeno solo habría ocurrido durante las tres alcaldías anteriores a Sergio Fajardo: Luis Alfredo Ramos (1992-1994), Sergio Naranjo (1995-1997) y Juan Gómez Martínez (1998-2000). Estas alcaldías se orientaron "primordialmente hacia el apaciguamiento y la autogestión del conflicto" (Llorente y Guarín, 2013, p. 179). Este apaciguamiento y autogestión del conflicto es resumida por Llorente y Guarín (2013) en tres nociones:

> El problema de violencia de la ciudad ni surgió en ella ni le era exclusivo y por lo tanto su solución no era responsabilidad principal del gobierno local; la segunda consideraba que el tratamiento predominantemente represivo de los fenómenos de violencia en la ciudad por parte de los organismos de seguridad del Estado había sido ineficaz y equivocada y había provocado un abismo entre las autoridades y la sociedad; y la última noción, como un subproducto de la anterior, propendía por la participación comunitaria en asuntos de convivencia y seguridad como medio para cerrar la brecha entre autoridades y población. (p. 180).

¿Acaso se "retira" el Estado de la seguridad cuando negocia con actores armados? ¿No será más bien que estamos frente a un manejo estratégico de la negociación política? Estas dinámicas cíclicas demuestran más bien, como puntualiza el exmagistrado Pinilla (2014), que "los llamados a la guerra y a la paz han servido para que las élites conduzcan al país y obtengan un nivel de consenso o aceptación que de otra manera no tendrían".

El manejo político de la seguridad de la ciudad se ha hecho desde el estado central en Bogotá, el cual ha usado la negociación como su herramienta privilegiada. Por lo tanto, el núcleo del dilema de si el éxito de la negociación política con la criminalidad en Medellín se atribuye a instancias locales o nacionales radica en comprender y dimensionar el aporte de las políticas de nivel nacional frente a aquellas de orden local (Llorente y Guarín, 2013). A las políticas locales solo les habría correspondido desplegar el ámbito natural de la prevención social y la convivencia (Llorente y Guarín, 2013). A pesar de lo innovador de la apuesta urbanista aplicada en Medellín, según Llorente y Guarín (2013), "la evidencia para atribuirles la caída en la criminalidad es pobre y cuando mucho circunstancial" (p. 181). Solo hay "coincidencia" entre "la caída del crimen y el desarrollo de novedosos enfoques de política y de gestión de la seguridad y la convivencia a nivel local" (p. 181).

Los grandes eventos que han impactado la ciudad han tenido su origen el estado central y siguen teniendo su influencia actualmente. Entre estos eventos se encuentran: la obligatoriedad de participación popular por mandato constitucional; la muerte de Pablo Escobar en 1993; la desmovilización de cuatro grandes grupos milicianos en 1994; la Operación Orión en 2002, que unificó el control central de las bandas; la desmovilización del paramilitarismo armado entre 2002 y 2005; la extradición del jefe de la denominada "Oficina", Don Berna en 2008. A ello se le suma la tolerancia del ejército y la complicidad de la policía con la arremetida paramilitar por el control de Medellín entre 1997 y 2002 (Vargas y García 2008) (ver la figura 1). Mientras algunos llegan a señalar, por ejemplo, la Operación Orión como el verdadero renacer de la ciudad (Drummond *et al.*, 2012), otros atribuyen esta innegable creación de condiciones al urbanismo social como resultado directo de la Seguridad Democrática de Uribe (Giraldo, 2008).

Figura 1. Principales intervenciones securitarias desde el Estado central en Medellín (1985-2011)

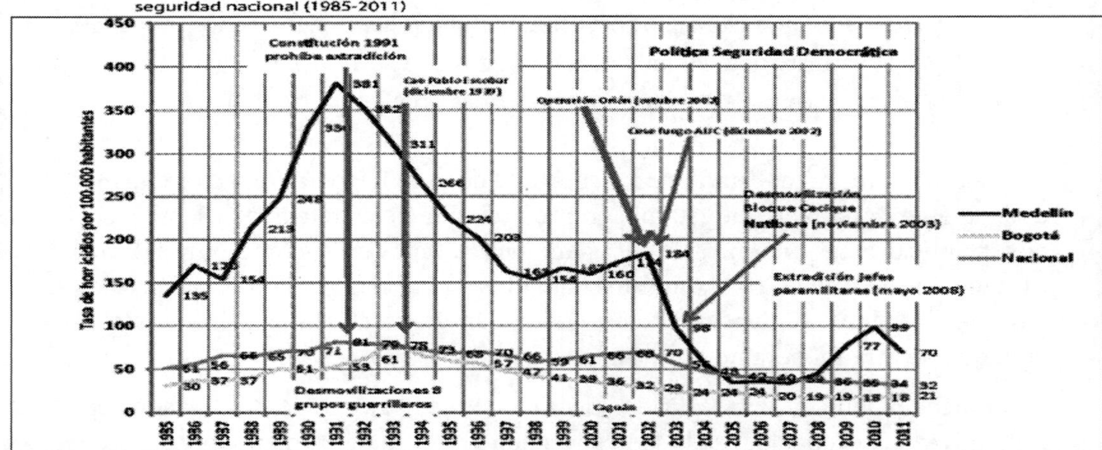

Fuente: elaboración propia con datos de la Policía Nacional de Colombia y el Departamento Administrativo Nacional de Estadística.

Fuente: (Llorente y Guarín, 2013, p. 188).

Agenciamiento por criminales de la defensa del statu quo

El recurso a depredadores para agenciar posiciones de poder no es nuevo, ni en Colombia y menos en el mundo. Al explorar la historia global, se observa que la utilización social y política de la criminalidad como instrumento privado para ejercer el poder y desplegar la violencia se encuentra que ya ha sido objeto de reflexión por pensadores como Max Horkheimer (1940), Volker (2006) y Tilly (1985). Todos coincidieron en identificar que la protección se torna en una forma arquetípica de dominación en contextos de fragmentación del poder, lo que a su vez es estimulada bien por la inobservancia o por el completo desconocimiento de los sistemas formales de regulación.

Mientras ha sido una estrategia de la política judicial y exterior estadounidense (McCoy, 2003; Dearing, 2019), en Colombia, desde mediados de la década de los 80 del siglo pasado, el recurso a depredadores fue el eje de una guerra política que arrasó campos y veredas bajo el pretexto de perseguir las bases de la guerrilla. La Comisión de la Verdad analizó e ilustró dicha política entendiéndola como un entramado social.

> El paramilitarismo no es solo un actor armado –entendido como ejércitos privados con estrategias de terror contra la población civil–, sino más un entramado de intereses y alianzas también asociado a proyectos económicos, sociales y políticos que logró la imposición de controles territoriales armados por medio del uso del terror y la violencia, y también a través de mecanismos de legitimación, establecimiento de normas y reglas (CEV, 2022, p. 296).

La investigación de la Comisión muestra que:

> El paramilitarismo ha estado vinculado históricamente con decisiones de gobierno e instituciones del Estado, ancladas a la tendencia estatal a la delegación de la seguridad pública, la coerción y las armas en grupos de civiles armados y agencias encargadas de proporcionar seguridad de manera privada bajo el objetivo de la seguridad y la defensa nacionales (CEV, 2022, pp. 296-97).

Las bandas de Medellín han hecho parte operativa de dicho entramado, con un rol que no ha sido solamente cumplido en la confrontación entre los capos del tráfico de drogas utilizando a jóvenes rotulados bajo el manido título de "sicarios". Hay una dimensión colectiva que es la que configura un papel en el agenciamiento de políticas de seguridad, mediando la relación entre elites políticas-económicas y criminalidad, produciendo la cooptación de la voluntad de la sociedad e "institucionalizando" la violencia (Betancur y Brand, 2021). Ya no se trata de la pervivencia de un sujeto individualizable, de una capa o grupo político, sino de una realidad cuya subsistencia concita la voluntad de elites, grupos políticos y, por inducción, la de amplios sectores de la población.

Esta ciudad ha sido teatro de al menos seis grandes fenómenos de esta especie de política criminal, en la que el Estado se asocia con un actor criminal para golpear o exterminar al otro:

- El pacto con el cartel de Cali para exterminar el Cartel de Medellín, (Téllez y Lesmes, 2006).
- Desactivación de la policía local para permitir el exterminio por los paramilitares de la banda insumisa de Frank en el barrio París (entre 1999 y el primer semestre de 2002)[2].

---

2 Ver el artículo "Frank todavía manda en el barrio París", publicado por El Tiempo (2001).

- El Pacto de Orión del Gobierno Uribe para consolidar el control paramilitar de Medellín erradicando las milicias guerrilleras.
- La inactivación del ejército y la policía para permitir el exterminio de los paramilitares del Bloque Metro, por parte del otro Bloque Cacique Nutibara.
- Consolidación en 2005 del bando "Bello", o "Alianza del Norte" con ocho bandas de la llamada Oficina, contra el otro sector "minoritario". Este proceso, presentado como Pacto de paz, firmado en la propia oficina de la alcaldía, significó el reparto de las diez comunas de este municipio vecino de Medellín. El pacto capitalizó la transición operada por la salida del jefe de la Oficina, Don Berna.
- La vinculación a un sector de la oficina para golpear al otro y exhibir los resultados como lucha de la alcaldía de Federico Gutiérrez como lo mostró la detención de su secretario de seguridad[3].
- El fenómeno de las pactaciones es recurrente y hasta cíclico en la dinámica securitaria de la ciudad.

La decisión de cómo, cuándo y por qué se ataca a una banda está ligado a momentos políticos y a tácticas implementadas de manejo del mercado de protección en la ciudad. La paz pactada es signo de las transiciones en desarrollo, como la que actualmente se desarrolla en la ciudad.

Vigilantismo de territorios conflictivos

Como ha sido ampliamente estudiado, grupos armados se han ocupado de controlar el "orden público" de los barrios y el centro de la ciudad desde comienzos de la década de los 90, abaratando costos de vigilancia, lo que constituye un referente nacional (Sepúlveda, 2010; Vargas y García, 2008). La identificación de dichas prácticas vigilantistas permite entender el papel que las fuerzas estatales de seguridad juegan al respaldar y respaldarse en el "trabajo" comunitario adelantado por los actores armados (Arias, 2017).

Uno de los primeros pactos entre bandas, destinados a la no confrontación y la distribución del "mercado" de la vigilancia vecinal fue el pacto impulsado por

---

3 Ver los artículos "Las pruebas de la Fiscalía contra Gustavo Villegas", publicado por El Espectador (2017), y Fiscalía reitera que acuerdo con Gustavo Villegas es ilegitimo", publicado por El Tiempo (2019).

la banda de los Priscos en el barrio de Aranjuez, después de las negociaciones de desarme de las milicias barriales en 1994, que fue celebrado con fiesta en el barrio (Salazar, 2001)

Otro de los más reconocidos es la tregua entre las bandas conseguida por un grupo de líderes locales a raíz de la celebración en la ciudad de los X Juegos Suramericanos (17-30 marzo de 2010).

Mientras que el último año de vigencia del Plan de Desarrollo Medellín Solidaria y Competitiva (2008-2011) "estuvo marcado por el incremento de la inseguridad ciudadana" (Gómez, 2014, p. 15), por "un crecimiento en homicidios, hurto de carros, motos y a personas", después de 2013 ocurre una disminución significativa, muy posiblemente, debido al "cese de enfrentamientos entre grupos en determinados territorios" (Medellín Cómo Vamos, 2013, p. 78). Sin embargo, el alcalde de turno, Aníbal Gaviria, atribuyó este resultado a su recién instalada administración.

El reconocido pacto entre bandas, denominado "del fusil"[4], conllevó un declive en los niveles de violencia letal en el centro de la ciudad y otras localidades (Moncada, 2021), demostrando taxativamente que algunas áreas, de manera creciente, son gestionadas por formas mixtas de agencia compuestas por actores estatales y no estatales. Tras una oleada de asesinatos y disputas entre asociaciones, desplazamiento forzado, desapariciones y actos crueles, las tres asociaciones de bandas de la ciudad se avienen para firmar un pacto de repartición del mercado y fijar unos criterios de cobro de la extorsión. El pacto de coexistencia firmado el 14 de julio de 2013 por los dos voceros de la Oficina y los Urabeños, no solo simbólicamente denominado Pacto del Fusil[5], acordó:

> Respeto a las zonas donde opera cada una de las estructuras. No se sigan asesinando coordinadores. Respeto a las finanzas criminales de cada estructura. Levantar las fronteras "invisibles". No se podrán realizar ataques armados a territorios o personas de estos grupos, el permiso para hacerlo debe estar avalado por las dos estructuras, quienes a su vez definirán los responsables para tomar estas decisiones. En caso contrario, si alguna banda armada toma decisiones autónomas, inmediatamente las dos estructuras la pondrán en cintura simultáneamente (ataque militar). (Restrepo, 2015, p. 205).

---

4 Para conocer más sobre este pacto se recomienda ver el capítulo "115 Medellín bajo el pacto del fusil", del programa Infrarrojo de Teleantioquia, dirigido por Oscar Alarcón (2013).

5 Ver el artículo "Los 'pactos del fusil'", publicado por la revista Semana (2013).

Podría realizarse la lista de decenas de pactos menores impuestos en distintos territorios y coyunturas, como acuerdos criminales entre "la élite criminosa", que funcionan como un "imperativo categórico" del accionar delictivo (Dávila, 2018). Los pactos, asumidos como formas de distribuirse el control territorial y el mercado de la protección, son también ejercicio del vigilantismo y control que las bandas realizan sobre los territorios. El control de homicidios ha recibido periodísticamente el nombre de "Donbernabilidad" por haber sido resultado de una orden del jefe de la Oficina "Don Berna" (Moncada, 2017, p. 83), esto también es señal de estabilización del dominio violento sobre un territorio (Eslava *et al.*, 2015).

Finalmente, debe entenderse que las relaciones no solo de coexistencia, sino de complementariedad entre el gobierno local y el actor armado dominante en la ciudad juegan, según Moncada (2017), "un rol vital, aunque silencioso" (p. 86) no solo al reducir los niveles de violencia sino al "habilitar el gobierno local para extender la inversión socio económica e institucional en la periferia".

Cuando algunas comunidades se ven forzadas a impulsar dichos pactos ante la inacción estatal, su búsqueda induce una forma de poner límites al ejercicio de una eventual autodefensa armada (Nieto, 2008), posibilitando "una concertación más espaciada de lo público, lo privado y lo comunitario" (CNMH, 2017, p. 375).

Esta protección criminal está condicionada por una estrategia que no es sustitutoria, ni complementaria ni delegatoria de la razón de ser del Estado, sino más bien consecuencial a los propósitos de control social y políticamente consentida, por lo que finalmente se va a hibridar a la acción oficial (Bedoya *et al.*, 2021). Este tipo de utilización cabe dentro de las formas aplicadas en el denominado modelo de gobernanza hibrida y, por su naturaleza coercitiva, podría asumirse preliminarmente como una estrategia de tipo racket (Moncada 2020) o de la "Doble Coerción" (Snyder y Durán-Martínez, 2009b, p. 66).

Experimentación de políticas securitarias como ciudad laboratorio

La enorme atención que en el país se concede a las prácticas securitarias desplegadas en la ciudad es históricamente evidenciable, como lo señala Palacio (2021), al ser reiteradamente declarada como laboratorio nacional de seguridad urbana. La incidencia social y territorial de la criminalidad organizada local, entendida como bandidos sociales (Hobsbawm, 2001) o bandidos políticos (Sánchez y Meertens, 2006), va a ser una parte determinante para su reconocimiento por la estructura ejecutiva del Estado.

La primera Estrategia Nacional de Seguridad Urbana en tiempos del presidente César Gaviria (1990-94) fue estudiada y lanzada en Medellín en 1991 (Presidencia de la República, 1991), al igual que su segunda fase "Seguridad para la Gente" (Presidencia de la República, 1993). Ambas inspiraron los planes locales de seguridad, los consejos municipales de seguridad (Llorente y Guarín, 2013) y hasta la reforma de la Policía Nacional (Ley 62 de 1993) para hacerla congruente con la seguridad pública prestada de manera privada (Camacho, 1994).

La privatización de la prestación de la seguridad pública y su difusión nacional tuvieron su origen en esta ciudad, cuando se buscó que la experiencia miliciana, interpretada en el Decreto 356 de 1994, sirviese como experiencia piloto de privatización con la Cooperativa de Vigilancia Coosercom. Este intento, que resultó fallido, produjo el mayor número de reinsertados asesinados en una desmovilización (Villarraga, 2009; Paz y Valencia, 2015). Pero su fracaso no fue óbice para generalizar por el país su copia paramilitar, el modelo de las Convivir (Bargent, 2015).

En 2008, el alcalde Alonso Salazar (2008-2011) realizó un seminario nacional para presentar las líneas que convertían lo desplegado en la ciudad en un laboratorio modélico (Giraldo y Preciado, 2015; Salazar, 2011). Desde ese momento, parte de la campaña nacional e internacional de difusión del régimen urbanista se centró en presentarse como un laboratorio con un modelo (Giraldo y Preciado-Restrepo, 2015), encomiado por posiciones tan distantes como la de Hilary Clinton[6] y Condoleezza Rice[7]. De hecho, el principal apoyo a los paramilitares desmovilizados de las Autodefensas Unidas de Colombia AUC a partir de 2005 fue dado en Medellín, y su buena acogida permitió formular un modelo nacional de reinserción social. Aunque el urbanismo social de Medellín se ha considerado un modelo a nivel nacional, no puede ignorarse que también haya sido una estrategia de manejo de la seguridad pública.

A favor de la interlocución con este tipo de criminalidad cruenta, se destaca que el crimen organizado "no se puede considerar una aberración o un fenómeno individual aleatorio, pues representa una transformación de la estructura legal existente y, quizás, del Estado y el sistema político" (Skaperdas y Syropoulos, 1995. p. 61). Finalmente, "el crimen crónico no es de por si el resultado del rompimiento de la ley sino, mejor, la presencia de particulares tipos de compromisos entre el estado y los actores criminales" (Arias, 2017, p. 6).

---

6 Ver la nota periodística "Hillary Clinton propone replicar en países islámicos experiencia de transformación de Medellín", emitida por Noticias Telemedellín (2013).

7 Ver el artículo "The Colombia Trade Stakes", escrito por Rice (2008) para el *Wall Street Journal*.

El paso por dar consiste, más bien, en la ponderación de lo que ha significado hasta ahora el reconocimiento implícito de concesiones estatales a la criminalidad organizada de la ciudad. Esto la ha legitimado, de alguna manera, como interlocutor válido en la formulación de metodologías y el inicio de nuevos diálogos socio-jurídicos. Lo destacable esta vez es la naturaleza pública de estos esfuerzos y la búsqueda de participación de las organizaciones sociales de la ciudad.

En el contexto de los diálogos abiertos por el actual gobierno (2022-2026) con jefes de bandas encarcelados, también en las ciudades de Quibdó y Buenaventura, es imprescindible repensar las transformaciones para superar la visión instrumental de la criminalidad. Esto va más allá de la válida renuncia a tratar ciertos sectores, grupos y posiciones como enemigos internos o como simples peones explotados por empresarios trasnacionales del narcotráfico. En esa renuncia se inscribe la siguiente reflexión.

La contrapartida de los usos políticos de la criminalidad organizada

Si se profundizara en las contrapartidas obtenidas por el Estado y un séquito de sectores económicos, podríamos llegar a conclusiones impactantes ante la pregunta: ¿a cambio de qué este Estado actúa con indulgencia hacia la criminalidad organizada en la región?

La sospecha inicial de la investigación consideraba que debía existir una especie de autorización o con exigencia de retorno otorgado a estos grupos criminales por parte del Estado. El avatar social y territorial de la criminalidad organizada local, como se apreció anteriormente, es una parte determinante en su reconocimiento, por lo que su incidencia se extiende desde las calles de los barrios hasta los recintos donde se formulan las políticas públicas de seguridad. Esto configura un círculo vicioso, en el que esta especie de "política de seguridad armada" implica la connivencia con dominios monopolizados de porciones territoriales, la instalación de criminalidad en territorios conflictivizados, la reducción "pactada" de homicidios, el control extorsivo de la criminalidad desorganizada, el reordenamiento de los habitantes en situación de calle y de los asentamientos de desplazados y desplazadas, así como la aceptación estatal de la rentabilización de lo público. La contraprestación que obtiene el Estado, en términos de estabilizar el régimen establecido, es innegable.

Cuando se presenta cierta micro gobernabilidad territorial por parte de la criminalidad organizada, "lo que explicaría que no se produjera desinstitucionalización, ingobernabilidad y aun turbulencia" (Gutiérrez, 1997, p. 91), debe estarse gestando un tipo de mediación entre aquella y el Gobierno estatal. Este "dejar hacer" se cimenta en la existencia de otro proceso eventual de coerción, además de la que criminalidad organizada ejerce contra la población, como ya lo documentó ampliamente Reuter (1985) para otras latitudes.

Aquí subyace la otra contraprestación para el Estado: la posibilidad de garantizarse un innegable estabilizador del *statu quo* (Betancur y Brand, 2021). Esto exige una diferenciación relacional entre la conceptualización de la criminalidad propiamente judicial, descrita en los códigos penales, y aquellas prácticas que el discurso social no tipifica como tales. Un buen ejemplo de ello es la aplicación negociada de las políticas de seguridad en Colombia. La interferencia, permeabilidad e influencia de la acción criminal en el diseño y aplicación de dichas políticas, genera la legitimación de un doble proceso coercitivo, que puede convertirse en una práctica "a-legal", es decir, ni estrictamente legal ni completamente ilegal. El papel social de las bandas no solo tiene un impacto sobre los territorios donde se despliegan, sino sobre el devenir político de la intervención del Estado, que se ve impactado por "la espada de doble filo" de este tipo de intervenciones securitarias.

Es precisamente a través de la legitimación periódica del uso de la violencia que la asociación entre elites gobernantes y grupos de criminalidad organizada se ha producido de manera privilegiada en nuestro contexto. Como resultado, las grandes reformas políticas de seguridad que los atañe se harán gracias a las armas, no a los movimientos sociales, la presión electoral y congresional o a las protestas de masas, como debería ser. La renovación cíclica de la Ley de Orden Público (Ley 418 de 1997), cada cuatro años, hace ya parte de la misma política "carburada" criminalmente. La Ley 782 de 2002 era a su vez prorroga de la Ley 418 de 1997, prorrogada y modificada por la Ley 548 de 1999 y Ley 1421 de 2010. El actual Gobierno Petro las reforma igualmente con la Ley 2272 de 2022, sobre "convivencia, eficacia de la justicia y orden público" y está en proceso de modificar la Ley 1908 de 2018 sobre el sometimiento colectivo de grupos armados. El gobierno de Santos (2018-2022) pretendía que dichas normas de excepción se acabarían con el Acuerdo con las FARC (Jaramillo, 2023) pero no fue así. Por el contrario, respaldado en el marco de la aplicación de la Justicia Restaurativa iniciada en 2016 por el Acuerdo con las FARC, en el Gobierno presidido por Gustavo Petro (2022-2026), al invocar la paz "total", se ha comenzado a reconocer expresamente dicha tradición de política pública negociada.

El reconocimiento de la figura de la negociación con la criminalidad organizada es ahora explícito; la concesión de ventajas jurídicas es clara y la pretensión de aplicarla a toda la criminalidad es casi una obsesión. Actualmente, este enfoque se fundamenta en la profunda modificación sufrida por el conflicto político armado colombiano, las tendencias del mercado de drogas mundial, y un sistema carcelario ineficiente que no rehabilita a los jóvenes verdaderamente damnificados por dichas políticas. En cambio, dicho sistema perpetúa los problemas sociales y vulnera los derechos humanos.

Este giro en las políticas securitarias deberá ser acompañada, por primera vez, de una intervención social y económica integral que gire sobre su rol social. Si la primera se realiza sin la segunda, como hasta ahora, volveremos al ciclo prometeico que se ha cuestionado. Lo mismo ocurrirá si no se desmonta esta estrategia de manipulación de la criminalidad, que utiliza su desempeño armado para la defensa del régimen establecido ¿Podrá asumirse este reto desde un enfoque de seguridad humana, como pretende el gobierno Petro?

Conclusión

Hasta ahora, en Colombia tanto las políticas de guerra y paz como las políticas de seguridad han sido transables —negociables— con los actores armados, dejando de lado a las víctimas y, peor aún, a los más afectados y afectadas. Esto ha tenido implicaciones en la parcialidad de los fenómenos que se sancionan, en la impunidad de los más fuertes, en la creación de una cultura de amalgamamiento legal-ilegal, en la politización mediática de los líderes de organizaciones criminales y en la pervivencia de las estructuras delictuales. Igualmente, los acuerdos nunca han implicado una modificación o transformación de la fuerza armada ejecutora de la contraparte gubernamental, por el contrario, las fuerzas históricamente oficiales se han visto acomodados por la concesión de gabelas.

Poner por fuera de este cuadro a terceros o marcar peyorativamente los territorios como zonas "rojas" ha sido una extendida costumbre, plagada de narrativas depredadoras y auto depredadoras. La historia de territorios como la comuna 13, el corregimiento de Altavista o la comuna 8 no puede ser reducida a la imagen de comunidades terribles "al margen de lo legal", sin considerar la injerencia de empresarios y elites locales, ni la asepsia estatal en estas dinámicas.

Casi como una formula vacía, se sigue o bien colocando los orígenes de la problemática criminal en la "ausencia del Estado", cuando éste interviene sutil e instrumentalmente, o bien quejándose de la violación del monopolio estatal de las armas, en un contexto donde proliferan múltiples franquicias territoriales. De ahí la confusión de la advocación por fórmulas como "más Estado", sin especificar su forma de intervención ni su horizonte.

Luis Jorge Garay (2023) propone negociar para profundizar en la lucha estratégica por un nuevo modelo de desarrollo, así como en un tipo de intervención estatal y estrategias de control que aborden la ilegalidad en sus especificidades geo-socioespaciales. En lugar de continuar con ejercicios de fuerza y represión, aboga por una tramitación democrática de las necesidades y anhelos sociales, así como por el debilitamiento de mercados ilícitos. Esto debe lograrse a través de políticas que no se limiten a la represión o ilegalización de la economía popular e informal.

La propuesta de articulación entre el enfoque de seguridad humana y los sistemas de protección armada —Fuerzas Armadas y Policía Nacional— demanda un enorme esfuerzo y servirá de indicador de la progresividad de la transformación anhelada. Si no se produce esta transformación de las fuerzas oficiales, no será posible ejercer otro tipo de incidencia sobre la criminalidad. Una lectura rápida del enfoque chino (Hao, 2006), que podría ofrecer similitudes en la protección contra todas las formas de daño, nos sugiere escenarios a desarrollar. La protección contra todas las formas de terrorismo, así como la protección del hambre y de las enfermedades, podría significar varios retos y desafíos a esta visión y operación "criolla" de seguridad humana:

1. Debe implicar todos los niveles administrativos de gobernanza —local, regional, nacional—.
2. No puede ser solo provista por el Estado, pero éste debe asumir un rol promotor en su elaboración y operación.
3. Debe contemplar su ejecución en fases y niveles
4. Debe ampliar creativamente las áreas tradicionales propuestas por la visión liberal internacionalizada desde 1994. El reto es mayúsculo, ya que, en nuestro contexto, se está construyendo una sociedad civil que, en parte, solo se justifica por tener que recurrir a lo no estatal para atender las necesidades de subsistencia. Al mismo tiempo, se ha instalado la construcción de una sociedad no civil escudada en las libertades concedidas (Garay, 2023). En esta última, no predomina "la fuerza de la razón, los argumentos o las normas universales de la justicia" (Pearce, 1998, p. xxii).
5. Específicamente, la fuerza armada debe asumir un nuevo rol que incluya, además de la protección del medio ambiente y la contención de desastres naturales, la soberanía en dominios afectados por factores trasnacionales, como la ciber-información, la bioseguridad y la globalización de mercados en diverso grado de legalidad. Asimismo, debe implementar programas para hacer frente a todo tipo de terrorismo y combatir al uso del crimen como medio de dominación social y política, tal como ha acaecido hasta ahora.

Referencias

Abello, A. (2015). *Security Provision and Governing Processes in fragile cities of the Global South: the case of Medellin 2002-2012* [tesis doctoral, University of Bradford]. University of Bradford eTheses. http://hdl.handle.net/10454/14481

Aidi, H. (2009). *Redeploying the State. Corporatism, neoliberalism, and coalition politics.* Palgrave Macmillan.

Alarcón, O. (Director). (2013). 115 Medellín bajo el pacto del fusil [Capítulo del programa Infrarrojo]. Teleantioquia. https://www.youtube.com/watch?v=K7swz-wFzDU

Alonso, M., Giraldo, J. y Sierra, D. (2007). Medellín: el complejo camino de la competencia armada. En M. Romero (ed.), *Parapolítica. La ruta de la expansión paramilitar y los acuerdos políticos* (pp. 109-164). Corporación Nuevo Arco Iris, CEREC.

Angarita, P., Gallo, H. y Jiménez, B. (2008). *Dinámicas de guerra y construcción de paz. Estudio interdisciplinario del conflicto armado en la Comuna 13 de Medellín.* Editores Independientes.

Arias, E. (2017). *Criminal Enterprises and Governance in Latin America and the Caribbean.* Cambridge University Press.

Arredondo, A., García, Y., Betancur, S., Bedoya, J., Coronel, J. y Soto, A. (2019), *La coerción extorsiva: caracterización y cuantificación aproximada en las comunas 10 -la Candelaria- y 15 -Guayabal- de Medellín,* Medellín: IPC; SISH-Alcaldía de Medellín.

Bargent, J. (2015, 25 de mayo). The legacy of Colombia's vigilante security: The Convivir. *Insight Crime.* https://www.insightcrime.org/news/analysis/the-legacy-of-colombia-vigilante-security-the-convivir/

Bedoya, J., Ríos, J. y Arredondo, A. (2021). La coerción extorsiva en Medellín, Colombia. *URVIO, Revista Latinoamericana de Estudios de Seguridad,* (29), 96-107. doi.org/10.17141/urvio.29.2021.4413

Betancur, J. y Brand, P. (2021). Revisiting Medellin's governance arrangement after the dust settled. *Urban Affairs Review, 59*(1), 73-98. https://doi.org/10.1177/10780874211047938

Bigo, D. y McCluskey, E. (2018). What is a PARIS Approach to (In)securitization? Political anthropological research for international sociology. En A. Gheciu and W. Wohlfort (eds.), *The Oxford Handbook of International Security.* Oxford University Press.

Block, A. (1983). *East Side-West Side: organizing crime in New York 1930-50.* Routledge.

Boege, V., Brown, A., Clements, K. y Nolan, A. (2021), 'Hybrid Political Orders', and Emerging States: State Formation in the Context of 'Fragility'. *Journal of Transportation Technologies, 11*(2). DOI: 10.4236/jtts.2021.112015

Botero, J., Guo, W., Mosquera, G., Wilson, A., Johnson, S., Aguirre-García, G. y Pachón, L. (2019). Gang confrontation: the case of Medellin (Colombia). *Plos One, 14*(12). https://doi.org/10.1371/journal.pone.0225689

Brattman, C., Duncan, G., Lessing, B., Tobón, S. y Mesa-Mejía, J. (2020). *Gobierno criminal en Medellín. Panorama general del fenómeno y evidencia sobre cómo enfrentarlo.* Centro de Investigaciones Económicas y Financieras (CIEF); Universidad de Chicago; Innovation for Poverty Action; Eafit.

Camacho, A. (1994). Seguridad: ¿para la gente o para el Estado? *Análisis Político*, (21), 70-82. https://revistas.unal.edu.co/index.php/anpol/article/view/75591

Campana, P. (2011). Eavesdropping on the mob: the functional diversification of mafia activities across territories. *European Journal of Criminology, 8*(3) 213-228. https://doi.org/10.1177/1477370811403442

Caraballo, V. (2013). Órdenes locales, acuerdos de paz y presencia diferenciada del Estado. Negociación con las milicias populares de Medellín. *Colombia Internacional,* (77), 241-270.

Comisión de Esclarecimiento de la Verdad (CEV). (2022). *Hallazgos y Recomendaciones: Dinámicas Urbanas.*

Chabat, J. (2019). Criminally possessed states: a theoretical approach. En J. Rosen, B. Bagley, y J. Chabat (eds.), *The criminalization of states: the relationship between states and organized crime* (pp. 15-29). Lexington Books.

Centro Nacional de Memoria Histórica (CNMH). (2017), *Medellín, memorias de una guerra,* Bogotá: CNMH.

Congreso de la República de Colombia. (1993, 12 de agosto). Ley 62 de 1993. Por la cual se expiden normas sobre la Policía Nacional, se crea un establecimiento público de seguridad social y bienestar para la Policía Nacional, se crea la Superintendencia de Vigilancia y Seguridad Privada y se reviste de facultades extraordinarias al presidente de la República. Diario Oficial n. ° 40987. http://www.secretariasenado.gov.co/senado/basedoc/ley_0062_1993.html

Congreso de la República de Colombia. (1997, 26 de diciembre). Ley 418 de 1997. Por la cual se consagran unos instrumentos para la búsqueda de la convivencia, la eficacia de la justicia y se dictan otras disposiciones. Diario Oficial n. ° 43201. http://www.secretariasenado.gov.co/senado/basedoc/ley_0418_1997.html

Congreso de la República de Colombia. (1999, 23 de diciembre). Ley 548 de 1999. Por medio de la cual se prorroga la vigencia de la Ley 418 del 26 de diciembre de 1997 y se dictan otras disposiciones. Diario Oficial n. ° 43827. http://www.secretariasenado.gov.co/senado/basedoc/ley_0548_1999.html

Congreso de la República de Colombia. (2002, 23 de diciembre). Ley 782 de 2002. Por medio de la cual se prorroga la vigencia de la Ley 418 de 1997, prorrogada y modificada por la Ley 548 de 1999 y se modifican algunas de sus disposiciones. Diario Oficial n. ° 45043. http://secretariasenado.gov.co/senado/basedoc//ley_0782_2002.html

Congreso de la República de Colombia. (2010, 21 de diciembre). Ley 1421 de 2010. Por medio de la cual se prorroga la Ley 418 de 1997, prorrogada y modificada por las

Leyes 548 de 1999, 782 de 2002 y 1106 de 2006. Diario Oficial n. ° 47930. http://www.secretariasenado.gov.co/senado/basedoc/ley_1421_2010.html

Congreso de la República de Colombia. (2017, 11 de mayo). Acto Legislativo 02 de 2017. Por medio del cual se adiciona un artículo transitorio a la constitución con el propósito de dar estabilidad y seguridad jurídica al acuerdo final para la terminación del conflicto y la construcción de una paz estable y duradera. https://www.funcionpublica.gov.co/eva/gestornormativo/norma.php?i=81573

Congreso de la República de Colombia. (2018, 9 de julio). Ley 1908 de 2018. Por medio de la cual se fortalecen la investigación y judicialización de organizaciones criminales, se adoptan medidas para su sujeción a la justicia y se dictan otras disposiciones. Diario Oficial n. ° 50649. http://www.secretariasenado.gov.co/senado/basedoc/ley_1908_2018.html

Congreso de la República de Colombia. (2022, 8 de septiembre). Proyecto de Ley 160 de 2022. Por medio del cual se modifica, adiciona y prorroga la Ley 418 de 1997, se define la política de paz de Estado, y se dictan otras disposiciones.

Cruz, J y Durán-Martínez, A. (2016). Hiding violence to deal with the state: criminal pacts in El Salvador and Medellin. *Journal of Peace Research, 53* (2), 197-210. https://doi.org/10.1177/0022343315626239

Dávila, L. (2018). *Reglas, Crimen y Orden. Un estudio sobre la seguridad en Medellín.* La Carreta.

Dean, M. (2010). *Governmentality: power and rule in modern society.* SAGE.

Dearing, M. (2019) Turning gangsters into allies: the American way of war in Northern Afghanistan. *Small Wars & Insurgencies, 30* (1), 101-139. https://doi.org/10.1080/09592318.2018.1552353

Deluchi, C. (2018). Urban Interiority and the Spatial Processes of Securitisation in Medellín: A Speculation on the Architectures of Reassurance. *Interiority, 1*(1), 37-48.

Drummond, H., Dizgun, J. y Keeling, D. (2012). Medellin: a city reborn? *Focus on Geography, 55(*4), 146-154.

Duarte, R., Braga, C. y Ferreira, M. (2021) Actores no estatales violentos y el surgimiento de una gobernanza hibrida en América Latina. *Revista Latinoamericana de Investigación*: 56 (1), 36-49.

El Espectador. (2017, 14 de julio). Las pruebas de la Fiscalía contra Gustavo Villegas. https://www.elespectador.com/judicial/las-pruebas-de-la-fiscalia-contra-gustavo-villegas-article-703227/

El Tiempo. (2019, 9 de mayo). Fiscalía reitera que acuerdo con Gustavo Villegas es ilegitimo. https://www.eltiempo.com/justicia/delitos/fiscalia-reitera-que-preacuerdo-con-gustavo-villegas-es-ilegitimo-215584

El Tiempo. (2001, 14 de septiembre). Frank todavía manda en el barrio París. https://www.eltiempo.com/archivo/documento/MAM-649931

Eslava, A., Lopera, F., Mesa, J. y Toro, J. (2015). El contexto de los polígonos del homicidio en Medellín. En G. Duncan y A. Eslava (eds.), *Territorio, Crimen, Comunidad.* Open Society Foundations; Universidad EAFIT.

Fajardo, S. (2004). Plan de Desarrollo 2004-2007 *"Medellín, Compromiso de toda la Ciudadanía"* Medellín, Alcaldía.

Gambetta, D. (1993). *The Sicilian Mafia.* Harvard University Press.

Gamboa, E. (2023, 9 de julio). Los nexos políticos de La Terraza, la banda criminal por la que fue condenado el secretario de seguridad de Federico Gutiérrez. *Revista Raya.* https://revistaraya.com/la-terraza-la-banda-criminal-por-la-que-fue-condenado-el-secretario-de-seguridad-de-federico-gutierrez.html

Garay, L. (2023). *En torno a la transición de la ilegalidad y la criminalidad en Colombia: ¿un nuevo reto y una nueva oportunidad para la construcción de una paz integral?* Ediciones Desde Abajo.

García, C., Domínguez, M., Burbano, A., y Marín, N. (2018). Ciudad, Violencia, Memorias y Políticas de Seguridad: Medellín (1930-2013). En Á. Guzmán (ed.), *Violencia en cinco ciudades colombianas a finales del siglo XX y principios del siglo XXI* (pp. 21-190). Programa Editorial Universidad Autónoma de Occidente. https://hdl.handle.net/10614/13769.2

Giraldo Ramírez, J. (2008). Conflicto armado urbano y violencia homicida: el caso de Medellín. *Urvio, Revista Latinoamericana de Seguridad Ciudadana,* 5, 99-113

Giraldo, J. (2009). Guerra urbana, crimen organizado y homicidio en Medellín. En: S. Echavarría (ed.). *Seguridad pública: tres aproximaciones* (pp. 27-59). Medellín: Centro de Análisis Político – Universidad EAFIT.

Giraldo, J. y Mesa, J. (2013). Reintegración sin desmovilización: el caso de las milicias populares de Medellín. *Colombia Internacional,* (77), 217-239. https://doi.org/10.7440/colombiaint77.2013.08

Giraldo, J. y Preciado-Restrepo, A. (2015). Medellín, From Theatre of War to Security Laboratory. *Stability: International Journal of Security and Development, 4*(1), 1-14.

Gutiérrez, F. (1997). Gestión del conflicto en entornos turbulentos. El caso colombiano. En B. Betancur (ed.), *Conflicto y Contexto. Resolución alternativa de conflictos y contexto social.* Instituto SER de Investigaciones.

Gómez, M. (2014). *Políticas Públicas de Seguridad Ciudadana en las administraciones de Alonso Salazar y Aníbal Gaviria* [Tesis de pregrado, Universidad Pontificia Bolivariana]. Repositorio Institucional de la Universidad Pontificia Bolivariana. http://hdl.handle.net/20.500.11912/2403

Granda, A. y Ramírez, I. (2001). *Contexto general de la violencia en Medellín.* Universidad Pontificia Bolivariana.

Hao, L. (2006). Human security in the chinese criminal justice system. *Human Security Perspective, 1* (3), 1-16. https://www.ncbi.nlm.nih.gov/pmc/articles/PMC7124087/

Herbert, S. y Elizabeth, B. (2006). *Conceptions of space and crime in the punitive neoliberal city*. Blackwell.

Hobsbawm, E. (2001). *Bandidos.* Crítica.

Jaramillo, S. (2023, 28 de agosto). La paz en Colombia en la mirada del alto comisionado de paz Sergio Jaramillo. *El Espectador*. http://dx.doi.org/10.7440/colombiaint77.2013.09

Krauthausen, C. (1998). *Padrinos y Mercaderes. El crimen organizado en Italia y Colombia*. Espasa.

Lane, F. (1966). Economic consequences of organized violence. En *Venice and History. The collected papers of Frederic C. Lane*. The John Hopkins University Press.

Llorente, M. y Guarín, S. (2013). Colombia: éxitos y leyendas de los "modelos" de seguridad ciudadana: Los casos de Bogotá y Medellín. En C. Basombrío (ed.), ¿A dónde vamos? Análisis de políticas públicas de seguridad ciudadana en América Latina (pp. 169-201). Latin American Program Wilson Center.

Matta, N. (2023, 22 de enero). Cómo opera "La Oficina", máquina de guerra que ahora pide paz. *El Colombiano*. https://www.elcolombiano.com/colombia/la-oficina-la-maquina-de-guerra-que-ahora-pide-paz-AG20157340

McCoy, A. (2003). *The Politics of Heroin: CIA complicity in the global drug trade*. Lawrence Hill Books.

McIntosh, M. (1973). The growth of racketeering. *Economy and Society, 2* (1), 35-69. https://doi.org/10.1080/03085147300000002

Medellín Cómo Vamos. (2013). *Informe de Calidad de Vida 2013 – Finanzas*. Medellín Cómo Vamos. https://www.medellincomovamos.org/node/22726

Moncada, E. (2017). *Cities, Business, and the Politics of Urban Violence in Latin America.* Stanford University Press.

Moncada, E. (2020). The politics of criminal victimization: pursuing. *Perspectives on Politics, 18* (3), 706-721. https://doi.org/10.1017/S153759271900029X

Moncada, E. (2021). *Resisting extorsion: victims, criminals and states in Latin America.* Cambridge University Press.

Morales, N. y La Rotta, S. (2000). *Los Pepes: desde Pablo Escobar hasta Don Berna, Macaco y Don Mario*. Planeta.

Nieto, J. (2008). *Resistencia: capturas y fugas del poder.* Ediciones Desde Abajo

Noticias Telemedellín. (2013, 24 de enero). Hillary Clinton propone replicar en países islámicos experiencia de transformación de Medellín [video]. YouTube. https://www.youtube.com/watch?v=VmQbS8fVQ0g

Paz, L. y Valencia, G. (2015). Atipicidades del proceso de paz con las Milicias Populares de Medellín. *Estudios Políticos*, (46), 263-282.

Pearce, J. (1998). Derechos humanos, sociedad civil y la búsqueda de un bien común. En Equipo IPC (ed.) *Derechos Humanos Guerra, Paz y Derechos Humanos en Antioquia. Diagnóstico y tesis interpretativas* (pp. 13-27). IPC.

Pinilla, R. (2014, 25 de noviembre). La guerra y la paz han sido instrumentos de las élites / entrevistado por Flórez. *El Espectador.*

Presidencia de la República. (1991). *Estrategia Nacional contra la Violencia.* Ministerio de Defensa Nacional.

Presidencia de la República. (1993). *Seguridad para la gente.* Ministerio de Defensa

Presidencia de la República de Colombia. (1994, 11 de febrero). Decreto 356 de 1994. Por el cual se expide el Estatuto de Vigilancia y Seguridad Privada. Diario Oficial n. ° 41220. http://www.secretariasenado.gov.co/senado/basedoc/decreto_0356_1994.html

Redacción Semana. (2013, 9 de agosto). Los 'pactos del fusil'. *Semana.* http://www.semana.com/nacion/articulo/los-pactos-del-fusil/353677-3

Restrepo, J. (2015). *Las vueltas de la Oficina de Envigado.* Nuevo Arco Iris: Icono Editorial

Reuter, P. (1985). Racketeers as Cartel Organizers. In H. Alexander y G. Caiden (eds.), *The politics and Economics of Organized Crime* (pp. 45-65). Lexington Books

Rice, C. (2008, 7 de abril). The Colombia Trade Stakes. *Wall Street Journal.* https://www.wsj.com/articles/SB120752405599893543

Rozema, R. (2008). Urban DDR-processes: paramilitaries and criminal networks in Medellín, Colombia. *Journal of Latin American Studies, 40*(3), 423-452. https://www.jstor.org/stable/40056702

Ruiz, J. (2004). Medellín: Fronteras de Discriminación y Espacios de Guerra. En J. Ruiz y B. Vélez (eds.), *Medellín: Fronteras Invisibles de Exclusión y Violencia.* Universidad de Antioquia, Fondo Editorial Centro de Estudios de Opinión

Salazar, A. (1990). *Las bandas juveniles en el Valle de Aburra.* Memorias del seminario. Corporación Región

Salazar, A. (2011). *Laboratorio Medellín. Catálogo de diez prácticas vivas.* Mesa Editores.

Sánchez, G. y Meertens, D. (2002). *Bandoleros, gamonales y campesinos.* El Ancora.

Schulte-Bockholt, A. (2006). *The politics of organized crime and the organized crime of politics: a study in criminal power.* Lexington Books.

Sepúlveda, J. (2010). *Vivencias urbanas de paz.* Fundación Casa América Catalunya.

Skaperdas, S, y Syropoulos, C. (1995). Gans as primitive states. En G. Fiorentini (ed.), *The economics of organised crime* (pp. 61-84). Cambridge University Press.

Snyder, R y Durán-Martínez, A. (2009a). Does illegality breed violence? Drug trafficking and state-sponsored protection rackets. *Crime, Law and Social Change, 52,* 253-273. https://doi.org/10.1007/s10611-009-9195-z

Snyder, R y Durán-Martínez, A. (2009b). Drugs, violence, and State-sponsored protection rackets in Mexico and Colombia. *Colombia Internacional, 1* (70), 61-91. https://doi.org/10.7440/colombiaint70.2009.03

Subirats, J., Peter, K., Corinne L. y Frédéric V. (2008). *Análisis y gestión de políticas públicas.* Barcelona, Ariel,

Téllez, E. y Lesmes, J. (2006). *Pacto en la sombra: Tratos Secretos de Estados Unidos con el Narcotráfico.* Planeta

Thual, F y Gayraud, J. F. (2012). *Géostratégie du crime.* Odile Jacob.

Tilly, C. (1985). War Making and State Making as Organized Crime. In P. Evans, D. Reuschmeyer y T. Skocpol (eds.), *Bringing the State Back In* (pp. 169-170). Cambridge University Press

Tilly, C. (2003). *The politics of collective violence.* Cambridge University Press. https://doi.org/10.1017/CBO9780511819131

Uribe, M. T. (1997). Antioquia: entre la guerra y la paz. *Estudios Políticos,* (10), 126-137. https://doi.org/10.17533/udea.espo.16149

Vargas, A. y García, V. (2008). Violencia urbana, seguridad ciudadana políticas públicas: la reducción de la violencia en las ciudades de Bogotá y Medellín (Colombia) 1991-2007. *Pensamiento Iberoamericano,* (2), 249-270.

Vélez, J. (2001). Conflicto y guerra: la lucha por el orden en Medellín. *Estudios Políticos,* (18), 61-89. https://doi.org/10.17533/udea.espo.17428

Villarraga, Á. (2009). *Gobierno del presidente César Gaviria, 1990-1994: acuerdos con el EPL, PRT, MAQL y CRS diálogos con la CGSB.* Biblioteca de la Paz, tomo 3. Fundación Cultura Democrática.

Volker, H. (2006). Seduction, Alienation, Racketeering. *Distinction: Journal of Social Theory, 7* (1), 59-73. https://doi.org/10.1080/1600910X.2006.9672922

Volkov, V. (2002). *Violent Entrepreneurs. The use of force in the making of Russia Capitalism.* Ithaca; London, Cornell University Press

Capítulo 7

CONSTRUCCIÓN DE AGENDAS DE SEGURIDAD HUMANA Y SU APORTE A LA PAZ TOTAL. CASO VEREDA GRANIZAL-MUNICIPIO DE BELLO*

Alexandra Fernández Rojas**

Claudia Cadavid-Echeverri***

Luis Emilio León León****

Introducción

En Colombia, gran parte de la población sufre diariamente diversas clases de inseguridades y violencias. Los líderes y lideresas de los territorios conocen de manera profunda y detallada las dificultades que padecen las comunidades, incluso más que las instituciones estatales, en cuanto a los contextos, realidades y necesidades de los territorios. Esta situación hace necesaria una articulación efec-

---

* Este capítulo de investigación es resultado de la construcción de la Agenda de Seguridad Humana para la vereda Granizal, en el marco del proyecto Alianzas para la Seguridad Humana, financiado por el Fondo Fiduciario de las Naciones Unidas para la Seguridad Humana, ejecutado bajo el acuerdo de subvención 0000046334 entre el Programa de las Naciones Unidas para el Desarrollo (PNUD) y la Universidad de Antioquia. Contó con la participación del Observatorio de Seguridad Humana, el cual fue representado por la investigadora Alexandra Fernández Rojas, coautora de este capítulo.

** Profesora de la Facultad de Derecho y Ciencias Políticas de la Universidad de Antioquia. Coordinadora del semillero de investigación Seguridad Humana Desde Abajo, adscrito al grupo de investigación Conflictos, Violencias y Seguridad Humana de la Universidad de Antioquia.

*** Integrante del grupo de investigación Conflictos, Violencias y Seguridad Humana de la Universidad de Antioquia.

**** Integrante del semillero de investigación Seguridad Humana Desde Abajo, adscrito al grupo de investigación Conflictos, Violencias y Seguridad Humana de la Universidad de Antioquia.

tiva entre la institucionalidad y la comunidad para planear y construir propuestas que contribuyan a resolver las inseguridades y las violencias según las particularidades y especificidades de cada población.

Para esto, es pertinente la construcción de instrumentos que le permitan a los líderes y lideresas organizar, precisar y priorizar las problemáticas, para que así puedan contar con una herramienta que facilite su capacidad de agencia. Uno de estos es la construcción de agendas de Seguridad Humana, las cuales permiten que las comunidades cuenten con un instrumento que sirva de guía, de ruta, que sea un facilitador, para trabajar frente a las diferentes problemáticas de la población en pro de implementar acciones que aporten a su solución y permitan mejorar su calidad de vida, contribuyendo a la transformación de los territorios y a la paz territorial.

En la vereda Granizal, del municipio de Bello, Antioquia, Colombia, se realizó un proceso para elaborar la agenda de incidencia de seguridad humana para la vereda, teniendo la voz de la comunidad como protagonista. A partir de ese ejercicio, de la apuesta del actual gobierno nacional sobre paz total y de las diversas reflexiones que se pueden suscitar, se planteó este capítulo, con el objetivo de presentar algunas reflexiones en torno a la pregunta por ¿cómo la construcción comunitaria de agendas de seguridad humana aporta a la Paz Total?

En el primer acápite se expone el contexto y las principales características de la vereda Granizal. Posterior a esto, se presenta una aproximación conceptual sobre seguridad humana, agendas de seguridad humana, paz territorial y paz total. Seguido a ello, se comparte el proceso de construcción de la agenda de seguridad humana para la vereda Granizal. Finalmente, se expone de qué manera la construcción comunitaria de agendas de seguridad humana aporta a la paz total, y se realizan unas recomendaciones finales.

Contexto y principales características de la vereda Granizal

La vereda Granizal está ubicada en una de las laderas orientales del municipio de Bello, Antioquia, en los límites con los municipios de Medellín y Copacabana. Es un asentamiento de hecho que no cuenta con división por barrios ni con nomenclatura. Hay una división por sectores, tradicionalmente se han reconocido ocho, y está pendiente de que la comunidad defina la existencia de un noveno sector. Estos son: Manantiales, El Pinar, Regalo de Dios, Oasis de Paz, El Siete, Portal de Oriente, Altos de Oriente I y Altos de Oriente II.

En el mes de junio del año 2021, se realizó un censo en la vereda Granizal, dando cumplimiento a la orden dictada por el Consejo de Estado, Sala de lo Contencioso Administrativo, Sección Primera, consejero ponente: Roberto Augusto Serrato

Valdés, el 20 de febrero de 2020, en el fallo de segunda instancia de la acción popular con Radicado 2015-02436 interpuesta[1] en pro de que la comunidad cuente con agua potable y redes de acueducto y alcantarillado[2]. En el informe general del censo de la vereda Granizal se establece que para ese tiempo esta contaba con 5.006 hogares y 17.333 habitantes. Sin embargo, cifras no oficiales indican que la comunidad de la vereda podría superar los 20 mil habitantes.

La población está conformada por personas en condición de vulnerabilidad, no solo porque sean adultos mayores, personas con discapacidad, madres gestantes, madres cabezas de hogar, niños, niñas y adolescentes, sino porque, por ejemplo, según el censo precitado, el 53,37 % de la población afirma ser víctima del conflicto armado, y un 10,67 % afirma tener nacionalidad extranjera. Según la comunidad, la mayor población extranjera corresponde a los migrantes venezolanos.

En materia de servicios públicos domiciliarios, la vereda no cuenta con una infraestructura que provea agua potable ni redes de acueducto y alcantarillado. Desde mayo del año 2020, en el marco de la pandemia por la covid-19, y con ocasión del fallo de tutela con radicado 2020-00311, atendiendo el exhorto de la juez séptima civil municipal de oralidad de Medellín, Empresas Públicas de Medellín (EPM) inició la provisión de agua potable mediante carrotanques en los ocho sectores de la vereda, como una medida contingente para que la comunidad pudiera lavarse las manos, siendo una de las medidas principales para la prevención del contagio del virus.

Posteriormente, EPM precisó que en los sectores Manantiales y El Pinar el agua en carrotanques se proveía para dar cumplimiento a la medida provisional ordenada por el Consejo de Estado en el precitado fallo, y en los seis sectores restantes[3] el agua se proveía con base en el Decreto 441 de 2020[4], en el cual el parágrafo del artículo 2 estableció:

---

1 Las entidades accionadas fueron: la Nación —Ministerio de Vivienda, Ciudad y Territorio—, el Departamento de Antioquia, las Empresas Públicas de Medellín y el Municipio de Bello, Antioquia.

2 Los derechos reconocidos como amenazados y vulnerados fueron: el goce de un ambiente sano; la seguridad y salubridad públicas; el acceso a una infraestructura de servicios que garantice la salubridad pública; el acceso a los servicios públicos, y a que su prestación sea eficiente y oportuna; la prevención de desastres previsibles técnicamente; y el derecho colectivo fundamental al acceso al agua potable.

3 La acción popular se interpuso por los sectores Manantiales y El Pinar. Sin embargo, algunas órdenes del Consejo de Estado cobijan, además de esos sectores, los otros reconocidos en la vereda.

4 Por el cual se dictan disposiciones en materia de servicios públicos de acueducto, alcantarillado y aseo para hacer frente al estado de emergencia económica, social y ecológica declarado por el Decreto 417 de 2020.

> Excepcionalmente, en aquellos sitios en donde no sea posible asegurar el acceso a agua potable mediante la prestación del servicio público de acueducto y/o los esquemas diferenciales, los municipios y distritos deberán garantizar a través de medios alternos de aprovisionamiento como carrotanques, agua potable tratada envasada, tanques de polietileno sobre vehículos de transporte, tanques colapsibles, entre otros, siempre que se cumplan con las características y criterios de la calidad del agua para consumo humano señalados en el ordenamiento jurídico.

Con base en esa disposición, la provisión de agua potable continuó hasta el 30 de junio de 2022, cuando se declaró el fin de la emergencia sanitaria en Colombia. Esto eliminó la obligación de suministrar agua a los seis sectores no incluidos en la orden del Consejo de Estado, que establecía llevar agua de manera provisional hasta encontrar una solución definitiva. Ante esta situación, Empresas Públicas de Medellín firmó un acuerdo con el Municipio de Bello para seguir abasteciendo de agua a estos seis sectores. Por lo tanto, en septiembre de 2023, el suministro de agua se realiza a través de carrotanques en los sectores Manantiales y El Pinar para dar cumplimiento a la acción popular, y en los demás sectores como resultado del acuerdo entre las instituciones.

Respecto a las redes de gas, la vereda tampoco cuenta con ellas; las personas deben abastecerse mediante cilindros o pipetas, otra posibilidad es con electricidad. El servicio de energía eléctrica es prepago, y solo aquellos que cuenten con recursos para recargar la tarjeta pueden acceder a él. En cuanto al manejo de residuos sólidos, no hay uno adecuado, lo que hace que se tenga una gran contaminación ambiental. A pesar de contar con carros recolectores de basura, la frecuencia con la que pasan por la vereda es insuficiente, no dan abasto y los contenedores se desbordan.

En cuanto a los ingresos, el censo arrojó que el 40,20 % de los hogares recibe ingresos entre los $662.376 y $908.526, y el 38,63 % de los hogares tiene ingresos entre $0 y $331.688, lo que significa que la mayoría de los ingresos de los hogares de Granizal no superan el salario mínimo. Además, en un gran porcentaje, los ingresos son demasiado bajos para suplir las diversas necesidades del hogar. Adicionalmente, según el censo realizado, quinientos noventa y cinco hogares dependen únicamente del ingreso de una mujer. Además, de esos quinientos noventa y cinco hogares, el 81,85 % no cuenta con hombres mayores de edad.

En cuanto a la movilidad, la vereda no tiene vías pavimentadas que cumplan con las condiciones técnicas necesarias para facilitar el tránsito de personas y vehículos, tanto livianos como pesados, que circulan por Granizal. Las vías son destapadas y presentan baches, lo que complica la movilidad durante los fuertes inviernos. Esta situación afecta no solo a los vehículos, sino también a los adultos mayores, las madres gestantes, los niños, niñas y adolescentes, y las personas con movilidad reducida. Además, esta falta de infraestructura dificulta el tránsito de los carrotanques que llevan agua potable. En ocasiones, estos vehículos no pueden ingresar a ciertos sectores de la vereda, lo que interrumpe la provisión de agua. Ante esta problemática, se han realizado algunas reparaciones en las vías utilizando material fresado. Sin embargo, las fuertes lluvias y la falta de adecuaciones técnicas afectan estas intervenciones. Como resultado, el material aplicado se deteriora, y es necesario realizar mantenimiento constante a las vías. Por esta razón, en diciembre de 2022 se interpuso una acción popular relacionada con las vías. Esta acción está en curso y busca que se realicen los estudios y diagnósticos necesarios para determinar el estado de las vías, así como implementar soluciones duraderas según los resultados obtenidos.

Seguridad humana, agendas de seguridad humana, paz territorial y paz total: una aproximación conceptual

Seguridad humana

Tal como lo señala Fernández (2015), en el informe final de la investigación "Madres adolescentes. Una lectura desde la Seguridad Humana", el concepto de "seguridad humana" cobra fuerza a partir de su incorporación y conceptualización en el Informe sobre Desarrollo Humano del Programa de las Naciones Unidas para el Desarrollo (PNUD), de 1994. Sin embargo, sus antecedentes se remontan tiempo atrás; entre ellos, está la Declaración Universal de Derechos Humanos de 1948, en la cual se proclama:

> La libertad, la justicia y la paz en el mundo tienen por base el reconocimiento de la dignidad intrínseca y de los derechos iguales e inalienables de todos los miembros de la familia humana [...] el desconocimiento y el menosprecio de los derechos humanos han originado actos de barbarie ultrajantes para la conciencia de la humanidad, y que se ha proclamado, como la aspiración más elevada del hombre, el advenimiento de un mundo en que los seres humanos, liberados del temor y de la miseria, disfruten de la libertad de palabra y de la libertad de creencias (preámbulo).

Las categorías "libertad de temor" y "libertad de miseria" fueron utilizadas por el presidente Roosevelt de Estados Unidos en 1941; y estas, a criterio de Edward Stettinius[5], serían los componentes integrales de la estrategia de paz de las Naciones Unidas:

> La batalla por la paz debe ser librada en dos frentes. El primer frente es el de la seguridad, en el cual vencer significa conquistar la libertad para vivir sin temor y el segundo es el frente económico y social, en el cual la victoria significa conquistar libertad para vivir sin miseria. Sólo la victoria en ambos frentes puede asegurarle al mundo una paz duradera. (PNUD e IIDH, 2011, p.15)

Para el año 1994, en el "Informe de Desarrollo Humano", el Programa de las Naciones Unidas para el Desarrollo (PNUD) señaló que la seguridad se había relacionado más con el Estado-nación que, con las personas, debido a que las superpotencias estaban librando una guerra fría y dejaban de lado las preocupaciones legítimas de la gente común que procuraba tener seguridad en su vida cotidiana. Así, dice el PNUD (1994) que: "Para muchos, la seguridad simbolizaba la protección contra la amenaza de la enfermedad, el hambre, el desempleo, el delito, el conflicto social, la represión política y los riesgos del medio ambiente" (p. 25).

En este informe, el PNUD (1994) estableció que una consideración del concepto básico de seguridad humana debía centrarse en cuatro características esenciales: a) es una preocupación universal, es decir, incumbe a gente de todo el mundo, tanto de países ricos como pobres; b) sus componentes son interdependientes y las amenazas no son acontecimientos aislados; c) es más fácil velar por esta mediante la prevención temprana que con la intervención posterior, siendo esta última más costosa; y d) está centrada en el ser humano, preocupándose por la forma en que las personas viven y se desarrollan en la sociedad, la libertad con que puede ejercer ciertas opciones, y el grado de acceso al mercado y a las oportunidades.

Una vez establecidos los elementos claves del concepto por parte del PNUD, en el año 2003, la Comisión de Seguridad Humana (CSH), en el informe Human Security Now, definió la seguridad humana como:

> La protección del núcleo vital de todas las vidas humanas de forma que se mejoren las libertades humanas y la realización de las personas. La seguridad significa proteger las libertades fundamentales, aquellas libertades que son la esencia de la vida. Significa proteger a las personas de situaciones y amenazas

5 Fue secretario de Estado de Estados Unidos desde el 1 de diciembre de 1944 hasta el 27 de junio de 1945. Luego se convirtió en el primer embajador de Estados Unidos ante las Naciones Unidas.

críticas (graves) y más presentes (extendidas). Significa utilizar procesos que se basen en las fortalezas y aspiraciones de las personas. Significa crear sistemas políticos, sociales, medioambientales, económicos, militares y culturales que de forma conjunta aporten a las personas los fundamentos para la supervivencia, el sustento y la dignidad humana. (CSH, 2003, p. 4).

A partir de esta definición, en el año 2009, la Organización de las Naciones Unidas (ONU), en el informe "Teoría y práctica de la seguridad humana" (2009), manifestó que la definición propuesta por la Comisión de Seguridad Humana reconceptualiza la seguridad, precisando tres aspectos fundamentales: a) se distancia de las concepciones tradicionales enfocadas en el Estado, para dirigir la mirada en la seguridad de las personas, su protección y empoderamiento; b) presta atención a las múltiples amenazas que trascienden los diferentes aspectos de la vida de las personas, destacando la interconexión entre seguridad, desarrollo y derechos humanos; y, c) promueve un nuevo enfoque integrado, coordinado y centrado en las personas para avanzar hacia la paz, la seguridad y el desarrollo, tanto dentro como entre los países.

Adicionalmente, la ONU señaló que la seguridad humana es un concepto centrado en las personas, integral, contextualizado, preventivo y multisectorial, que abarca siete dimensiones que se ven afectadas por diversas amenazas. A continuación, se presentan las dimensiones y algunos ejemplos de las principales amenazas (tabla 1).

Tabla 1. Dimensiones y sus principales amenazas

Dimensiones	**Ejemplos de principales amenazas**
Seguridad económica	Pobreza persistente, desempleo.
Seguridad alimentaria	Hambre, hambruna.
Seguridad sanitaria	Enfermedades infecciosas mortales, falta de acceso a cuidados sanitarios básicos.
Seguridad medioambiental	Degradación medioambiental, agotamiento de recursos, desastres naturales, contaminación.
Seguridad personal	Violencia física, delitos, terrorismo, violencia doméstica, mano de obra infantil.
Seguridad comunitaria	Tensiones étnicas, religiosas o causadas por otras entidades.
Seguridad política	Represión policial, abusos de los derechos humanos.

Fuente: Fernández (2015, p. 40)

Ahora bien, como indica Fernández (2015), el concepto de seguridad humana se puede simplificar en tres grandes tipos de libertades: libertad para vivir sin miedo, libertad para vivir sin miseria y libertad para vivir en dignidad. Al respecto, Kofi Annan expresó que estas libertades suponen:

> Que los hombres y mujeres de todas partes del mundo tienen derecho a ser gobernados por su propio consentimiento, al amparo de la ley, en una sociedad en que todas las personas, sin temor a la discriminación ni a las represalias, gocen de libertad de opinión, de culto y de asociación. También deben verse libres de la miseria, de manera que se levanten para ellas las sentencias de muerte que imponen la pobreza extrema y las enfermedades infecciosas, y libres del temor, de manera que la violencia y la guerra no destruyan su existencia y sus medios de vida. (PNUD e IIDH, 2011, p. 20).

A continuación, se presentan las tres grandes libertades, los enfoques (paz, desarrollo y derechos humanos) y su articulación con la seguridad humana (diagrama 1).

Diagrama 1. La seguridad humana vincula 3 enfoques

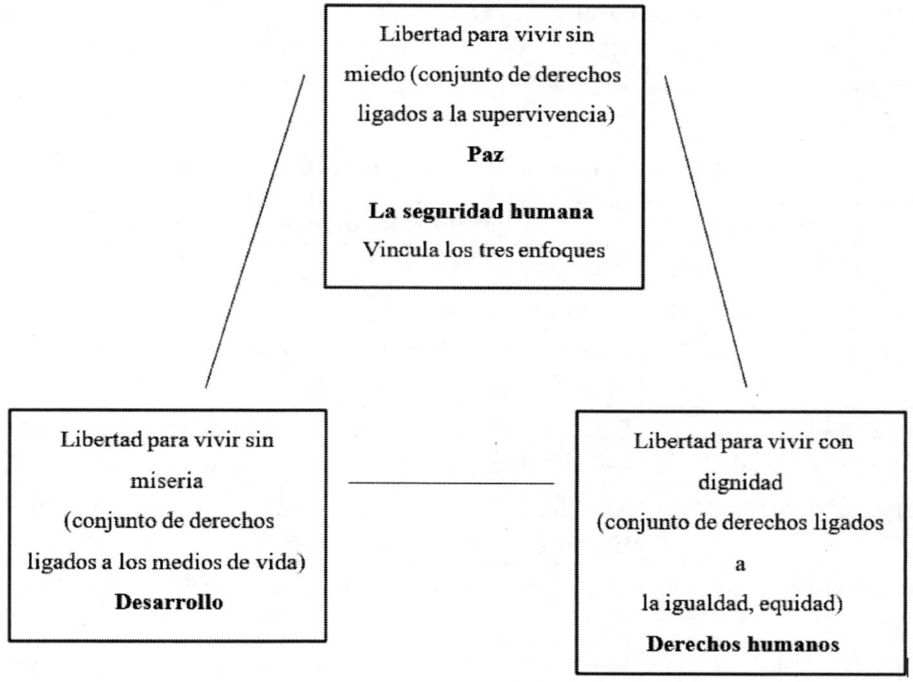

Fuente: PNUD e IIDH (2011).

En Colombia, el concepto de seguridad humana ha ganado cada vez más relevancia en los últimos años. En 2022 se promulgó la Ley 2272, que en su artículo 2, literal a, establece que la seguridad humana consiste en:

> Proteger a las personas, la naturaleza y los seres sintientes, de tal manera que realce las libertades humanas y la plena realización del ser humano por medio de la creación de políticas sociales, medioambientales, económicas, culturales y de la fuerza pública que en su conjunto brinden al ser humano las piedras angulares de la supervivencia, los medios de vida y la dignidad.

Esta definición se alinea con lo propuesto por el PNUD y la CSH; y su inclusión en la Ley es significativa, no solo por su carácter coercitivo, sino también porque la destaca como un compromiso del gobierno actual en su búsqueda por materializarla. En este sentido, la ley establece que el Estado garantizará la seguridad humana:

> Con enfoque de derechos, diferencial, de género, étnico, cultural, territorial e interseccional para la construcción de la paz total. Para ello, promoverá respuestas centradas en las personas y las comunidades, de carácter exhaustivo y adaptadas a cada contexto, orientadas a la prevención, y que refuercen la protección de todas las personas y todas las comunidades, en especial, las víctimas de la violencia. Asimismo, reconocerá la interrelación de la paz, el desarrollo y los derechos humanos en el enfoque de seguridad humana. (artículo 2, literal a).

La seguridad humana es un concepto amplio que, aunque recibe críticas, también tiene ventajas. Una de las más importantes es que no solo se centra en las amenazas a la seguridad personal, sino que también considera otras áreas fundamentales para el ser humano, que están interconectadas. Esto significa que, si una de estas áreas se ve afectada, las demás también lo estarán. Si se protegen y desarrollan estas áreas, se puede vivir en una sociedad libre de temor, lo que contribuye a construir una paz duradera; libre de miseria, fomentando un desarrollo efectivo; y con dignidad, garantizando el respeto y el disfrute de los derechos humanos. No hay que dejar por fuera del análisis los desafíos que recaen sobre la aplicación de un enfoque basado en la seguridad humana en las políticas públicas y en el ejercicio de la administración de la seguridad. No es ajeno que la seguridad humana plantea estrategias frente a los problemas estructurales; sin embargo, esto puede provocar, como indica Muñoz (2022), un desentendimiento de los problemas inmediatos. Proveer seguridad no solo implica labores de prevención; también requiere acciones que respondan a problemas coyunturales que deberían conducir al control territorial por parte del Estado.

Por otra parte, en el contexto colombiano, no se puede desconocer la relación discursiva que existe en el uso de la denominación "humana", la cual ha sido acuñada y asociada con la trayectoria política de Gustavo Petro y su proyecto político, como en los casos de "Bogotá Humana" y "Colombia Humana", que han sido incluidos en los Planes de Desarrollo. En la cotidianidad de la opinión pública, la proposición y promoción de políticas con este adjetivo puede verse influenciada por la percepción que se tenga de la gestión que Petro ha llevado a cabo como funcionario público en su recorrido político. Esto plantea la necesidad de gestionar estrategias que permitan despersonalizar el concepto, de modo que la discusión y el debate público del término, en ámbitos como la planeación territorial, no caigan en definiciones que distorsionen la realidad de su significado.

Finalmente, el concepto de seguridad humana tradicionalmente parte de las siete dimensiones mencionadas; sin embargo, hoy en día se han ido reconociendo otras que, por su carácter esencial, deben ser garantizadas, verbigracia, la relacionada con la conectividad y el acceso a internet, que ha tomado más fuerza en los últimos años. Esto se evidenció, por ejemplo, en el marco de la pandemia por la covid-19, la cual demostró que era fundamental que los seres humanos contaran con servicios de internet desde sus casas. Esta dimensión, para el caso de la agenda de seguridad humana de la vereda Granizal, se llamó "Apropiación y Transformación Digital", como se expondrá más adelante.

Agendas de seguridad humana

El Observatorio de Seguridad Humana —OSHM— (2016), en la cartilla "Bitácora de viaje para construir Agendas Comunitarias de Seguridad Humana", expone aspectos fundamentales que son un gran referente para comprender qué son y para qué sirven las Agendas Comunitarias de Seguridad Humana (ACSH). Al respecto, señala que:

> Las ACSH nos permiten reflexionar y organizar iniciativas, metodologías y acciones para adelantar procesos de fortalecimiento de capacidades organizativas y orientar la participación social, buscando una mejor incidencia política para nuestros territorios. Permitiendo así mejorar las condiciones de seguridad, nuestra calidad de vida y el respeto por los derechos humanos. (p. 5).

De igual forma, frente al interrogante "¿para qué una agenda comunitaria de seguridad humana?", establece que, además de permitir la articulación entre los habitantes de una comunidad y lograr alianzas entre diversos grupos poblacionales, tiene como propósito generar nuevos conocimientos sobre las realidades que tienen los territorios y las comunidades. Adicionalmente, facilita el aprendizaje de las experiencias vividas, con miras a avanzar en la exigibilidad de derechos, contando con comunidades más seguras, conscientes de su realidad y que puedan construir una vida digna en alianza con otras comunidades o entidades (OSHM, 2016).

Ahora bien, para definir ¿qué es una agenda comunitaria de seguridad humana?, propone como definición lo siguiente:

> Es un proceso de trabajo colectivo, consciente, planificado y organizado para identificar los factores que ponen en riesgo la vida digna y los derechos en una comunidad, así como para potenciar prácticas y experiencias de protección para las personas y las organizaciones que participan de una comunidad barrial o grupo poblacional. Las agendas se construyen con la participación activa de residentes de las comunidades, líderes de organizaciones y otros actores, como profesionales, académicos y representantes del gobierno local o nacional. (OSHM, 2016, p. 9).

Adicionalmente, se precisa que las agendas comunitarias están en construcción permanente y que no deben verse como un simple acto final. Por ello, es importante prestar atención a las múltiples acciones comunitarias, así como a las iniciativas colectivas o individuales que son constantes y que van encaminadas a enfrentar la inseguridad y a obtener logros de bienestar. Es un proceso en el que se avanza y se retrocede, que va y viene, en la satisfacción de necesidades individuales y colectivas (OSHM, 2016).

También se pone de presente que es importante construir agendas comunitarias, por cuanto son una expresión del derecho de participación ciudadana y comunitaria, consagrados constitucionalmente en Colombia. Haciendo referencia a que, así como existen Planes de Desarrollo de los Gobiernos, las comunidades en una agenda presentan una propuesta de planeación para trabajar por las necesidades de los territorios, contando así con una herramienta que refleja las iniciativas y propuestas comunitarias para incidir políticamente en mejorar sus condiciones de vida (OSHM, 2016).

En el año 2018, en el marco del proyecto "Co-construyendo Seguridad Humana en México: Una metodología y plan de acción de las comunidades hacia el Estado", se construyeron las Agendas de Seguridad Humana para México; para la colonia Sánchez Taboada, Tijuana, México; para la colonia Nuevo Almaguer, Guadalupe, México; y la de Apatzingán, Michoacán, México. En esta última, respecto a la pregunta "¿qué es una agenda de seguridad humana y para qué sirve?", se señaló:

> Es un documento que recoge las voces de las personas que vivimos situaciones que amenazan o lastiman nuestra calidad de vida, violan nuestros derechos y reproducen la violencia en sus múltiples expresiones. También incluye nuestras ideas sobre el impacto que esas situaciones tienen en nuestras vidas y nuestras propuestas para solucionar estos problemas. Esta agenda es una herramienta que nos permite participar activamente en la discusión, orientación y construcción de estrategias y políticas públicas de seguridad. Nuestra agenda promueve valores y prácticas democráticas en nuestra comunidad, y nos permite reconocer las problemáticas que compartimos y presentar argumentos y planes de acción. (Parra *et al.*, 2018, p. 2).

En el mismo sentido, en la agenda para la colonia Nuevo Almaguer, Guadalupe, México, se manifestó que esta comparte las voces de quienes habitan el territorio y conocen los diversos problemas que afectan su calidad de vida. A su vez, incluye las ideas sobre el impacto que dichas problemáticas tienen sobre las familias y las propuestas que realizan en pro de solucionarlas (Ibarra *et al.*, 2018). Además, señalan:

> Con esta herramienta hacemos más visible lo que consideramos importante para mejorar nuestra seguridad y lo que a veces no es tomado en cuenta por falta de espacios que nos permitan expresar nuestros intereses. Nuestra Agenda fomenta un intercambio de ideas entre quienes vivimos aquí, las autoridades y la sociedad civil que esperamos ayude a construir objetivos comunes. (Ibarra *et al.*, 2018, p. 2).

En suma, las agendas de seguridad humana tienen como aspecto central la participación de las comunidades en su construcción, pues son ellas las que conocen las diferentes problemáticas que atraviesan los territorios. Pero su propósito no se queda solamente en señalar las dificultades con que cuenta la población, sino que, además, contiene ideas y propuestas construidas por la comunidad y los diferentes actores que forman parte del proceso de elaboración, con las que se busca contribuir a solucionar o mejorar las problemáticas. Es un instrumento de trabajo, una ruta y una guía que es dinámica y, por ende, puede estar en actualización permanente.

Paz territorial

La paz como concepto se ha entendido desde diferentes enfoques, algunas veces desde dos extremos: de un lado como paz negativa, que se asocia a la ausencia de guerra; de otro lado, como paz positiva, a partir de la década de los años sesenta, caracterizada por Muñoz (2001) como el resultado de una construcción consciente de un estado de paz fundamentado en la justicia. Esta paz tiene la capacidad de generar valores positivos y duraderos, puede integrar aspectos políticos y sociales, crear expectativas y considerar la satisfacción de las necesidades humanas. En contraste con estos dos enfoques opuestos, uno limitado y el otro amplio, han surgido otras propuestas, como la noción de paz imperfecta. Esta se materializa, según Muñoz y Rueda (2010), en situaciones donde es posible identificar acciones que promueven la paz y las interacciones entre ellas, a pesar de que coexistan en contextos conflictivos y violentos.

A partir de esta idea de paz imperfecta y de las acciones que promueven esta construcción de paz, ha surgido un concepto denominado "paz territorial". Este concepto se sitúa en el reconocimiento de las particularidades de cada territorio, abarcando lo geográfico, lo cultural y lo poblacional. Es una propuesta de construcción de paz que entiende las particularidades de cada uno de los barrios, veredas, ciudades y regiones del país.

La paz territorial tiene como apuesta la transformación del territorio que ha sido ocupado por la guerra y diferentes formas de violencias, y busca resignificar el territorio para que, en palabras de Peña (2019), vuelva a cumplir las funciones colectivas que ha perdido por causa del conflicto armado.

En esta línea, Peña (2019) apunta que para que se logre esto, las comunidades cuentan con dos recursos que están interrelacionados: "su imaginación moral y su imaginación geográfica" (p. 20). La primera se refiere a lemas que resumen su objetivo central, que es la resolución de conflictos. Estos lemas se desarrollan a partir de seis elementos clave:

1. La armonización de la relación entre el cuerpo, la comunidad y el territorio.
2. La posibilidad de unidad dentro de la comunidad.
3. La identificación de lo que necesita ser reparado y cómo llevar a cabo esa reparación.
4. La manera de relacionarse con el enemigo.
5. La percepción de lo heroico en el proceso político de la comunidad.
6. Los elementos que fortalecen el movimiento comunitario.

Para avanzar en la construcción de paz, en palabras de Jaramillo (2014), es necesario que se complemente el enfoque de derechos humanos con un enfoque territorial. Así mismo, para el autor es relevante el papel de la institucionalidad: "Lo que necesitamos es imponer una lógica de inclusión e integración territorial, basada en una nueva alianza entre el Estado y las comunidades para construir conjuntamente institucionalidad en el territorio" (p. 5).

La paz territorial debe pensarse desde las comunidades que habitan el territorio y en colaboración con ellas. Según Naranjo (2019), la paz territorial se entiende como un mecanismo que conecta la justicia transicional con la construcción de paz. Este enfoque busca integrar las experiencias del pasado con una visión hacia el futuro, lo que abre la posibilidad de imaginar nuevos territorios.

La propuesta de paz territorial ganó relevancia a partir de los acuerdos de paz de 2016 con las Fuerzas Armadas Revolucionarias de Colombia-Ejército del Pueblo, FARC-EP. La construcción de agendas comunitarias de seguridad humana complementa esta idea, ya que permite una comprensión más profunda de las particularidades territoriales y facilita la definición de acciones conjuntas para alcanzar un horizonte común.

Por otro lado, el nuevo gobierno de Gustavo Petro ha planteado un enfoque denominado "Paz Total". A continuación, se analizarán sus aportes y se establecerá un diálogo con la propuesta de las agendas comunitarias.

Paz Total

La búsqueda de una salida negociada del conflicto armado y social en Colombia ha sido un objetivo constante en la historia reciente del país. La firma del Acuerdo Final de Paz entre las antiguas FARC-EP y el Estado colombiano en 2016, sentó un precedente y generó una ventana de oportunidad para que, en medio de la negociación, pacto e implementación de este acuerdo, se abrieran espacios de diálogo, acercamiento, discusión y análisis por parte de diferentes sectores de la sociedad civil y de la institucionalidad. Esto con el fin de avanzar en la construcción de una paz integral que logre pasar la página del conflicto armado y permita, a su vez, resolver problemas estructurales que han aquejado históricamente a la sociedad colombiana.

No obstante, el camino para dicha construcción no ha sido ajeno a tropiezos y retos provenientes de diferentes sectores y actores. En el gobierno de Iván Duque (2018-2022), la implementación del Acuerdo "no logró avanzar de una manera que generará certidumbre frente a la culminación de este proceso" (Echavarría *et al.*, 2022, p. 13), como lo indica el Informe del Instituto Kroc.

> La política de paz de Iván Duque ha transitado entre el desconocimiento relativo de las normas constitucionales y legales que lo obligan a avanzar en el proceso de implementación, sus intentos de atacar pilares básicos del Acuerdo y su intención de imponer una concepción de paz que niega los

principios e integralidad de lo acordado en La Habana. Dicha visión ha recibido el nombre de 'Paz con legalidad'. (Verdad Abierta, 2022).

Sumado a esto, la presencia y accionar de grupos armados organizados como el Clan del Golfo, las disidencias de las antiguas FARC-EP y el Ejército de Liberación Nacional (ELN) han recrudecido la violencia en diferentes regiones del país. Las economías ilegales y las disputas territoriales entre estos grupos y el Estado han generado zozobra en líderes sociales, defensores de paz, firmantes del Acuerdo y comunidades que han sufrido amenazas, desplazamientos y atentados que han puesto en riesgo la construcción de paz. El resultado de los cuatro años del gobierno de Duque ha sido un aumento del impacto humanitario en casi todas sus formas. Además, el país se ha convertido en un escenario estratégico para los distintos actores del conflicto, ya que se ha incrementado la confrontación. Esta confrontación ocurre principalmente entre los mismos grupos armados, más que entre el Estado y estos grupos. (Fundación Ideas para la Paz, 2022b).

En medio de este contexto de conflictos violentos, el país se vio atravesado por una crisis social y económica a raíz de la pandemia por la covid-19. La gestión del Gobierno en medio de esta coyuntura no pudo evitar el aumento en las tasas de pobreza monetaria, de desempleo y de la inflación, que se vio reflejado en la calidad de vida de las colombianas y los colombianos (Velásquez y Jiménez, 2022). Esto provocó que diferentes sectores de la sociedad se movilizaran en contra del gobierno Duque, desencadenado el denominado "estallido social" en 2021, cuya atención por parte del Ejecutivo dejó como resultado una serie de violaciones a los derechos humanos, el señalamiento y la persecución a la protesta social.

El descontento social con el modelo de gobierno de Duque se vio reflejado en las urnas para las elecciones presidenciales de 2022. En segunda vuelta ganó Gustavo Petro, con una propuesta de gobierno alternativa, progresista y reformista, que contó con el apoyo de diferentes movimientos y sectores sociales que buscaron respaldar un enfoque distinto para abordar las problemáticas más apremiantes.

Dentro de esta propuesta se resaltó la importancia de priorizar la implementación del Acuerdo Final de Paz y lograr poner en marcha la construcción de una paz integral. Esta estrategia ha buscado la articulación de los diferentes avances y procesos de construcción de paz territorial que permita consolidar un cierre del conflicto armado en Colombia con todos los actores armados, gestionado a partir de un pacto nacional que dé fin a las violencias y logre, por vías democráticas, establecer un proyecto de país.

Esta iniciativa responde también a lo propuesto por parte de la Comisión de la Verdad en su Informe Final de Hallazgos y Recomendaciones: el llamado a la Paz Grande.

> Un mensaje de la verdad para detener la tragedia intolerable de un conflicto en el que el ochenta por ciento de las víctimas han sido civiles no combatientes. Una invitación a superar el olvido, el miedo y el odio a muerte que se ciernen sobre Colombia por causa del conflicto armado interno. (Comisión de la Verdad, 2022).

La Paz Total fue declarada una política de Estado a través de la Ley 2272 de 2022, que otorga prórroga a la Ley 418 de 1997. Esta ley otorga el marco jurídico necesario para que el Gobierno nacional pueda entablar acercamientos, diálogos y negociaciones con grupos armados al margen de la ley, en aras de buscar una salida negociada al conflicto armado en Colombia y lograr garantizar la seguridad humana, reconociendo la interrelación entre la paz, el desarrollo y los derechos humanos.

> Lo que la coalición de gobierno ha denominado Paz Total se compone de tres ejes: el primero consiste en desactivar factores de violencia mediante procesos de paz y a través del sometimiento a la justicia; el segundo, está enfocado en proteger la vida; y, el tercero, propone lograr la paz social, lo que significa promover un modelo de convivencia ciudadana en el que los conflictos cotidianos se resuelvan pacíficamente. (Mariette *et al.*, 2022).

La búsqueda de la paz total puede llevar a dos procesos, dependiendo del grupo armado: acuerdos de paz o sometimiento a la justicia. Los acuerdos de paz se lograrán a través de un diálogo político con el grupo, siendo el ELN el actor actualmente reconocido en este contexto. Estos diálogos retoman las conversaciones iniciadas durante el gobierno de Juan Manuel Santos. Por otro lado, el sometimiento a la justicia se basa en acercamientos y conversaciones con grupos armados organizados o estructuras de crimen organizado de alto impacto. El objetivo es alcanzar acuerdos para desmantelar estas grupos armados organizados y asegurar que sus miembros se sometan a la justicia.

En esta normatividad también se dictan disposiciones que facultan al presidente de la república a delimitar las denominadas "Regiones de Paz". Estas regiones serán territorios que han sido afectados por el conflicto armado o que son epicentro de las dinámicas de este. Este enfoque territorial de la política de la Paz Total también se ve reflejado en su incidencia en los planes de desarrollo, tanto nacionales como locales. Estos se verán sometidos por ley a prestar las condiciones necesarias para el cumplimiento de los acuerdos a que se lleguen en medio de las negociaciones y los acercamientos.

La Ley 2272 de 2022 introduce una nueva opción para el servicio militar obligatorio, llamada servicio social para la paz. Gracias a esta alternativa, los jóvenes que deben cumplir con el servicio militar podrán hacerlo de maneras distintas a las que ofrece la fuerza pública. El objetivo es que puedan contribuir a la construcción de paz.

Alcances y expectativas de la Paz Total: la Paz Total se propone como la vía para alcanzar una integralidad en la búsqueda de la superación del conflicto armado. Por ello, en su artículo 2, la Ley 2272 de 2022 dice que: "Los gobiernos deberán garantizar los enfoques de derechos, diferencial, de género, étnico, cultural, territorial e interseccional en la construcción de las políticas públicas de paz". Esto facilita la construcción de paz de manera detallada y particular a cada contexto y territorio. Históricamente, las negociaciones entre el Estado y un solo actor armado han desembocado en la aparición de espacios sin la presencia de una autoridad, institución y/o poder, donde el control por parte de distintos actores se pone en disputa y recrudece el conflicto armado.

Se busca implementar los lineamientos de la Paz Total, centrados en establecer acercamientos, conversaciones y diálogos con grupos y estructuras armadas organizadas al margen de la ley. El objetivo es ofrecer soluciones concretas a los problemas estructurales, reconociendo que los actores armados no son solo causantes del conflicto, sino también consecuencia y producto de la desigualdad, el cierre democrático y la debilidad del Estado de derecho. Estos factores han impedido la generación e implementación de medidas efectivas que permitan alcanzar una vida digna para todos y todas.

La política de la Paz Total también fue incorporada en el actual Plan Nacional de Desarrollo 2022-206 (PND) como un eje fundamental de la agenda del actual Gobierno (Departamento Nacional de Planeación, 2022). Este enfoque contará con un apoyo presupuestal específico dentro del PND, con el objetivo de llevar a cabo transformaciones y reformas territoriales que reduzcan el impacto humanitario provocado por el conflicto político y social. Los ejes de acción incluyen: (a) la transformación de territorios a través de la implementación del Acuerdo del Teatro Colón, (b) nuevas negociaciones, (c) el desescalamiento de la violencia y (d) la promoción de una cultura de paz en la vida cotidiana de las poblaciones y territorios, consolidando así la paz como un pilar esencial del Gobierno.

Retos de la Paz Total: hacer realidad la paz total no es un trabajo fácil, como ejemplo están las dificultades, retrocesos, fracasos y aprendizajes que han dejado los diferentes procesos de paz que se han realizado en Colombia. Para empezar, el inicio de la Paz Total ha estado atravesado por diferentes coyunturas y contextos que han incidido en la puesta en marcha de reformas propuestas por el Gobierno nacional, donde la oposición, en el juego político, ha instalado una sensación de zozobra e incertidumbre frente a las acciones del Ejecutivo. Esto, por supuesto, incide en la opinión pública. Pastrana y Valdivieso (2023) añaden unas apreciaciones al referirse a lo avanzado en la Ley 2272 de 2022 y en la aprobación del Plan Nacional de Desarrollo:

> No logra consolidar los caminos procesales y metodológicos para lograr tales fines: no establece el modo en que se podría impactar o influenciar sobre los Planes de Desarrollo locales de las entidades, pues estas pueden pertenecer a otros espectros políticos con diferentes programas, aspecto que ya genera vacíos prácticos. Igualmente, la suspensión de las órdenes de captura para los integrantes de grupos y actores armados no cuenta con un andamiaje jurídico que permita su ejecución cumpliendo con las obligaciones internacionales del Estado contra la impunidad y para con las víctimas [...] Tampoco se evidencia cómo el Estado propenderá por el establecimiento de órdenes más justos (sic) y la "garantía" del efectivo funcionamiento de las instancias y mecanismos del Acuerdo Final de Paz para la terminación del conflicto, con el mismo andamiaje institucional vigente a los anteriores periodos gubernamentales. (p. 32).

La confianza y la esperanza de lograr avanzar en este objetivo también se ven afectadas por las aparentes contradicciones que han demostrado los diferentes grupos armados frente al cese al fuego bilateral y a la reducción de las hostilidades contra la sociedad civil.

A pesar de los esfuerzos y de la buena disposición del Gobierno, la situación de seguridad y orden público se ha deteriorado de modo alarmante en algunas regiones del país, entre ellas varias que han sido históricamente las más afectadas por el conflicto armado y la violencia, como el Cauca, Arauca, Nariño o el norte de Antioquia. Según el informe de Fundación Ideas para la Paz (2022a), en el gobierno que finalizó el 7 de agosto de 2022 hubo más de novecientos cincuenta líderes sociales asesinados y trescientos trece masacres en Cauca, Antioquia y Nariño, descritos como los departamentos más afectados por los homicidios de defensores de derechos humanos y firmantes de paz. El incumplimiento de los Acuerdos de Paz —por ejemplo, en los temas de reforma rural integral, y política de drogas y sustitución de cultivos de uso ilícito— ha facilitado la recomposición de grupos armados, de mafias con conexiones en empresas lavadoras de activos y con agentes del Estado (Fundación Ideas para la Paz, 2022a). Aunque se han reducido los enfrentamientos entre la fuerza pública y los grupos armados por cuenta de los ceses bilaterales propuestos por el Gobierno, no pasa lo mismo con los enfrentamientos entre los grupos por el control de territorios y de las poblaciones que allí viven (Niño, 2023).

Adicionalmente, como indica Catalina Niño (2023), la generosidad y la buena voluntad del Gobierno, reflejada en una reducción en las operaciones militares, no genera el suficiente elemento de disuasión para incentivar el acatamiento del cese de los enfrentamientos entre los actores armados. Las relaciones institucionales y operativas entre los despachos del Ministerio de Defensa y el Comisionado de Paz aparentan estar desarticuladas. Niño continúa exponiendo esto con las dificultades que ha presentado el aterrizaje de los conceptos, como el de seguridad humana:

> Desde su elección como presidente, Petro señaló que daría prioridad a la noción de seguridad humana y a la protección de la vida de la población civil. Sin embargo, dentro de la fuerza pública no hay claridad sobre lo que eso significa, menos aun cuando se trata de aterrizar el concepto en sus planes estratégicos y de operaciones. (párr. 14).

La búsqueda de una solución negociada al conflicto armado y social en Colombia ha sido un desafío persistente en su historia reciente, marcada por la firma del Acuerdo de Paz entre las FARC-EP y el Estado colombiano en 2016. A pesar de los avances y la apertura de diálogo que este acuerdo representó, su implementación se ha visto obstaculizada por dificultades políticas, contradicciones en la visión de la paz y la persistente presencia de grupos armados organizados. El gobierno de Iván Duque, en particular, enfrentó críticas por su manejo de la implementación, con intentos de modificar aspectos fundamentales del Acuerdo y una visión de "Paz con legalidad".

> La política de paz de Iván Duque ha transitado entre el desconocimiento relativo de las normas constitucionales y legales que lo obligan a avanzar en el proceso de implementación, sus intentos de atacar pilares básicos del Acuerdo y su intención de imponer una concepción de paz que niega los principios e integralidad de lo acordado en La Habana. Dicha visión ha recibido el nombre de 'Paz con legalidad'. (Verdad Abierta, 2022, párr. 8).

La llegada de Gustavo Petro a la presidencia y la promulgación de la Ley de Paz Total marcan un intento de reenfocar los esfuerzos hacia la consolidación de una paz integral, haciendo hincapié en la articulación territorial y la construcción de paz desde la base. Sin embargo, la realidad presenta desafíos considerables, como la oposición política, la falta de un marco claro para su implementación y la dificultad para disuadir a los grupos armados de continuar las hostilidades.

> En ese sentido, se evidencia la imposibilidad de una interpretación consistente, unificada y específica sobre el significante en términos prácticos y factuales, con orientaciones claras para todas las entidades. Tan solo se mencionan aspectos generales sin herramientas operacionales; tampoco hay lineamientos marco para las diferentes entidades nacionales y territoriales que funcionen como una carta de navegación para la toma de decisiones administrativas con repercusiones en la seguridad, la convivencia y la paz de las regiones. (Pastrana y Valdivieso, 2023, p. 32).

A pesar de estos retos, la apuesta por la Paz Total y su inclusión en el Plan Nacional de Desarrollo refleja un compromiso gubernamental con la búsqueda de la paz y el desarrollo sostenible, aunque se requiere un enfoque más coherente y coordinado que supere las complejidades y avance hacia un futuro más pacífico y equitativo.

Es importante que se hagan visibles los esfuerzos por la articulación territorial y la construcción de paz territorial. Las agendas comunitarias de seguridad humana podrían ser una herramienta para esto. A continuación, se abordará el proceso de construcción de la agenda para la vereda Granizal.

Proceso de construcción de la agenda de seguridad humana para la vereda Granizal

En el marco del proyecto Alianzas para la Seguridad Humana, financiado por el Fondo Fiduciario de las Naciones Unidas para la Seguridad Humana, implementado bajo el Acuerdo de subvención 0000046334 entre el Programa de las Naciones Unidas para el Desarrollo (PNUD) y la Universidad de Antioquia (UdeA) en la vereda Granizal, Bello, Antioquia[6], se construyó la Agenda de incidencia de Seguridad Humana para la vereda Granizal. A su vez, se produjeron las memorias

6 Agencia implementadora: PNUD. Socio implementador: ACNUR. Aliado académico internacional: London School of Economics (LSE). Aliado: Peace Startup. De la Universidad de Antioquia participaron las Facultades de Derecho y Ciencias Políticas, Medicina y Salud Pública, además el Observatorio de Seguridad Humana, que hace parte del Grupo de Investigación Conflictos, Violencias y Seguridad Humana. Adicionalmente, el proyecto fue implementado en Dabeiba e Ituango del Departamento de Antioquia; y en el Charco y Tumaco del Departamento de Nariño.

que dan cuenta del proceso de construcción y de las diversas propuestas de la comunidad en cuanto a las acciones para enfrentar las principales problemáticas y los posibles actores que pueden intervenir, tituladas: *Siembra y Cosecha. Voces comunitarias para la construcción de la Agenda de Incidencia de Seguridad Humana para la Vereda Granizal, Bello, Antioquia, Colombia* (2023)[7].

El proceso de construcción constó de varias fases. La primera fue la aplicación del "Formulario de caracterización y percepciones de riesgos y vulnerabilidades", el cual indagaba sobre diversos aspectos en torno a las dimensiones de la seguridad humana. El instrumento fue aplicado por treinta y cinco habitantes de la vereda Granizal y se recibieron 2.198 respuestas, de dos mil trescientos seis hogares proyectados. Esto fue un insumo fundamental para detectar las principales problemáticas existentes en la vereda.

Posteriormente, en el marco del diplomado "Organización comunitaria para la autonomía y el desarrollo humano con énfasis en economía social y solidaria", se socializaron los resultados del instrumento aplicado y, adicionalmente, los participantes recibieron formación sobre diversos conceptos, entre ellos, la seguridad humana, las agendas de seguridad humana y los pasos para su elaboración. Con base en esto, se realizaron diversos talleres con el objetivo de poner en práctica lo aprendido. Como punto de partida, se tomaron las problemáticas identificadas y se conversó sobre ellas alrededor de tres interrogantes: ¿qué puedo hacer yo?, ¿qué pueden hacer las instituciones? y ¿qué podemos hacer como comunidad organizada? Esto permitió que los participantes realizaran propuestas sobre diversas acciones y actores que de una u otra manera podrían contribuir para mejorar o solucionar la situación.

Los resultados fueron sistematizados con el fin de determinar, según la percepción de la comunidad sobre lo que consideraban más prioritario para su territorio, cuáles acciones debían implementarse inicialmente y cuáles podrían llevarse a cabo posteriormente. Para ello, las acciones se clasificaron en corto, mediano y largo plazo. Este ejercicio fue socializado con diversos grupos sectoriales y poblacionales, lo que facilitó la identificación de coincidencias en la priorización y la realización de los ajustes necesarios.

---

7 "Estas memorias recogen las acciones propuestas y priorizadas desde la comunidad, para el corto, mediano y largo plazo en la vereda Granizal, identificando los posibles actores que pueden aportar en su materialización, señalando una ruta que permita culminar las acciones que están en desarrollo, impulsando aquellas que están por empezar y promoviendo siempre el trabajo colaborativo y en red, para seguir mejorando la calidad de vida de sus habitantes y avanzando en la protección y garantía de los DD.HH." (Fernández *et al.*, 2023, p. 7).

Con la información consolidada y priorizada, se hicieron actividades de validación y socialización con el Comité Dinamizador Martes por la Salud de Granizal, espacio en el que fueron propuestas sugerencias para enriquecer lo construido. Las acciones propuestas podrían clasificarse en tres grandes grupos: (1) acciones que ya venían siendo implementadas y que requerían continuidad, (2) acciones que se empezaron a implementar paralelamente a la ejecución del proyecto y (3) acciones por implementar. Así, al finalizar el proyecto se avanzó considerablemente en la fase de implementación; de este modo, no había que iniciar de cero el proceso de implementación, sino que se lograron avances significativos como resultado de la ejecución del proyecto.

En este proceso, de las siete[8] dimensiones de la seguridad humana tradicionales del concepto, se priorizaron tres: la dimensión Salud, la dimensión Económica, y la dimensión Ambiente y Hábitat. Adicionalmente, se propusieron otras dos, debido a las características particulares de la población y la inminente necesidad de buscar soluciones: la dimensión Apropiación y Transformación Digital[9], y la dimensión Fortalecimiento Social y Comunitario[10]. En las acciones propuestas, además de agruparse en esas cinco dimensiones[11], se enmarcaron en los Objetivos de Desarrollo Sostenible (ODS), dada su importancia dentro de la agenda 2030 y su articulación con la seguridad humana.

¿Cómo la construcción comunitaria de agendas de seguridad humana aporta a la Paz Total?

La comunidad de la vereda Granizal enfrenta diversas problemáticas. Algunas de estas se describen de manera general en el apartado de contexto, mientras que

---

8 En 1994, el PNUD propuso las siguientes dimensiones de la seguridad humana: Personal, Económica, Alimentaria, Política, Comunitaria, Ambiental, Salud. En 2012, el OSHM agregó una octava dimensión: Para las mujeres.

9 "Se incluye una dimensión denominada apropiación y transformación digital que permite adoptar unas acciones frente a las problemáticas de la comunidad con relación a infraestructura tecnológica, comunicaciones, conectividad, participación en la construcción de contenido, pedagogía, procesos de desinformación, entre otros" (Fernández *et al.*, 2023, p. 45).

10 "Las necesidades identificadas en el ámbito social ampliaron la dimensión de la seguridad comunitaria, como un concepto multidimensional; en ese sentido, se incluyó una dimensión que recoge unas acciones de forma más amplia frente a las problemáticas detectadas en relación con los mecanismos de exigibilidad de derechos, resolución de conflictos, ejercicio participativo y político de la ciudadanía, relacionamiento con la institucionalidad, entre otros" (Fernández *et al.*, 2023, p. 50).

11 Las problemáticas identificadas para las mujeres se recogen en las dimensiones priorizadas.

Fernández *et al.* (2023) las presentan de forma más detallada en las memorias tituladas *Siembra y Cosecha. Voces comunitarias para la construcción de la Agenda de Incidencia de Seguridad Humana para la Vereda Granizal, Bello, Antioquia, Colombia*, según las dimensiones priorizadas.

Por ejemplo, en cuanto a la dimensión Salud, se señalaron dificultades frente al acceso y atención a los servicios de salud; a las afectaciones por la presencia de enfermedades crónicas no transmisibles y enfermedades infecciosas, como la covid-19; así como a las violencias basadas en género. Además, se identificaron necesidades para la población menor de cinco años con discapacidad y madres gestantes. Por su parte, en la dimensión Económica se identificaron dificultades respecto a la generación de ingresos, la gestión de emprendimientos, el desempleo y la inserción laboral; así como respecto a la inclusión financiera. En la dimensión Ambiente y Hábitat, las dificultades están relacionadas con la salud y el medio ambiente; la gestión del riesgo y el medio ambiente; y las afectaciones al hábitat en el entorno periurbano. En la dimensión Apropiación y Transformación Digital, se destacan las dificultades asociadas a la infraestructura tecnológica, las comunicaciones y la conectividad; frente a la comprensión de contenidos informativos de carácter técnico; a la falta de credibilidad en los medios de comunicación; y en cuanto a los procesos de desinformación. Por último, en la dimensión Fortalecimiento Social y Comunitario, las problemáticas giran en torno a dificultades en la apropiación de mecanismos de exigibilidad de derechos, frente a la resolución de conflictos, el ejercicio de la ciudadanía, el relacionamiento con la institucionalidad, las distintas formas de discriminación; el acceso a las ayudas humanitarias, entre otros (Fernández *et al.*, 2023).

Gracias al ejercicio realizado con la activa participación de los integrantes de la comunidad de la vereda Granizal, se logró identificar y organizar las problemáticas en dimensiones y núcleos temáticos. Este enfoque es fundamental para implementar acciones y estrategias que contribuyan a su solución, así como para realizar un seguimiento adecuado. De no hacerlo, la comunidad se enfrentaría a una serie de problemas de manera desordenada y desarticulada, lo que complicaría aún más la posibilidad de abordarlos eficazmente.

Por eso, es fundamental llevar a cabo estos procesos comunitarios, y qué mejor manera de hacerlo que a la luz de la seguridad humana. Esta perspectiva, por su carácter multidimensional, permite visibilizar los problemas según las diversas necesidades del ser humano. Además, según lo establecido en la Ley 2272 de 2022, es un ejercicio clave que contribuye a la estrategia del Gobierno nacional. Esta ley señala respecto a la materialización de la seguridad humana y a la construcción de Paz Total que para ello: "promoverá respuestas centradas en las personas y las comunidades, de carácter exhaustivo y adaptadas a cada contexto" (artículo 2). Sin embargo, esto no será posible si los ejercicios se realizan desde arriba, desde la institucionalidad, sin considerar la voz de las comunidades, que conocen profundamente sus dificultades en los territorios. Por lo tanto, trabajar en pro de todas esas necesidades y problemas de la comunidad de manera conjunta y articulada con la población, teniendo como referente la seguridad humana, se traduce en un aporte a la construcción de Paz Total. Esto es así porque, tal como lo establece la Ley 2272 de 2022, en su artículo 2, literal b, la Paz Total será "transversal, participativa, amplia, incluyente e integral". Por lo tanto, la mirada no se queda en entender la seguridad desde el enfoque securitario tradicional, sino que amplía la visión para hacer frente a situaciones desde las diferentes dimensiones de la seguridad humana, partiendo de reconocer la necesaria interrelación entre paz, desarrollo y derechos humanos, como lo consagró la precitada Ley, en el artículo 2, literal a.

Ahora bien, todas estas problemáticas requieren acciones en las que participen diversos actores para contrarrestarlas. La mayor riqueza del ejercicio en la vereda Granizal fue lograr ir más allá de identificar problemas para transitar a una apuesta por proponer las posibles acciones y actores que pueden contribuir a estos. Además, como se señaló anteriormente, se identificaron las acciones que ya se estaban adelantando frente a algunas dificultades y se realizaron, en el marco del proyecto, alianzas estratégicas con diversos actores público-privados que permitieron iniciar la implementación de otras acciones que contribuyen a determinadas situaciones[12]. Esto constituye una contribución a la Paz Total, por la

---

12 Señalan Fernández *et al.* (2023) que, por ejemplo, frente a las dificultades de la dimensión Salud, se implementaron las siguientes acciones: curso primer respondiente a promotores(as) en salud pública, realización de ciclos formativos 1 y 2 del Comité de Vigilancia Epidemiológica Comunitaria COVECOM, Formación de promotores(as) en salud pública, y dotación de botiquines de primeros auxilios y camilla de emergencia a Juntas de Acción Comunal de cada sector. En la dimensión Económica se realizó: identificación de iniciativas económicas, diseño e implementación de modelos de negocios y plan de inversión; acompañamiento técnico a los emprendimientos; y rueda de negocios, hecha en el marco de la Feria Hecho en Paz. Respecto de la dimensión Ambiente y Hábitat, se conformó el Comité Ambiental, se realizaron jornadas de Educación Ambiental sobre el cuidado y el uso del agua, y talleres sobre el cuidado de las mascotas; además, se hicieron jornadas de limpieza de jardines y calles. En la dimensión Apropiación y Transformación Digital, se conformó el Comité Comunitario de Comunicaciones de la Vereda, se realizaron procesos de difusión y promoción de contenidos a través de diferentes medios, y se realizaron actividades para vincular a la población joven a procesos comunitarios con acciones comunicativas y pedagógicas. Finalmente, en la dimensión de Fortalecimiento Social y Comunitario, se realizó la estrategia "Apoyo al Apoyo", enfocada en gestión emocional y autorreconocimiento para líderes y lideresas, se realizó una feria de empleabilidad, se hicieron diálogos y socialización

transformación efectiva que se da en los territorios, construida desde y para las comunidades. Adicionalmente, la Ley 2272 de 2022 (artículo 2, literal a) establece que la política de paz de Estado hará parte de la cultura de paz total, la cual es entendida como:

> Un concepto especial de Seguridad Humana, para alcanzar la reconciliación dentro de la biodiversidad étnica, social y cultural de la nación a efectos de adoptar usos y costumbres propias de una sociedad sensible, en convivencia pacífica y el buen vivir.

Este proceso comunitario en la vereda Granizal ejemplifica el compromiso de los territorios por mejorar sus condiciones de vida y avanzar hacia la cultura de paz total propuesta por el Gobierno nacional.

Finalmente, la construcción comunitaria de agendas de seguridad humana y de paz territorial tiene un eje articulador: ambas se piensan "desde abajo" y permiten planear y organizar el territorio de acuerdo con los elementos encontrados a partir de sus vivencias, su trabajo comunitario y la perspectiva de futuros imaginados que tienen con el mismo. Las agendas comunitarias de seguridad humana permiten ser herramientas de construcción de paz territorial, pues apuntan a la recuperación del territorio y a la transformación de realidades desde las dimensiones de la seguridad humana; todo ello son aportes que hacen parte del camino para lograr la paz total.

Recomendaciones finales

Para implementar la Paz Total en Colombia, es fundamental incluir la voz de las comunidades en todo el país, desde los municipios más grandes hasta los más pequeños. Esta inclusión permitirá construir conjuntamente acciones que realmente contribuyan a mejorar las condiciones de vida digna en los territorios. Aunque es esencial que intervengan diferentes actores, la comunidad debe ser la protagonista, ya que conoce mejor sus necesidades y las realidades que se deben considerar al implementar acciones. Las propuestas, especialmente aquellas que provienen de instancias superiores, es decir, desde la institucionalidad, no siempre resultarán en soluciones efectivas y eficaces. La construcción de agendas de seguridad humana es una herramienta valiosa que permite a las comunidades

---

sobre la acción popular por el derecho al agua en el Comité Dinamizador, así como la ejecución de talleres de convivencia ciudadana.

tener un instrumento, una guía o una ruta de trabajo que les permita, de manera organizada, abordar las problemáticas y las diferentes posibilidades que aportan a su construcción. Así, cada vez que se logren materializar acciones, se podrán realizar transformaciones positivas en los territorios. Por ello, las agendas posibilitan la construcción de paz territorial, pero, adicionalmente, permiten que se ponga en diálogo el contexto territorial según las dimensiones de la seguridad humana afectadas y, de esta manera, minimizar las posibles causas de futuros conflictos.

Es fundamental que la propuesta de Paz Total incorpore un enfoque de derechos humanos, así como de seguridad humana y territorial. Esto requiere una institucionalidad más robusta en los barrios y veredas de los diversos municipios del país, fortaleciendo no solo la presencia institucional, sino también la articulación y el relacionamiento con las comunidades. A través del diálogo de saberes, es posible construir colectivamente acciones y procesos que mejoren las distintas condiciones existentes. Por lo tanto, es crucial reconocer que la paz total debe construirse no solo con actores armados, tanto legales como ilegales, sino también con las comunidades de las diferentes regiones de Colombia. Para concluir, es positivo y valioso aspirar a que la paz total se materialice en Colombia a partir del enfoque de seguridad humana. Sin embargo, para que esto sea una realidad, es crucial trabajar en garantizar de manera plena y efectiva que todas las personas disfruten de las tres grandes libertades: la libertad de vivir sin temor, la libertad de vivir sin miseria y la libertad de vivir con dignidad. Esto se logra a través del goce real y efectivo de los derechos humanos. Solo si se garantiza estas libertades será posible hablar de paz total. En una comunidad donde persisten el hambre, la pobreza, el desempleo, la desigualdad, la falta de acceso a agua potable y a servicios de salud y educación, resultará imposible imaginar la existencia de paz total.

Referencias

Comisión de Seguridad Humana (CSH). (2003). Human Security Now Final Report.

Comisión de la Verdad. (2022). *Convocatoria a la paz grande. Informe Final Comisión de la Verdad*. http://comisiondelaverdad.co/convocatoria-la-paz-grande

Congreso de la República de Colombia. (1997, 26 de diciembre). Ley 418 de 1997. *Por la cual se consagran unos instrumentos para la búsqueda de la convivencia, la eficacia de la justicia y se dictan otras disposiciones*. Diario Oficial n. ° 43.201. https://www.funcionpublica.gov.co/eva/gestornormativo/norma.php?i=6372

Congreso de la República de Colombia. (2022, 4 de noviembre). Ley 2272 de 2022. *Por medio de la cual se modifica adiciona y prorroga la ley 418 de 1997, prorrogada, modificada y adicionada por las Leyes 548 de 1999, 782 de 2002, 1106 de 2006, 1421 de 2010, 1738 de 2014 y 1941 de 2018, se define la política de paz de Estado, se crea el servicio social para la paz, y se dictan otras disposiciones*. Diario Oficial n. ° 52.208. http://www.secretariasenado.gov.co/senado/basedoc/ley_2272_2022.html

Consejo de Estado, Sala de lo Contencioso Administrativo, Sección Primera. (2020, 20 de febrero). Radicado 2015-02436 (Roberto Augusto Serrato Valdés, C. P.). https://normas.cra.gov.co/gestor/docs/05001-23-33-000-2015-02436-01(PI).htm

Departamento Nacional de Planeación. (2023). Colombia. Potencia Mundial de la Vida. Bases del Plan Nacional de Desarrollo. https://colaboracion.dnp.gov.co/CDT/portalDNP/PND-2023/2023-03-17-bases-plan-nacional-desarrollo-web.pdf

Echavarría Álvarez, J; Gómez Vásquez, M; Forero Linares, B; Balen Giancola, M; Cabanzo Valencia, M; Ditta, E; Gutiérrez Pulido, E; Joshi, M; Márquez Díaz, J; Martin, G; McQuestion, P; Menjura Roldán, T; Jason, Q; Ramírez Rincón, A; Rodríguez Contreras, A; Restrepo Ortiz, N; Sáez Flórez, C; Serrano Idrovo, C y Zúñiga García, I. (2022). *Cinco años después de la firma del Acuerdo Final: reflexiones desde el monitoreo a la implementación*. Instituto Kroc de Estudios Internacionales de Paz; Escuela Keough de Asuntos Globales. https://mesadegobernabilidadypazsue.edu.co/wp-content/uploads/2024/02/KROC-SEXTO-INFORME.pdf

Fernández, A. (2015). Madres adolescentes. Una lectura desde la Seguridad Humana [Informe final de investigación].

Fernández, A; Vargas Betancur, S; Gómez Castillo, A; Cabrera Diaz, G; Paternina Arroyo, K y Lopera García, L. (2023). *Siembra y Cosecha. Voces comunitarias para la construcción de la Agenda de Incidencia de Seguridad Humana para la Vereda Granizal, Bello, Antioquia, Colombia*. https://bibliotecadigital.udea.edu.co/bitstream/10495/38184/1/FernandezAlexandra_%202023_SiembraCosechaVocesComunitarias.pdf

Fundación Ideas para la Paz. (2022a). Informe. Ni paz ni guerra: inseguridad y violencia en el gobierno Duque. https://ideaspaz.org/publicaciones/investigaciones-analisis/2022-05/informe-ni-paz-ni-guerra-inseguridad-y-violencia-en-el-gobierno-duque

Fundación Ideas para la Paz. (2022b). Cifras durante el gobierno de Iván Duque – Balance de la violencia en cifras. https://indepaz.org.co/cifras-durante-el-gobierno-de-ivan-duque-balance-de-la-violencia-en-cifras/

Ibarra, J; Gallegos González, C; Badillo García, E y Samaniego Salinas, N. (2018). Agenda de Seguridad Humana para la colonia Nuevo Almaguer, Guadalupe, México. https://www.repensandolaseguridad.org/publicacioness/cartillas/item/agenda-de-seguridad-humana-guadalupe.html?category_id=26

Jaramillo, S. (2014). La paz territorial. *Presentación en la Universidad de Harvard, Cambridge, MA, Estados Unidos, 13.*

Mariette, D., Gutiérrez, E., Bitar, S. y Wills, L. (2022). Ley de paz total: ¿Qué le aprobó el Congreso al Gobierno Petro? *El Espectador*. https://www.elespectador.com/politica/ley-de-paz-total-que-le-aprobo-el-congreso-al-gobierno-petro/

Muñoz, F. A. (ed.). (2001). *La paz imperfecta*. Universidad de Granada.

Muñoz, F. A. y Rueda, B. M. (2010). Una Cultura de Paz compleja y conflictiva. La búsqueda de equilibrios dinámicos. *Revista de paz y conflictos*, *3*, 44-61.

Muñoz, J. A. (2022). Seguridad Humana. Preguntas en torno a lo coyuntural y estructural. Observatorio de Seguridad Humana de Medellín. Facultad de Derecho y Ciencias Políticas Universidad de Antioquia. https://www.repensandolaseguridad.org/publicacioness/noticias/item/seguridad-humana-preguntas-en-torno-a-lo-coyuntural-y-estructural.html

Naciones Unidas. (1948). Declaración Universal de Derechos Humanos. http://www.un.org/es/documents/udhr/

Naranjo, G. E. (2019). Transición (es), política (s), y paz territorial: la paz territorial como dispositivo transicional. *Revista Debates. Especial Jurisdicción Especial para la Paz—JEP*, (81). https://revistas.udea.edu.co/index.php/debates/article/view/342241

Niño, C. (2023). Los obstáculos para la «paz total» en Colombia. *Nueva Sociedad*. https://nuso.org/articulo/305-obstaculos-paz-total-colombia/

Observatorio de Seguridad Humana (OSHM). (2016). Bitácora de viaje para construir Agendas Comunitarias de Seguridad Humana. https://www.repensandolaseguridad.org/publicacioness/cartillas/item/bitacora-de-viaje-para-construir-agendas-comunitarias-de-seguridad-humana-2.html?category_id=26

Organización de las Naciones Unidas (ONU). (2009). Teoría y Práctica de la Seguridad Humana. https://procurement-notices.undp.org/view_file.cfm?doc_id=11983

Parra, L; Franco Gutiérrez, J y Vallejo Chavarría, A. (2018). Agenda de Seguridad Humana de Apatzingán, Michoacán, México. https://www.repensandolaseguridad.org/publicacioness/cartillas/item/agenda-de-seguridad-humana-apatzingan-m %C3 %A9xico.html?category_id=26

Pastrana, E. y Valdivieso, A. (2023). Colombia ante la Paz Total de Gustavo Petro: Precedentes históricos, retos y expectativas [documento de trabajo]. https://www.fundacioncarolina.es/wp-content/uploads/2023/03/DT_FC_78.pdf

Peña, L. (2019). Paz territorial: conectando imaginación moral e imaginación geográfica. https://www.instituto-capaz.org/wp-content/uploads/2019/11/Documento-de-Trabajo-N6-V3-2.pdf

Presidencia de la República de Colombia. (2020, 17 de marzo). Decreto 417 de 2020. *Por el cual se declara un Estado de Emergencia Económica, Social y Ecológica en todo el territorio Nacional*. Diario Oficial n. ° 51. 259. http://www.secretariasenado.gov.co/senado/basedoc/decreto_0417_2020.html

Presidencia de la República de Colombia. (2020, 20 de marzo). Decreto 441 de 2020. *Por el cual se dictan disposiciones en materia de servicios públicos de acueducto, alcantarillado y aseo para hacer frente al Estado de Emergencia Económica, Social y Ecológica declarado por el Decreto 417 de 2020*. Diario Oficial n. ° 51.262. https://www.funcionpublica.gov.co/eva/gestornormativo/norma.php?i=110596

Programa de las Naciones Unidas para el Desarrollo (PNUD) e Instituto Interamericano de Derechos Humano (IIDH). (2011). *El enfoque de seguridad humana desde tres estudios de caso*. San José C. R.

Programa de las Naciones Unidas para el Desarrollo (PNUD). (1994). *Informe sobre Desarrollo Humano 1994 – Nuevas dimensiones de la seguridad humana*. University Press.

Velásquez, M. y Jiménez, S. (2022). La Colombia que dejó Iván Duque: Desafíos, fracasos y logros. *CNN Español*. https://cnnespanol.cnn.com/2022/08/06/colombia-deja-ivan-duque-violencia-desafios-logros-orix/

Verdad Abierta. (2022). Duque, el presidente que saboteó la ilusión de la paz. https://verdadabierta.com/duque-el-presidente-que-saboteo-la-ilusion-de-la-paz/

Capítulo 8

SEGURIDAD HUMANA Y PAZ TOTAL EN LAS VOCES DE TRES LIDERESAS SOCIALES DE MEDELLÍN*

Demetria Ibargüen Palomeque**

María Isela Quintero Valencia**

Yorlady Benjumea Ocampo**

Susana Valencia Cárdenas***

Introducción

Este capítulo aborda el concepto de seguridad humana desde las voces de tres lideresas sociales de Medellín. Este emerge de los trabajos y trayectorias del grupo de investigación Conflictos, Violencias y Seguridad Humana, adscrito a la Facultad de Derecho y Ciencias Políticas de la Universidad de Antioquia, el cual ha asumido como enfoque la comprensión y defensa de la seguridad humana desde los derechos humanos, bajo el entendido de que la seguridad es un medio y no un fin en sí mismo, que se logra con la satisfacción de todos los derechos, tanto los explícitamente reconocidos en la Constitución Política de 1991 como aquellos que no lo están, pero que hacen parte de las necesidades y expectativas de los ciudadanos en sus vidas cotidianas.

---

* Este capítulo es resultado de investigación de la agenda sobre paz total y seguridad humana, emprendida en 2023 por el grupo de investigación Conflictos, Violencias y Seguridad Humana de la Universidad de Antioquia.

** Investigadoras comunitarias del grupo de investigación Conflictos, Violencias y Seguridad Humana de la Universidad de Antioquia.

*** Profesora de la Facultad de Derecho y Ciencias Políticas de la Universidad de Antioquia e investigadora del grupo Conflictos, Violencias y Seguridad Humana de la misma institución.

Durante más de veinte años de trayectoria académica, el grupo ha transformado sus apuestas investigativas, temas y métodos. Incorporó una mirada amplia de temas relacionados con la seguridad y los derechos humanos. Además, ha promovido investigaciones realizadas con el método Investigación, Acción, Participación (IAP), análisis de contexto, observación participante, análisis de discurso, entre otras. Esto ha permitido que se configure una agenda de investigación anclada en el diálogo de saberes entre comunidades, expertos académicos y agentes estatales.

Esta agenda busca construir alternativas que garanticen mayor seguridad y mitiguen o eliminen los factores que la amenazan, por lo que sus investigaciones han dinamizado expresiones colectivas de resistencia, han generado procesos prácticos y reflexiones teóricas sobre cómo se pueden conocer los problemas para construir comunidades más seguras.

La vasta producción académica de este importante espacio de formación en investigación ha fortalecido las capacidades personales y comunitarias en el ejercicio de los derechos humanos, al asumir una noción amplia de ciudadanía, en especial de sus expresiones populares. Además, ha incorporado al quehacer investigativo a la Red de Investigadores Comunitarios y a diversos sujetos sociales y políticos que interactúan entre sí para transformar realidades territoriales en torno a la seguridad humana.

Es así como estos aspectos programáticos y metodológicos están vigentes en la participación de investigadores e investigadoras comunitarias, una figura de especial relevancia dentro del grupo desde el año 2013. Esto se debe a la realización de múltiples esfuerzos por articular procesos en diferentes comunas de Medellín a través de seminarios itinerantes y semilleros de investigadores comunitarios, lo cual incentivó el trabajo en red y una reflexión intersectorial y territorial a través del diálogo de saberes entre grupos poblacionales, organizaciones sociales e instituciones académicas alrededor de temas centrales que permitan caracterizar la vigencia real de los derechos humanos, el reconocimiento de las resistencias, las iniciativas comunitarias y la construcción de memoria de los conflictos y las violencias en territorios de la ciudad de Medellín (Abello y Angarita, 2013).

Estos procesos permitieron, paulatinamente, investigar caracterizando fenómenos de inseguridad, pero también articular y consolidar estrategias comunitarias de seguridad en los territorios con iniciativas de mujeres, de diversidades sexuales, víctimas del conflicto, jóvenes, afrocolombianos, entre otros[1] (Angarita y Sánchez, 2019).

El proceso de redactar una obra colectiva como esta planteó el reto de entender ambas categorías —la seguridad humana y la paz total— como interrelacionadas, pero también de analizarlas como nuevo enfoque de gobierno de la seguridad, esta vez desde la Presidencia de la República de Gustavo Petro Urrego (2022-2026). Al hablar de gobernar, la seguridad se entiende aquí desde los saberes y experiencias comunitarias, así como desde las múltiples formas en que todos los sectores sociales e institucionales trabajan en los territorios por el acceso a unos derechos fundamentales para la vida de los individuos y del colectivo: la alimentación, el empleo, el bienestar de las mujeres y de las familias, el trabajo comunitario, en interlocución con unos poderes locales que entienden, actúan y dan cuenta de su gestión, basada en un enfoque de género y de prevención de riesgos para la vida, la integridad física individual y comunitaria, y el medio ambiente.

La composición de este texto fue posible gracias a los relatos y participación voluntaria de tres mujeres lideresas sociales de Medellín, integrantes de la Red de Investigadores Comunitarios y del grupo de investigación Conflictos, Violencias y Seguridad Humana, quienes han trasegado múltiples territorios y repertorios de acción política.

De manera interna, las autoras planteamos varios interrogantes: ¿qué es resistir y quién lo hace en una ciudad como Medellín?, ¿cómo resisten las mujeres?, ¿qué significa ser lideresa social?, ¿qué trayectorias de vida, intereses, aspiracio-

---

1 Es debido a esta articulación y al trabajo con la Red de Investigadores Comunitarios que han surgido relaciones horizontales y sin distinciones entre quienes actualmente integramos el grupo como investigadores: académicos, académicas y comunitarias. Mediante este tipo de relacionamiento abierto, las investigadoras comunitarias sienten que el grupo es un espacio confiable que ha adoptado la metodología de diálogo de saberes y coproducción de conocimiento, validando su trabajo en los territorios y formándolas en metodologías, herramientas y técnicas de investigación, las cuales han complementado y compartido en diversas actividades de investigación con los y las académicas que también participan en las investigaciones que ha adelantado el grupo. Se identifica en este la capacidad de fusionar el saber académico y los conocimientos instalados en los territorios, con rigor académico y aplicando principios éticos entre sus integrantes, como el respeto, la confianza y la transparencia. Este tipo de articulación no solo favorece a las organizaciones sociales y a la academia, sino también a la población que habita zonas percibidas como violentas o inseguras. El reconocimiento de que cada investigador tiene un saber válido también ha permitido afianzar el trabajo de investigación en derechos humanos de las poblaciones más vulnerables ante las violencias, así como ante las ausencias e incapacidades del Estado en los territorios.

nes, cuestionamientos, logros y sinsabores asisten al momento de trabajar por una agenda política de paz y seguridad?, ¿qué tipo de acciones para el goce efectivo de los derechos humanos, la seguridad y la convivencia en los territorios, terminan influenciadas por las vicisitudes de la participación política?, ¿por qué hablar de una agenda de paz implica poder participar políticamente en su construcción?

En este capítulo se narra en primera persona las experiencias que, desde el punto de vista personal y político de las lideresas, se reconocen como desafíos para la seguridad humana y la paz total: las dificultades para la defensa de los derechos humanos en los territorios bajo el control de grupos criminales, las subsecuentes prácticas de cooptación de los espacios locales de participación política y la persistencia de las violencias contra los defensores de los derechos humanos en contextos de conflictos persistentes en la vida cotidiana de los barrios de una ciudad como Medellín.

La narración explora diversas facetas sobre cómo y por qué estas mujeres desarrollaron sus capacidades de acción y resistencia. Se basa en las acciones voluntarias que llevaron a cabo para entender y sanar sus vidas en comunidad, a pesar de las experiencias adversas que enfrentaron. Además, resalta su firme deseo de vivir libres de cualquier tipo de violencia, al comprender y transformar su realidad a partir del conocimiento adquirido en el Grupo de Investigación en Conflictos, Violencias y Seguridad Humana y en su Observatorio de Seguridad Humana de Medellín.

Por seguridad humana entendemos una aspiración común de la convivencia social: el logro de una estabilización de la calidad de la vida y el bienestar de las personas y, además, el enfoque teórico multidimensional del desarrollo de la sociedad y la vigencia de los derechos humanos, "enriquecido desde el Sur", con las banderas de la "seguridad humana desde abajo" (Angarita, 2013).

Por resistir entendemos la capacidad de sostener una identidad y autonomía propias basadas en significados distintos de la dignidad humana, a pesar de las distintas expresiones de violencia que atraviesan la existencia: sociopolítica, estructural, directa o cultural, basadas en el género o en la raza. Las formas de asumir resistencias pueden ser individuales, cotidianas, sutiles y ocultas, o, por el contrario, formadas en colectivo, confrontando de manera directa a los victimarios para protegerse conjuntamente, a pesar del sufrimiento y las pérdidas, demostrando una capacidad de agencia y la posibilidad de movilizarse ante el sufrimiento (Sánchez e Hincapié, 2021). Resistir es actuar, en primer lugar, por supervivencia propia y de la familia, desplegando acciones individuales y colectivas en las cuales se reconoce el dolor como parte de la experiencia vivida, pero no se acepta la inacción, porque prevalece la búsqueda de la verdad, de la reparación, y de una vida libre de todo tipo de violencias (Castrillón Baquero, Villa Gómez y Marín Cortés, 2016).

Es preciso, por tanto, reconocer en los relatos que componen este capítulo, junto con Rico, Alzate y Sabucedo (2017) el diferente valor de los motivos "que conducen a la participación en acciones de resistencia pacífica [...] la identidad, el agravio, la ira, la esperanza, la satisfacción moral y la eficacia sobre la implicación en acciones de resistencia pacífica" (p. 33).

De hecho, las mujeres lideresas sociales que acordaron participar para componer este texto a partir de sus relatos, si bien poseen perfiles y trayectorias políticas y vitales muy diferentes, expresan en común preocupaciones por la garantía de los derechos humanos más básicos y, en síntesis, una resistencia activa frente a las violencias de las que han sido víctimas: cultural, armada, sociopolítica o de género. Resistir es, sobre todo, insistir por trabajar pacíficamente y por lograr reconstruirse como personas a través de sus lazos familiares y sociales, lo cual manifiesta que las intenciones y los deseos de quienes asumen con responsabilidad y compromiso el carácter de sujetos políticos, superan la pasividad de instalarse en el sufrimiento (Sánchez e Hincapié, 2021), y se traducen o resignifican experiencias, trayectorias, motivaciones y aspiraciones personales que se reconocen como esencialmente políticas. Si bien las violencias y los agravios atravesaron la subjetividad, familias, lazos comunitarios, entre otros aspectos, también se percibe una firme voluntad que sostiene la decisión de trabajar irresueltamente en medio de distintas dificultades a través de medios pacíficos mediante la defensa de los derechos humanos de personas especialmente vulnerables: mujeres, madres, niños, niñas y adolescentes, entre otros.

Los relatos que se reconstruyeron aquí, lejos de caracterizar un estudio exhaustivo o particularizado de sus historias de vida, expresan sus puntos de vista como investigadoras comunitarias que trabajan en la construcción, tanto conceptual como práctica, de las múltiples formas que adoptan la seguridad humana y la paz en una ciudad como Medellín, tan fulgurante como contradictoria[2].

---

2 En Medellín, la participación política de las mujeres (Corporación Con-vivamos, 2018a) aborda diversos temas: derechos humanos de las víctimas del conflicto armado, construcción de paz, gestión de riesgos de desastres naturales, educación, salud, soberanía alimentaria, liderazgos y formas de participación política, violencia de género, memoria social del conflicto y de la construcción de los barrios, entre otros temas que han generado un capital social acumulado durante décadas de resistencia a los múltiples conflictos y violencias sociopolíticas en Colombia.
Los procesos de memoria social en contextos de procesos de paz urbana se nutren a partir de las estrategias: Escuela Territorial de Barrios de Ladera; Escuela de Feminismo Popular; Escuela Popular de Autonomías; Escuela de Paz Territorial Urbana; Red de Investigadores Comunitarios: Saberes, empoderamiento y movilización social en torno a la seguridad humana. Todas estas

Para presentar sus relatos se ha adoptado un estilo de redacción directo que otorga total libertad a los personajes protagonistas para expresar sus vivencias. En esta narración predomina el uso de la primera persona y se construye una narrativa en la que destacan sus voces, capacidades, experiencias y esfuerzos, tanto individuales como colectivos, por comprender, apropiarse y defender los derechos humanos, la seguridad y la paz. Esto nos "dispone a valorar los relatos de los participantes como experiencias de vida narradas en una lógica de construcción e interpretación, con carácter trasformador" (Castrillón Baquero, Villa Gómez y Marín Cortés, 2016).

Así entonces, este capítulo se compone de tres partes. La primera, dedicada a reconstruir la memoria individual en relación con el acontecimiento(s) que dio o dieron origen al "quién se es" y el "cómo se ha llegado a ser y hacer en colectivo". Aquí respondimos a la pregunta: ¿qué rasgos profundos e irrepetiblemente subjetivos hay en las capacidades de agencia y resistencia? y ¿qué acontecimientos objetivos, ligados a las violencias sociopolíticas y culturales de nuestra nación marcaron o aún dejan huellas profundas en las vidas y cuerpos de las mujeres escuchadas?

La segunda parte reconstruye sus interpretaciones sobre la seguridad humana y la paz total en los contextos, barrios y situaciones que han experimentado de primera mano, a la manera de una revisión del contexto general actual de los liderazgos y participación política, que, en su sentir, debiendo ser pilares para la paz total, están en profunda crisis.

Finalmente, se sintetiza lo que potencialmente es una oportunidad, una esperanza que se afinca en realidades complejas pero enriquecedoras: resistir es aprender, es investigar y es reconocerse como agentes de conocimiento transformador para ser gestoras de la seguridad humana.

---

iniciativas son lideradas por organizaciones de la sociedad civil, tales como la Corporación Convivamos, Tejearañas, Mesa de Vivienda Comuna 8, Corporación Jurídica Libertad, Corporación Penca de Sábila, Corporación para la Vida Mujeres que Crean, Fundación Caminos, en alianzas con universidades y entidades públicas.
Las coautoras de este texto conocen y han recibido capacitación en liderazgo mediante algunos de estos procesos y también reconocen grandes obstáculos para la participación y el liderazgo de las mujeres en algunos territorios.

Capacidades forjadas, subjetividades encontradas: ¿cómo llegamos a ser quienes hoy somos?

Demetria (comunas 1 y 3)

Nací en Quibdó, pero me crie en Turbo. Recuerdo que, en mi juventud, por ahí en los años ochenta al ochenta y seis, había una situación en la que si usted iba por la carretera hacia Turbo tenía que llevar un carné que dijera que pertenecía a la zona. Si usted no era de la zona, lo catalogaban como de otros ejércitos. Como estaban investigando, a muchos los desaparecieron por eso.

Los paramilitares estaban llegando a la zona. Tumbaron el poste que llevaba la luz de Currulao hacia Turbo. Yo tenía un primo que era policía. Ese día de la toma le tocaba entrar a trabajar y como los paramilitares se habían tomado el puesto de policía, lo mataron justo antes de que él llegara. Cayó como a un metro de la estación.

Eso hizo mucha presión sobre la familia. Había un ambiente de presiones, sobre todo a los jóvenes, para reclutarlos, y amenazas. Entonces mi papá nos mandó a diferentes ciudades del país para salvarnos la vida, y a mí me mandó a Cali a terminar el bachillerato.

Un hermano no se quiso ir y después desapareció. Salió a hacer un trabajo del colegio y nunca más volvió. Tres años después de haber desaparecido, una juez que estaba en Riosucio nos dijo que había habido una matanza de unos jóvenes que habían llegado desde Turbo en el río Cacarica y que posiblemente ahí había caído mi hermano. Aunque mi papá nunca pudo ir porque la misma juez le dijo que era imposible por el cargo que él tenía, él era el registrador de Turbo. Luego, mi papá perdió la finca, que fue tomada por los paramilitares, y también perdimos la prendería. Lo único que nos quedó fue la casa. Nunca pudimos encontrar a mi hermano ni siquiera ahora con la Comisión de la Verdad. Lo que supimos fue que Cacarica no quedó categorizado como sitio para buscar personas desaparecidas.

Mi compañero trabajaba en Uniban[3], de Turbo, pero salió amenazado de allá por no permitir un embarque de marihuana. Como él tenía familia en Medellín, nos vinimos con nuestro bebé de seis meses al barrio Manrique hace treinta años. El día que llegamos se formó una balacera impresionante en el sector y yo decía: "esto no es para mí". Llegamos en una situación crítica.

---

3 Empresa exportadora bananera de la región del Urabá antioqueño.

Yo traía un título, una técnica en administración de empresas, yo la había estudiado en Cali. Y alguien me decía: "no, es que no, ¿a usted qué le van a dar trabajo para administrar una empresa?". Yo me había creído eso, que a mí nunca me iba a dar para administrar una empresa o un negocio. Yo pienso que uno su cultura nunca la pierde. Aunque uno pierda las raíces de su alimentación porque tiene que adaptarse a otra alimentación de otro territorio, intenta seguir sus costumbres, su cultura costeña, sigue su alimentación y muchas cosas para recordar sus tradiciones.

También he escuchado comentarios como: "Ella, negra, ¿qué va a hacer?". Con comentarios como esos no puedo acceder a recursos. Yo creo que hay una raíz de eso. Si uno como líder no tramita todo eso con ayuda psicológica, hablando, es muy difícil seguir.

Es que las mujeres afro tenemos una "doble lucha", discriminadas por ser afro y por ser aceptadas en los territorios. Las luchas son porque se escuche la voz de las mujeres afro en la toma de decisiones que afectan a nuestra población, que es muy numerosa en los territorios.

Isela (comunas 8 y 13)

Soy una mujer resiliente, resistente, que siempre ha tenido muy claro su rol en esta sociedad, el de alzar esa voz de inconformidad frente a lo que nos pasa, frente a la vulneración de derechos a la que nos vemos enfrentadas día tras día. Soy la mamá de tres hijas y abuela de una nieta, que son el motor de lo que hago.

Soy una mujer víctima, activista, defensora de derechos humanos, que ha sido perseguida constantemente por todo, simplemente por pensar distinto, por actuar distinto, y, ante todo, por querer transformar, (hago) parte de diferentes procesos, tanto a nivel territorial como a nivel de ciudad.

Llegué al liderazgo comunitario, creo yo, porque toda mi vida, desde que recuerdo, he sido una mujer muy indignada. Esa indignación la he venido transformando en herramientas desde la no violencia para desincentivar la búsqueda del famoso dicho que siempre suelen utilizar y que ha sido "como me pagas, te pago".

En mi corregimiento, La Piñuela, del municipio de Cocorná, tuve la oportunidad de poder acompañar y asesorar familias que se encontraban en diferentes tipos de vulnerabilidad, violencia intrafamiliar, entre otras. A raíz de eso es que se da mi primer desplazamiento en el año 2000. Allá yo hacía parte de la Acción Comunal, hacía parte de un grupo juvenil. Me había convertido en esa confidente de esas veinte madres que acompañaba, me convertí como en ese libro donde cada una tenía una historia de sus dolores internos, por ese machismo con el que siempre a nosotros nos han criado, el que nos han inculcado. Esas veinte mujeres fueron las que dejaron marcada mi vida al momento de salir. Todas se despedían de mí cuando tuve que salir de mi vereda.

Esa zona era prácticamente un corredor estratégico para los grupos armados. Yo creo que lo que más me afectó, si bien estaban de por medio las guerrillas, y el paramilitarismo, fue el propio Estado. Y siento que lo que más marcó mi vida fue el ejército, fue quien prácticamente dejó un sello que apenas estoy tramitándolo. De quien se espera sea responsable de garantizar nuestra seguridad, pero para mí fueron los primeros que me la vulneraron.

Llegué a esta ciudad (Medellín), una ciudad completamente extraña, completamente diferente, ajena a mi cultura, a mis costumbres. Aquí no es que seamos vulnerables, es que nos vuelven vulnerables. Durante los primeros cinco años me limité solamente a sobrevivir, y como que no entendía o no le prestaba mucha atención a eso que me había tocado vivir, viví completamente ajena, completamente desligada de ese dolor, sin saber a qué me iba a enfrentar.

Viví en Moravia, en Aranjuez; luego, cuando llegué a la Comuna 8, nuevamente me vi enfrentada a una situación de vulnerabilidad: un desalojo. Creo que eso fue lo que más me indignó. Cuando me dijeron que nos iban a desalojar, no tenía ni idea de lo que significaba. Y yo me imaginaba, "nos van a desalojar, es decir, nos van a trasladar para otro lugar más digno", pero resultó que el "traslado" era tratar de recoger la madera que más se pudiera mientras tumbaban las casas, para volver a construir.

Eso me dejó impactada, y fue como esa dosis de indignación que entró a mi cuerpo, ¿cómo que nos van a sacar?, "yo siento que esto no puede ser así". Y empezamos una organización con mujeres y familias del barrio. Yo creo que lo más bonito fue volver a tejer, volver a remendar, volver a coser, volver a juntarnos.

Hay algo muy valioso, y es la palabra, que muchas veces o construye o destruye. En este caso para nosotros fue una forma de (re)construir. Porque la verdad, yo siento que la Comuna 8 me inyectó esa dosis de indignación. Pero me inyectó también esa dosis de esperanza. Porque ahí nuevamente respiré campo, nuevamente respiré tejido social, nuevamente respiré como esa tranquilidad de poder conectarme con lo que soy yo. Con lo que es mi cultura, con lo que ha significado esa palabra familia. Nuevamente me sentí parte de una comunidad.

Empezamos a reconocer dónde estábamos, eso nos juntaba. Cuando empezamos a amar ese territorio nuevamente, a caminarlo, a "pantaniarlo" —porque cuando llegamos a estos asentamientos, es en este tipo de condiciones—, es como si estuviera caminando en mi vereda para acompañar esas mujeres. Cuando yo salía a barrer ese patio de mi casa en la Comuna 8, que era en tierra, yo me imaginaba que estaba barriendo ese castillo que tenía allá en Cocorná.

Eso me conectó, y mucho más cuando empezamos el proceso organizativo en el cual me vi mucho más identificada. Entendí que primero debo sanar yo, tramitar, cerrar yo.

Yo creo que así pude asumirme como sujeto político, como un ser humano que le tocó vivir el conflicto armado. Acepté que el conflicto armado, sin quererlo, está en mi vida, en mi cuerpo y lo que tengo que hacer es "tramitar". Y hacer exigibilidad, ante un Estado indolente con las víctimas del conflicto armado, ante los cofinanciadores de esta guerra, para evitar que sigan multiplicando la revictimización, que continúa porque jóvenes que fueron víctimas, hoy son victimarios. Las familias que tuvieron unas bases fundamentales, debido al desplazamiento y a todo lo que toca hacer para sobrevivir, perdieron sus valores, que ya no se ven por ningún lado.

Yorlady (Comuna 2)

Soy una mujer rebelde desde joven. Siempre me gustó escribir, contar historias y aprender cosas nuevas. Soy mamá de dos hijos, una mujer feminista popular que pasó de la vida del hogar a la participación y la organización comunitaria. Me inicié como delegada del programa de Planeación Local y Presupuesto Participativo de la Comuna 2, Santa Cruz de Medellín en el año 2009.

Por seis años consecutivos, lo di todo en este escenario de participación, interlocución y deliberación, donde estuve dispuesta a aportar, argumentar y defender proyectos e iniciativas que impactaran positivamente el desarrollo de mi territorio. Aprendí mucho a desenvolverme y a poner mi voz en defensa de la educación, la comunicación alternativa y los derechos de las mujeres.

Ese escenario fue mi "trampolín político local", el cual me impulsó a defender mi sensibilidad social y mis capacidades para ponerlas al servicio de la comunidad.

Ese norte, aunque siempre estuvo claro, sin embargo, me trajo rivalidades y detractores locales, como también me permitió hacer alianzas estratégicas con otras lideresas y líderes comunitarios afines que me inyectaron, en su momento, la fortaleza y la resistencia colectiva suficiente para no declinar ni desertar en cada uno de esos propósitos. También hubo frutos muy significativos que aún se sostienen en el tiempo como referentes de formación y transformación del tejido social a través de temas como la comunicación y la cultura. Me refiero con ello a la Corporación Mi Comuna y el medio de comunicación alternativo, Mi Comuna 2, del cual soy cofundadora.

Realmente, me llena de satisfacción saber que esa apuesta social se sostiene en el tiempo desde su fundación en el año 2009, y que hoy en día se conserva como un proceso comunitario de largo aliento y de largo alcance desde su capacidad instalada, de gestión y de sostenibilidad.

Desde aquella época, pude alternar formación académica con otros procesos de incidencia zonal y de entrenamiento socio político con enfoque de género en ONG. Me gusta integrar el conocimiento académico adquirido con la experiencia de campo en los territorios, lo cual me permitió constatar lo potente que es articular el saber técnico y la experiencia popular, pues me permite incidir y generar acciones afirmativas a través de ejercer un liderazgo cualificado, propositivo y proactivo. Con el tiempo fui dimensionando la importancia y la responsabilidad que tiene direccionar un periódico comunitario como una herramienta de poder y de transformación a través de la información y la promoción de la lectura. Encaminé mi trabajo periodístico a mostrar también a la misma comunidad todas las posibilidades de favorecerse a través de programas y proyectos institucionales, más la necesidad de identificar sus derechos y deberes.

Yo le fui dando al periódico un tinte muy investigativo en diferentes ediciones, precisamente para mostrar cuáles eran las problemáticas más sentidas. Hablé de feminicidio, de suicidio, de drogadicción y de las distintas formas de violencias basadas en género.

Sin embargo, por mucho tiempo fui vista con recelo y desconfianza por algunos líderes en consejos comunales.[4] Hubo muchos intentos de tumbar el periódico y luego los procesos con mujeres que se acompañaban, a pesar de que anualmente se demostrara el impacto positivo de lo que se estaba liderando. Aquí, en esta trayectoria local, aprendí a identificar los sinsabores de las luchas que emprendemos las mujeres como lideresas comunitarias por la defensa de nuestros derechos humanos y el derecho a habitar y planear el territorio con enfoque de género. Además, lo que en esencia significa la participación, la inclusión y la equidad; aquí pude constatar la tergiversación de lo que para muchos significa "el poder por el poder" y mi convicción de que "el poder es para poder hacer".

Soy investigadora comunitaria, y he aportado al trabajo articulado que se viene realizando en el grupo de investigación Conflictos, Violencias y Seguridad Humana, y en el Observatorio de Seguridad Humana de Medellín, junto con

4 Escenario de participación local donde cada comuna y corregimiento de la ciudad, anualmente, se reúne para definir la destinación de los recursos públicos para darle continuidad a proyectos e iniciativas comunitarias.

otras compañeras investigadoras, lo cual, para mí, es efectivo y potente en cuanto nos ha permitido ampliar el *zoom* en los territorios para revelar la precariedad de la población y la falta de garantías de la seguridad humana en las comunidades, partiendo desde la poca eficacia de programas y proyectos institucionales de la Administración Municipal, hasta la ausencia del Estado en los territorios. Y esto me ha permitido participar en proyectos investigativos que le apuntan a diagnosticar e identificar las problemáticas más profundas que afrontan niñas, niños y adolescentes, mujeres, población adulta, entre otros grupos poblacionales, mediante el uso de la observación participante, el análisis de contexto, y diálogo de saberes en colectivo, lo cual, para mí, cobra sentido en cuanto a la lectura que hacemos de los territorios.

Las resistencias cotidianas y percepciones sobre las dificultades que enfrentan la seguridad humana y la paz en los territorios habitados

Demetria (comunas 1 y 3)

Después de la muerte de mi compañero, en Medellín, en medio de una situación económica muy dura —ya que no me atrevía a pedirle ayuda a mi padre, porque él era de los que decían "el que se va de aquí a formar un hogar, vuelve, pero de paseo"—, entré a trabajar acompañando procesos de mujeres en violencias de género y de primeras infancias, en el momento de los presupuestos participativos a los territorios donde las mujeres formábamos otras mujeres. Entonces, como lideresa social, tengo veintiséis años de trabajo en los territorios, con mujeres y primera infancia.

Hay líderes y lideresas que no le hacen bien al territorio, que presionan para que no me contraten o no me tengan en cuenta, y dicen que no es por racistas, aunque hay personas, entre ellas trabajadoras sociales, que me han dicho que la población sí es racista. Por eso a veces encuentro territorios muy buenos para trabajar y, otras veces, unos muy hostiles.

A las lideresas en los territorios, las organizaciones no les dan el valor que tienen. Porque una organización lo es cuando tiene trabajo con las bases. Por eso, mis resistencias a veces son con las mismas organizaciones sociales, por la forma cómo se disputan los recursos y se les da prioridad a los proyectos, por personalismos y liderazgos que no son coherentes, y por no incluir a todas las mujeres, sobre todo a las afro, como multiplicadoras de los aprendizajes en los territorios.

Para mí, la paz total hoy está en una gran dificultad, con implementaciones a medias en cuanto a lo que plantea el Acuerdo de Paz. Es que, sin agua potable, alimentación, vivienda, salud, educación no puede haber una paz total. Paz es, por lo menos, tener tres comidas al día. Paz es que, por lo menos, nos escuchen cuando denunciamos las violencias contra las mujeres, porque hemos tenido experiencias amargas recientes de feminicidios y diferentes hechos victimizantes a la población.

Aunque hay transformaciones en los territorios, se presentan retrocesos en los procesos de mujeres, de quienes incluso también recibimos ataques. Por eso nos falta mucho, porque a veces ni siquiera levantamos la voz por lo que está pasando a nuestro alrededor, por miedo a represalias o a una estigmatización.

A pesar de eso, algunas lideresas, así nos veamos aporreadas por las instituciones y hasta obligadas a salir de los territorios, tenemos la capacidad de dejar algo instalado en las comunidades y con eso todavía nos recuerdan. Así dejamos un referente. En nuestros territorios, la seguridad humana y la paz se han convertido en dos ejes visibles en cada acción formativa, porque siempre tenemos en cuenta los derechos humanos, con transparencia, y así estamos construyendo paz. La paz territorial se genera cuando las personas de la comunidad son capaces de transmitir a su entorno su propia paz. Estos dos conceptos, seguridad humana y paz, no total, sino simplemente paz, los hemos venido trabajando por décadas. Le apuntamos a la paz que cada uno merece, reconociendo de qué material estoy hecha yo como lideresa en todas las dimensiones humanas para poder transformar a otras. Una lideresa que expulsa veneno emocional difícilmente puede tocar o trastocar a otras personas, porque no ha trabajado su paz interior.

Isela (comunas 8 y 13)

Yo tengo alrededor de diecisiete o dieciocho años luchando y resistiendo, acompañada de otras mujeres. Lo que nos ha juntado es una problemática común, como si nos dijeran: "a ustedes les va a tocar afrontar las consecuencias de esa guerra que estamos liderando nosotros". Porque nosotras no lideramos la guerra. La lideran otros, que no ponen los muertos, ni las mujeres viudas, ni los jóvenes reclutados. Todo eso lo ponemos los campesinos, los que menos tenemos que ver en esta guerra, los que hemos puesto el pecho a las balas.

Yo creo que ese fue uno de los motivos de mis primeras "juntanzas": proyectos, vidas, familias, comunidades destruidas que acá nos encontramos con ese pasado. Y acá, literalmente, nos levantamos de ese pasado, porque nos dimos cuenta de que tenemos mucho que recoger. Tenemos razones por quién luchar y por quién seguir la resistencia para dejar una nueva sociedad. Acá encontramos la importancia de esta nueva juntanza y de hablar de ese pasado para tramitar esas secuelas que nos han dejado. Y no seguir buscando culpables.

Porque si vamos a seguir buscando culpables, nuestra búsqueda y nuestra lucha va a perder el horizonte. Tenemos que buscar cómo restablecemos eso que nos arrebataron porque ya estamos en esta ciudad de llegada. Resistir es poder decir "yo lo que necesito es que usted me restablezca esos derechos que no tuvo la capacidad de garantizar, para yo estar seguro, segura, así como estaba en ese lugar en donde mi vida estaba cien por ciento resuelta". Y es cuando digo: "no permitiré que mis derechos sigan siendo negociados".

Hoy yo soy sujeta de unos derechos y tengo es que luchármelos. Cuando hablamos de luchas, no estamos hablando de violencias. Cuando hablamos de luchas, no estamos hablando de vivir con agresividad. Yo creo que la lucha más grande que debemos dar como comunidad, como sociedad, es la palabra. Y como decimos nosotras las comunidades, "protesta con propuesta".

Yo creo que para nosotros ese tema de la construcción de paz no fue el decir directamente en las comunidades: "vamos a hablar de paz", no fue así. Eso se fue dando a medida que en la juntanza iba circulando la palabra. Y cuando menos pensamos nos dimos cuenta: "es que nosotros estamos construyendo paz, hace rato estamos haciendo este ejercicio". Nosotros pensamos, "¿qué tenemos acá?, unos terrenos, bueno todos somos campesinos, empecemos a cultivar".

Yo creo que el tema de la seguridad comenzó por la cuestión alimentaria: ¿cuándo me imaginé que ese iba a ser un referente y que nosotros como habitantes de Pinares de Oriente íbamos a ser un referente para la academia y para la institucionalidad con nuestra huerta comunitaria? Es que, para mí, volver a tener esa huerta, no solamente ha significado tener algo para comer; también me hace sentir nuevamente en el campo, me siento útil y siento que estoy cultivando lo que yo quiero cultivar.

Empezamos a juntarnos un grupo de mujeres para hacer unos tejidos, para hablar de eso que nos había pasado, para nombrar esos hechos victimizantes que pasaron por nuestras vidas y, definitivamente, esos espacios a mí me han servido para alivianar ese dolor. Y ahí estamos construyendo paz. Nosotras nos juntamos porque dijimos "vamos a hablar de esos testimonios de vida, de las cosas que nos han pasado". Y vamos a resistir en una ciudad que se piensa, o que otros piensan, en tres ejes: la ciudad turística, la ciudad innovadora y la ciudad prestadora de servicios.

La resistencia se hace en una ciudad que no todos podemos habitar. No todos tenemos las capacidades ni las condiciones físicas, emocionales o psicosociales para poder vivirla con dignidad. Muchas veces la vivimos con dolores que, si no se tramitan, se manifiestan en consecuencias más adelante.

Cuando nos juntamos en el colectivo "Casa Vivero", no nos sentamos a pensar y a decir: "vamos a hablar de la paz total". Dijimos, "vamos a pensarnos sobre la paz". Nosotros nos sentamos a pensar cómo hablamos de la memoria de nuestros territorios y cómo se han construido. Y todavía estamos reconociendo que las comunidades hemos sido protagonistas de la autoconstrucción de nuestros territorios. Si nosotros hemos sido protagonistas de esa construcción de los territorios, es porque nos hemos sentido seguros, o por lo menos hemos sentido un poco de tranquilidad. Y esa es una forma de también generar esa paz.

Es que la paz no solo es silenciar los fusiles. No solo es sentarnos con los grupos al margen de la ley. La paz empieza por nosotros mismos. La paz empieza en inculcarle a nuestra familia los principios, valores, respeto, cosa que en gran parte de la sociedad ya no existe. ¿Cómo voy yo a decir que voy a hablar de una paz, cuando solamente estoy pensando en los grupos al margen de la ley, en las guerrillas, en las bandas que están en los barrios?

Yo me he puesto a pensar en por qué estos chicos están en estas bandas. No estamos pensando eso, estamos pensando solamente en cómo silenciamos los fusiles. Siento que hablar de paz es muy complejo cuando hay familias que no tienen ni qué echarle a una olla o que están a punto de ser desalojadas porque no tiene con que pagar un arriendo. Yo creo que esto va mucho más allá que hablar de paz total, y que esta no puede hacerse por encima de quienes hemos venido construyendo esa paz ni de nuestros procesos de participación. Esto, hay que reconocerlo, es una debilidad.

Porque nos han atacado por donde más nos duele, y por lo que más puede debilitar un proceso, usando estrategias como la estigmatización de quienes hablamos, la persecución y el asesinato de los líderes, desaparecerlos o desplazarlos hace parte de esa estrategia. Otra estrategia es la división y la cooptación de espacios participativos a nivel local, usando el punto más débil: el económico.

Cuando comenzamos con la seguridad alimentaria, nos dimos cuenta, por el conocimiento académico, que se abordaba con ello la seguridad humana y la seguridad ambiental. Lo veníamos haciendo sin darnos cuenta, porque no nos centrábamos en pensar en el concepto y sus dimensiones, sino en hacer algo y trabajar. La seguridad desde las instituciones lo único que nos genera es temor. La seguridad tradicional no es que tenga que desaparecer, es que hay que ponerla a conversar con la seguridad comunitaria real.

Yo sigo con mi lucha, porque hay algo de lo que estoy convencida: es que a mí me podrán sacar de los territorios, pero mi conocimiento, mi memoria y mi historia me las llevo conmigo, y eso nadie me lo podrá quitar, ¡nadie!

Yorlady (Comuna 2)

Mi resistencia actual por continuar participando en procesos comunitarios se debe a las formas y vicios actuales con que se lidera el territorio. Hace menos de una década, la participación local era realmente plural, abierta e incluyente para todo aquel que conociera las dinámicas que promueve la Administración Municipal y las dificultades de la comunidad en general. Nos recorríamos los barrios y luego nos juntábamos a planear, proponer, argumentar y debatir las estrategias de inversión presupuestal en temas de educación, salud, seguridad alimentaria, medio ambiente, infraestructura, comunicación, movilidad y demás. De esta manera, visionábamos en el mediano y largo plazo el mejoramiento de la calidad de vida de los sectores poblacionales a la luz del Plan de Desarrollo Local, un instrumento que de la noche a la mañana dejó de ser visto como ruta o carta de navegación para direccionar el desarrollo local.

Se acabaron los recorridos barriales y con ello la dinamización del Plan de Desarrollo que permitía diagnosticar los avances o retrocesos del territorio en materia de inversión presupuestal. A la par, con los cambios de administradores municipales, fueron surgiendo ajustes normativos en las políticas públicas que menguaron la participación. Es irónico que, siendo la participación un tema vital para el ejercicio de la ciudadanía, que implica el involucramiento, individual o colectivo, de los ciudadanos en asuntos de interés común y fundamental para el fortalecimiento de la democracia y la construcción de lo público, "tristemente" hemos visto a líderes propositivos desertar de los escenarios de deliberación local, y también desintegrarse a corporaciones y organizaciones muy potentes que hacían un trabajo de mucha incidencia local y zonal también. Es claro: ¡no estamos en el progreso, estamos en retroceso!

Asimismo, se hace visible el tema de las "organizaciones de papel", que son legales, tienen personería jurídica, se activan cuando llega la ejecución de los recursos de presupuesto participativo, pero se desactivan el resto del tiempo porque no tienen capacidad para gestionar otro tipo de proyectos o para ejecutar otro tipo de recursos públicos o de la cooperación internacional. Esto no permite ni transparencia ni desarrollo o impacto real en el territorio. Hoy en día, aquí en la Comuna 2, no he visto mayor impacto o beneficio de los proyectos cortoplacistas en el mejoramiento de la calidad de vida, como resultado de esa dinámica. En cambio, he visto unas organizaciones de base que volvieron esos proyectos un medio de subsistencia. A esto le llamamos en los territorios "PP-dependencia".

Esto afecta la construcción de la paz en los territorios, porque las ejecuciones a corto plazo no generan impacto ni desarrollo ni mejoramiento de calidad de vida de los habitantes. Y de estos factores depende la participación, que es un ejercicio activo que se realiza conscientemente con la convicción y el compromiso personal por el mejoramiento de tu entorno social y comunitario. Y, tras esa apuesta dotada de mucho sentido de pertenencia, te motivas y te responsabilizas en promover la acción colectiva para planear, estudiar, organizar y dinamizar tu territorio. Es un "engranaje" de fuerzas vivas con ideales afines que le apuestan al desarrollo y a la transformación del entorno. Pero lo que pasa es que, por esa dinámica cortoplacista, la mayoría de los habitantes no se benefician de esos proyectos y ni siquiera alcanzan a enterarse.

Cuando te lanzas al escenario de "la participación ciudadana" es indispensable hacer una lectura del contexto local, zonal y/o de ciudad, con el fin de identificar posibles aliados y determinar cuáles son los intereses de quienes te rodean, los del Gobierno y sus funcionarios públicos, los de líderes sociales y comunidad en general, pues cada uno juega su papel con unos intereses distintos muy claros y definidos, que no necesariamente son afines o cercanos a los tuyos.

Ya en la práctica te encuentras con que el "interés común" por el quehacer comunitario es el menos común de los intereses colectivos, y descubres que es el individualismo cargado de interés personal el que reina a través de prácticas instaladas que desdibujan la esencia de la participación. No se les da continuidad a los proyectos. Y hay quienes llegan a problematizar y oponerse a otros a favor del territorio solo porque van en contravía de sus intereses particulares.

Lo más complejo y contradictorio seguirá siendo que muchos de estos personajes que se nombran "líderes sociales" se apoltronan en cargos de poder como presidentes de Juntas de Acción Comunal, Juntas Administradoras Locales y representantes de organizaciones sociales, que hacen hasta lo imposible para quedarse durante varios periodos electorales, y nadie los toca.

Ahí se da la afectación y el retraso de los barrios y comunas en general, porque no hay una representación idónea de líderes y lideresas comunitarios. En los territorios se ha magnificado tanto el control territorial, y está tan arraigado, que ya entró en el escenario político.

La administración municipal, conocedora de la debilidad y poca idoneidad de los liderazgos comunitarios, llega a los territorios a promover la participación comunitaria a través de mecanismos que facilitan el proselitismo electoral y la desviación de recursos públicos con iniciativas que no generan impacto territorial. Asimismo, su fórmula para movilizar las comunidades en votaciones y elecciones populares está basada en el método cuantitativo, (cuántos votos), que pone en cifras el alcance de sus metas estadísticas, y no mide ni evalúa el método cualitativo, que establece la calidad del ejercicio político en la transparencia del accionar comunitario.

A esto le llamo yo "falsa democracia' o "democracia ciega", debido a que es un asunto que afecta el desarrollo local de cada comuna. Hay una excesiva dependencia del Estado, falta de gestión, asistencialismo comunitario, debilitamiento del tejido social, retirada de liderazgos proactivos, retraso, proselitismo y corrupción. De lo micro a lo macro, es decir, de lo local al escenario nacional, hay factores que se anteponen, se interrelacionan e involucran u obstaculizan la seguridad humana y el alcance de la paz.

En las comunas y corregimientos de la ciudad de Medellín no solo hay necesidades básicas insatisfechas por cubrir, sino también una ausencia de Estado, de Gobierno, de gobernanza comunitaria y de transparencia. Ante este panorama, mis preguntas son: ¿cómo puede haber una gobernanza ciudadana y una soberanía popular sin lineamientos éticos que aseguren y promuevan una "democracia participativa real", que además sea equitativa y transparente para la construcción conjunta de la paz territorial y el disfrute de la seguridad humana? y ¿cómo podría hacerse, si lo que prima es el "hambre de poder comunitario" de fuerzas vivas viciadas por el figurar o ser reconocido/as por acaparar lo público y saciar necesidades personales, específicamente de otros actores que dominan el territorio de manera hegemónica a través del control territorial extorsivo, que son los grupos al margen de la ley? Yo creo que hablar de una participación ciudadana real, activa y efectiva para construir una ciudadanía plena y con perspectiva de paz territorial, y en equidad, requiere desinstalar la ceguera y el circo institucional de la participación ciudadana actual, e instalar otras formas de promover la democracia representativa y participativa en todas las comunas de la ciudad.

Asimismo, es imposible hablar de paz sin un desarrollo vivencial de garantía y respeto a los derechos humanos. ¿Se incide? No realmente. Porque terminamos por volvernos la "piedra en el zapato", así que entendimos esto: "la paz me la procuro yo", es decir, yo incido cuando llevo la paz que tengo por dentro, fruto de mi autocuidado consciente y responsable, y la proyecto en lo comunitario.

Las oportunidades, retos y esperanzas: construir paz y seguridad humana desde el conocimiento popular

El conjunto de lo que, en nuestro sentir, se corresponde con las oportunidades, retos y esperanzas para construir paz y seguridad humana, atraviesa unos sentidos y experiencias expresados a través de una síntesis que se escribirá en tercera persona del plural, pues, a nuestro modo de ver, aquí es preciso enunciar y categorizar cómo nuestras trayectorias de vida han forjado en nosotras una calidad específica, la de sujetas políticas en pleno sentido: las mujeres populares, a quienes el conflicto social, cultural y político nos ha afectado en todas las dimensiones de la vida, tanto pública como privada: nuestros cuerpos, hogares, hijos, hijas y territorios.

En nosotras, "la ropa, la familia, la comunidad" (Con-Vivamos, 2018a) son capas plenas de significado. Estas son las pieles que nos han permitido resistir todo tipo de violencias, construir paz desde la sanación interior y, a pesar de las adversidades que atravesamos, creer en las enormes capacidades humanas que se logran cuando nos vinculamos con otros[5], haciendo uso de muchas herramientas, metodologías y saberes, como, por ejemplo, los tejidos, para sanar las secuelas de las múltiples violencias sobre nuestros cuerpos, incluyendo las violencias sociopolíticas por el conflicto armado.

Figura 1. Fotografía del "PazAporte", taller "Tejiendo para sanar"

Fuente: Víctor Andrés Arroyave Toro. Cortesía de María Isela Quintero, facilitadora del taller "Tejiendo para sanar" en el Museo Casa de la Memoria de Medellín.

5 Esta metáfora es de uso frecuente en espacios comunitarios dedicados a la sanación, y se retomó desde el trabajo del artista plástico austriaco apodado "Hundertwasser", quien no publicó obras científicas ni registradas en entornos académicos formales. Independientemente de esto, la metáfora de las cinco pieles se adaptó en nuestro contexto social y político para enunciar una de las formas de comprender el proceso de construcción de paz que puede rastrearse en procesos de resistencias de las mujeres a partir de la construcción de su subjetividad. La primera piel, el ser, la conciencia biológica, que también ubica la relación consigo misma; la segunda piel, la cultura, la reviste de una identidad; la tercera piel es su territorio, entendido como las relaciones con su linaje femenino, su hogar; en la cuarta piel están sus relaciones grupales, sociales, políticas, esto es, la comunidad; y la quinta piel es el mundo, desde los lugares de proximidad como el barrio, la vereda, hasta su amplia dimensión planetaria (Con-vivamos, 2018[a]). También se puede ver, Artes Visuales (2022, julio 25).

Figura 2. Hoja de ruta de las "cinco pieles"

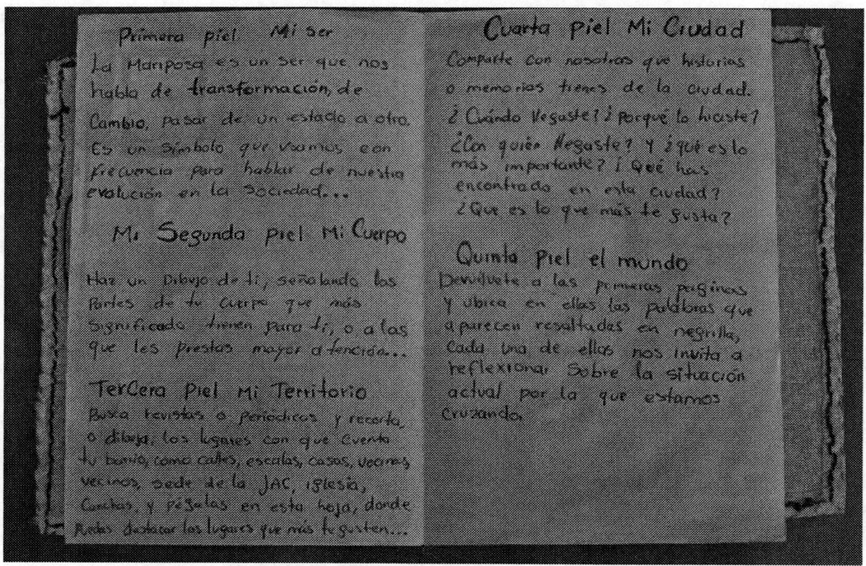

Fuente: Víctor Andrés Arroyave Toro. Cortesía de María Isela Quintero, facilitadora del taller "Tejiendo para sanar" en el Museo Casa de la Memoria de Medellín.

Nos hemos dado cuenta de que, definitivamente, en el rol de lideresas sociales, nos enfrentamos a unos intereses muy particulares frente a la tenencia de la tierra. Logramos darnos cuenta de eso mediante la educación popular[6], de la cual salen las escuelas comunitarias de barrios de ladera, como escenario de coproducción y validación del conocimiento popular, entendido como "el conjunto de recursos cognoscitivos que utiliza la gente común para explicar su propia sociedad y cultura, así como su ambiente sociocultural y natural" (Rabey, 1990, p. 2).

El conocimiento popular es aquel que se replica ante esa comunidad con la que se camina, no solo con la que converso, sino con la que vivo y con la que me muevo constantemente, porque quiero y me interesa aportar a su desarrollo. La investigación valiente y poderosa es aquella que deja herramientas instaladas

---

6 Es una forma de respuesta a las prácticas de reivindicación de derechos fundamentales, en el entendido de que reivindicar exige formación para potencializar capacidades, ya que la educación popular se centra en las personas y en sus procesos, tanto particulares como colectivos, así como en la reflexión-acción y en el diálogo entre teoría y práctica. Este concepto se ha incorporado también en los procesos de educación popular feminista, la cual parte de reconocer el carácter político en cada práctica cotidiana de las mujeres en lo privado y en lo público (Con-vivamos, 2018b).

en el territorio, potencializando capacidades que ya hay allí. La experticia que las comunidades poseemos tiene un sello que nos ha permitido dialogar con la academia y con la institucionalidad, entendidas como esas otras que tienen una corresponsabilidad, como todos los colombianos, en cumplir unos deberes y en exigir los derechos. Por eso creemos en la construcción de la paz a partir del diálogo de saberes[7], en la coproducción de conocimiento y en la validez del saber popular que, en nuestro sentir, es un verdadero conocimiento.

Como resultado de esos complejos procesos de enunciación, producción y reproducción del saber popular, en Medellín encontramos algunos hallazgos importantes en cuanto al concepto y la práctica de la paz. Creemos que darle el adjetivo "total", es aún una utopía. Quizá tardemos años en hacer algo sobre eso, porque si los territorios no tienen resueltos los mínimos de seguridad y dignidad humanas, es muy difícil evidenciar la paz total.

Es responsabilidad del Estado definir y evaluar los ítems que, según las particularidades de un territorio, evidencien la existencia de la paz total. A las lideresas se nos hace difícil hablar de paz total cuando no tenemos resueltas nuestras necesidades básicas y mucho menos nuestra seguridad humana como mujeres populares, como titulares de derechos en pleno sentido político y ético.

Conclusiones y recomendaciones

En un contexto de alta polarización política, se admite que la paz "total", o paz, sin adjetivos, es un camino que se ha trasegado desde hace tiempo y que ha existido independientemente de su aceptación o inserción como política gubernamental sobre la seguridad. Es por esto por lo que, ante la pregunta ¿cuáles son los desafíos prácticos de usar la seguridad humana, no tanto como enfoque para criticar, sino como concepto para gestionar o gobernar la seguridad?, observamos tres asuntos.

En primer lugar, el temor a la instrumentalización política de la que algunos líderes y lideresas puedan ser objeto en medio de confrontaciones y tensiones emergentes de negociaciones. En segundo lugar, se cree más responsable continuar trabajando "como hormiguitas" en nombrarla e implementarla con las herramientas propias del saber popular, y así seguir haciendo paz, defendiendo los territorios, los derechos humanos y las formas no violentas de resolver los conflictos, porque eso es construir paz, y se hace desde hace tiempo (Quintero, comunicación personal, 19 de abril de 2023).

---

7 Conversatorio con las autoras de este capítulo con fecha del 25 de mayo de 2023.

En tercer lugar, es urgente un llamado a la reconciliación a través de la participación política, ya que los liderazgos, especialmente de las mujeres, están en crisis. Hay divisiones, desgaste y un panorama desalentador, que podría mejorar si se aclaran conceptos fundamentales como el poder local, el bienestar comunitario, la movilización social y la paz territorial. Además, es necesario que el Estado cambie su forma de comunicarse con las comunidades, sus líderes y lideresas (Benjumea, comunicación personal, 2023; 2024). Se reconoce que los líderes sociales han sido defensores de derechos ganados con el tiempo, a través de la autogestión y la construcción de una Medellín que no fue planificada solo desde arriba, sino creada por las comunidades, día tras día, en su relación con el entorno (Comunidad de los barrios Altos de la Torre y El Pacífico, 2019).

En todos los relatos presentados aquí se encontraron similitudes en las acciones comunitarias, destacando un compromiso con la construcción de una cultura de paz con dignidad, que se refleja en la movilización social. Esto se debe a que la paz y el desarrollo de los territorios están estrechamente vinculados con la defensa de los derechos humanos de las mujeres.

Estamos de acuerdo con Enciso (2017) en que "las construcciones socioculturales hegemónicas de lo femenino y lo masculino" (p. 529) afectaron de distintas maneras las vidas de las lideresas. Además de haber sido víctimas del conflicto armado, tuvieron que desafiar los estereotipos de raza y de género, enfrentando el dolor, las rupturas y las violencias, mientras luchaban por hacerse oír y por superar las dificultades económicas, que en algunos casos surgieron "debido a la ausencia del hombre-proveedor o a la negación de este a cumplir con sus obligaciones" (p. 529). Este proceso ha sido una entrega constante, con una gran convicción y esfuerzo, por lograr una paz total, estable y duradera en su vida cotidiana.

Aunque las trayectorias y experiencias de cada mujer son diferentes, y factores como la racialización, la revictimización, el desplazamiento forzado y diversas formas de violencia en lo doméstico y político han sido grandes obstáculos para exigir sus derechos individuales y colectivos, todas comparten un compromiso común: la firme decisión de defender los derechos humanos como un medio para construir paz y promover la convivencia en sus territorios. Existe, además, la creencia de que articularse con otras mujeres valida y justifica la defensa del derecho a la ciudad, especialmente, del derecho a habitar un territorio en condiciones de seguridad y de equidad, lo cual implica garantizar igualdad en el acceso a la participación política en asuntos que a todos y todas conciernen, y en el reconocimiento de las múltiples capacidades políticas de las mujeres para planear localmente un territorio en paz.

Se recomienda que las políticas públicas que desarrollen la paz reconozcan que la participación política de las mujeres, que acontece en escenarios privados, domésticos o comunitarios, es un pilar político de gran importancia y una verdadera garantía para la paz porque supone también la posibilidad de construir una vida libre de todo tipo de violencias: sociopolíticas, culturales, racistas o basadas en género. Las mujeres ejercemos en nuestra vida cotidiana otras formas de participación, no solo para oponernos a la guerra, sino también para aportar a la transformación cultural y social que requiere la paz. En Colombia no se puede hablar de paz total si no se garantizan unos mínimos de dignidad y seguridad humana en los territorios, a las comunidades y a las personas.

Referencias

Abello Colak, A., y Angarita Cañas, P. E. (Eds.). (2013). *Nuevo pensamiento sobre seguridad en América Latina: Hacia la seguridad como un valor democrático / Latin America's new security thinking: Towards security as a democratic value.* CLACSO y Observatorio de Seguridad Humana de Medellín. http://biblioteca-repositorio.clacso.edu.ar:8080/handle/CLACSO/12358

Angarita Cañas, P. E (2013) Propuestas de seguridad desde organizaciones de base en contextos violentos. En Abello Colak, A., y Angarita Cañas, P. E. (Eds.). (2013). *Nuevo pensamiento sobre seguridad en América Latina: Hacia la seguridad como un valor democrático / Latin America's new security thinking: Towards security as a democratic value.* (pp. 109-130). CLACSO y Observatorio de Seguridad Humana de Medellín. http://biblioteca-repositorio.clacso.edu.ar:8080/handle/CLACSO/12358

Angarita Cañas, P. E., y Sánchez Henao, C. (Eds.). (2019). *Vínculos: Espacios seguros para mujeres y jóvenes en América Latina y el Caribe / Connections: Safe spaces for women and youth in Latin America and the Caribbean.* CLACSO y Observatorio de Seguridad Humana de Medellín. https://biblioteca-repositorio.clacso.edu.ar/handle/CLACSO/4696

Artes Visuales. (2022, julio 25). CAP. 03–Las cinco pieles de Hundertwasser [video]. YouTube. https://youtu.be/w6gd6Zhqc4o

Castrillón Baquero, J. E., Villa Gómez, J. D. y Marín Cortés, A. F. (2016). Acciones colectivas como prácticas de memoria realizadas por una organización de víctimas del conflicto armado en Medellín (Colombia). *Revista Colombiana de Ciencias Sociales, 7*(2), 404-424. https://dialnet.unirioja.es/servlet/articulo?codigo=5610254

Comunidad de los Barrios Altos de la Torre y El Pacífico (Medellín, Colombia). (2019). *En el barrio todo fue guerreado entre todos. Memorias de los procesos de crianza comunitaria de la vida en los barrios Altos de la Torre y El Pacífico (Medellín, Colombia).* Editorial Universidad EAFIT.

Corporación Con-Vivamos. (2018a). *Agenda Territorial de paz de las mujeres. Voces y acciones de mujeres por la paz.* Oxfam y Adjuntament de Barcelona.

Corporación Con-Vivamos. (2018b). *Narrativas de mujeres por la paz. Las cinco pieles y el derecho al agua. Narrativas de paz en voces de mujeres populares.* Oxfam y Adjuntament de Barcelona.

Enciso Quiñonez, J. F. (2017). Género, resistencia y desaparición forzada: Una mirada a través de la construcción de trayectorias de vida. *Cambios y permanencias, 8*(1), 504–532. https://revistas.uis.edu.co/index.php/revistacyp/article/view/6969

Rabey, M. A. (1990). Conocimiento popular y desarrollo. *Medio Ambiente y Urbanización, 31*, 46-55 (1-9). https://red.pucp.edu.pe/ridei/files/2011/08/0904021.pdf

Rico, D., Alzate, M. y Sabucedo, J. M. (2017). El papel de la identidad, la eficacia y las emociones positivas en las acciones colectivas de resistencia pacífica en contextos violentos. *Revista Latinoamericana de Psicología, 49*(1), 28-35. https://doi.org/10.1016/j-rlp.2015.09.013

Sánchez, C. e Hincapié, A. (2021). Prácticas de resistencia en territorios de conflicto armado. Resistencia en el Oriente Antioqueño entre 1998 y 2004, durante las confrontaciones armadas entre las FARC-EP y los paramilitares. *Revista de Estudios Psicosociales Latinoamericanos, 4*(1), 56-78.

AUTORAS Y AUTORES

Alexandra Fernández Rojas. Magíster en Derecho y abogada de la Universidad de Antioquia. Profesora de la Facultad de Derecho y Ciencias Políticas de la Universidad de Antioquia e integrante del grupo de investigación Conflictos, Violencias y Seguridad Humana de la misma universidad. Coordinadora del semillero de investigación Seguridad Humana Desde Abajo. Jefa del Departamento de Prácticas y Directora del Consultorio Jurídico "Guillermo Peña Alzate" de la Universidad de Antioquia.

alexandra.fernandez@udea.edu.co – Orcid: 0009-0003-9620-7582

Claudia Cadavid Echeverri. Magíster en Comunicación y Opinión Pública de Flacso (Ecuador). Socióloga de la Universidad de Antioquia. Integrante del grupo de investigación Conflictos, Violencias y Seguridad Humana de la Universidad de Antioquia.

cpatricia.cadavid@udea.edu.co – Orcid: 0000-0003-0205-120X

Demetria Ibargüen Palomeque. Licenciada en Educación Preescolar. Técnica en administración de empresas. Líderesa social de las comunas 1 y 3 de Medellín. Feminista en construcción. Mujer afrodescendiente, acompaña procesos en asocio con la Corporación Convivamos y Vamos Mujer. Integrante de la Coordinación de Mujeres de la Zona Nororiental. Gestora del "Fogón de Deme". Investigadora comunitaria del grupo Conflictos, Violencias y Seguridad Humana de la Universidad de Antioquia.

demeibarguen@gmail.com – Orcid: 0009-0001-3128-7476

Didiher Mauricio Rojas Usma. Doctor y magíster en Ciencia Política de la Pontificia Universidad Católica de Chile. Magíster en Ciencia Política y psicólogo de la Universidad de Antioquia. Profesor Asociado de la Facultad de Derecho y Ciencias Políticas de la Universidad de Antioquia, donde integra el grupo de investigación Conflictos, Violencias y Seguridad Humana y coordina el grupo de investigación Gobierno y Asuntos Públicos.

didiher.rojas@udea.edu.co – Orcid: 0000-0002-8776-1149

Jairo Bedoya. Candidato a doctor en El Colegio de Michoacán (México). Magíster en Filosofía de la Universidad de Bradford. Magíster en Derecho

Internacional de la Universidad Carlos III Madrid. Filósofo de la Universidad San Buenaventura. Investigador Instituto Popular de Capacitación–IPC.

jairbed@netscape.com

Juan Pablo Acosta Navas. Candidato a doctor en Estudios Políticos y Jurídicos de la Universidad Pontificia Bolivariana. Magíster en Derecho y abogado de la Universidad de Antioquia. Profesor de la Facultad de Derecho y Ciencias Políticas de la Universidad de Antioquia, integrante del grupo de investigación Conflictos, Violencias y Seguridad Humana y coordinador de la Especialización en Derechos Humanos y Derecho Internacional Humanitario de la misma institución.

juan.acostan@udea.edu.co – Orcid: 0000-0003-1350-0795

Julián Andrés Muñoz Tejada. Doctor en Ciencias Sociales, magíster en Ciencia Política y abogado de la Universidad de Antioquia, y especialista en Derecho Penal de la Universidad Eafit. Profesor vinculado a la Facultad de Derecho y Ciencias Políticas de la Universidad de Antioquia, donde actualmente coordina la maestría en Conflictos, Paces y Derechos Humanos y el grupo de investigación Conflictos, Violencias y Seguridad Humana.

julian.munozt@udea.edu.co – Orcid: 0000-0003-1851-9196

Luis Emilio León León. Politólogo. Integrante del semillero de investigación Seguridad Humana Desde Abajo, adscrito al grupo de investigación Conflictos, Violencias y Seguridad Humana de la Universidad de Antioquia.

lemilioleon2@gmail.com

María Isela Quintero Valencia. Lideresa social de la ciudad de Medellín. Investigadora comunitaria del grupo de investigación Conflictos, Violencias y Seguridad Humana de la Universidad de Antioquia. Coordinadora del colectivo Casa Vivero. Representante del Gobierno en el Espacio de Conversación Sociojurídico de Construcción de Paz Urbana con las Estructuras Armadas Organizadas de Crimen de Alto Impacto de Medellín y El Valle de Aburrá.

quinterogisela813@gmail.com

Natalia Maya Llano. Magíster en Ciencia Política, especialista en Teorías, Métodos y Técnicas de Investigación Social y periodista de la Universidad de Antioquia. Profesora de cátedra de la Universidad de Antioquia e integrante del grupo de investigación Conflictos, Violencias y Seguridad Humana de la misma universidad.

natalia.maya@udea.edu.co – Orcid: orcid.org/0000-0002-9005-7101

Natalia Pérez Puerta. Magíster en Psicología Jurídica y Forense de la Universidad CES, magíster en Educación de la Universidad Americana de Europa y psicóloga de la Universidad de San Buenaventura, certificada en análisis de la conducta del perfil criminal por la Universidad de Salamanca. Ha sido docente e investigadora en la Escuela de Policía Carlos Holguín Mallarino de Medellín.

psicologanataliaperez@gmail.com – Orcid: 0000-0001-8097-5286

Pablo Emilio Angarita Cañas. Doctor en Derechos Humanos y Desarrollo de la Universidad Pablo de Olavide (España), magíster en Ciencia Política y abogado de la Universidad de Antioquia. Profesor jubilado de la Universidad de Antioquia. Investigador emérito vitalicio de Minciencias. Integrante y excoordinador del grupo de investigación Conflictos, Violencias y Seguridad Humana de la Universidad de Antioquia. Miembro del Grupo de trabajo de CLACSO: Violencias, gobiernos y democracia. Cofundador e investigador del Observatorio de Seguridad Humana de Medellín.

pablo.angarita@udea.edu.co – Orcid: 0000-0001-7065-100X

Susana Valencia Cárdenas. Doctora en Derecho y abogada de la Universidad de Antioquia. Magíster en Ciencias Sociales, mención Estudios Políticos, de la Escuela de Estudios Superiores en Ciencias Sociales de París (Francia). Profesora de la Facultad de Derecho y Ciencias Políticas de la Universidad de Antioquia e integrante del grupo de investigación Conflictos, Violencias y Seguridad Humana de la misma universidad.

susana.valenciac@udea.edu.co – Orcid: 0000-0002-8641-011X

Yhony Alexander Osorio Valencia. Candidato a doctor en Derecho y magíster en Derecho de la Universidad de Antioquia, y abogado de la Universidad Autónoma Latinoamericana. Becario del Fondo de becas doctorales de la Universidad de Antioquia. Ha sido docente en escuelas de formación policial como la Escuela de Policía Carlos Holguín Mallarino de Medellín y Carlos Eugenio Restrepo de la Estrella.

yhony.osorio@udea.edu.co – Orcid: orcid.org/0000-0001-7754-3474

Yorlady Benjumea Ocampo. Técnica en Manejo Ambiental. Lideresa social de la Comuna 2 de Medellín. Conciliadora en Equidad. Formadora en Promoción de la Convivencia y la Resolución Pacífica de Conflictos. Técnica laboral por competencia en Promoción de Paz y Derechos Humanos. Investigadora comunitaria del grupo de investigación Conflictos, Violencias y Seguridad Humana de la Universidad de Antioquia.

yorla765@gmail.com